語言服務書系·出土文獻研究

華南師範大學文學院
國家語言文字推廣基地（華南師範大學）　　　主　辦

出土文獻語言研究

第五輯

張玉金　主　編
劉　晶　副主編

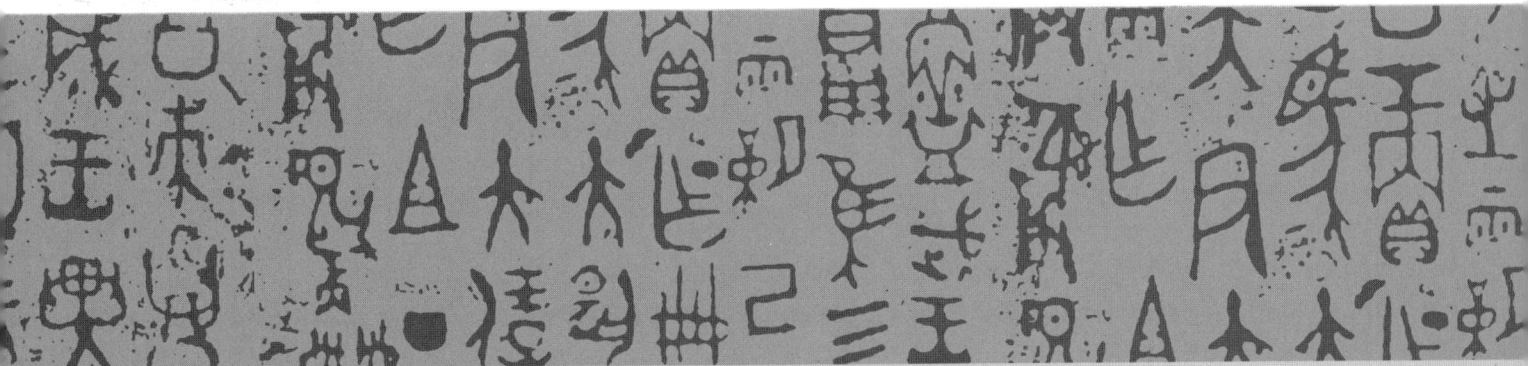

暨南大學出版社
JINAN UNIVERSITY PRESS

中國·廣州

圖書在版編目（CIP）數據

出土文獻語言研究．第五輯/張玉金主編；劉晶副主編．—廣州：暨南大學出版社，2023.12
（語言服務書系．出土文獻研究）
ISBN 978 – 7 – 5668 – 3616 – 8

Ⅰ.①出…　Ⅱ.①張…②劉…　Ⅲ.①出土文物—文獻—語言學—研究—中國
Ⅳ.①H109.2②K877.04

中國國家版本館 CIP 數據核字（2023）第 015052 號

出土文獻語言研究（第五輯）
CHUTU WENXIAN YUYAN YANJIU（DI-WU JI）
主　編：張玉金　副主編：劉　晶
···

出　版　人：陽　翼
策劃編輯：杜小陸　黃志波
責任編輯：黃志波
責任校對：孫劭賢　黃子聰　黃曉佳
責任印製：周一丹　鄭玉婷

出版發行：暨南大學出版社（511443）
電　　話：總編室（8620）37332601
　　　　　營銷部（8620）37332680　37332681　37332682　37332683
傳　　真：（8620）37332660（辦公室）　37332684（營銷部）
網　　址：http://www.jnupress.com
排　　版：廣州良弓廣告有限公司
印　　刷：廣州市友盛彩印有限公司
開　　本：850mm×1168mm　1/16
印　　張：14
字　　數：320 千
版　　次：2023 年 12 月第 1 版
印　　次：2023 年 12 月第 1 次
定　　價：59.80 圓

（暨大版圖書如有印裝質量問題，請與出版社總編室聯繫調換）

前　言

　　出土文獻語言研究具有特別重要的學術價值，這是由出土文獻本身的學術價值決定的。

　　所謂出土文獻，是指出土文物上的文字資料，如甲骨文、金文、簡牘文字、帛書、玉石文字、貨幣文字、璽印文字、封泥文字、陶文等。出土文獻可以大致分為兩類：一類是檔案，即文書；另一類是典籍，即古書。前者如包山楚簡中的《集箸》《集箸言》《受期》《疋獄》等編，雲夢睡虎地和龍崗出土的秦代法律文書；後者如郭店楚簡中的《老子》、上博楚簡中的《周易》等。

　　出土文獻對於漢語史、古代漢語的研究具有特別重要的價值。

　　首先，出土文獻時代地域明確。

　　研究漢語史和古代漢語，首先要弄清楚漢語發展史中特定時代、特定地域的語言面貌，所以要求所使用的語料的時代地域都明確。不少傳世古書的年代和地域存在疑問，學術界爭議很大，使用這樣的語料難以達到研究的目的。

　　討論出土文獻的時代問題時，會涉及三個時間，即文獻的形成年代（文獻是在甚麼時代寫成的）、抄寫年代（該文獻是在甚麼時代抄寫的）、墓葬年代（文獻是在甚麼時代埋入墓葬的）。在這三者當中，最為明確的是墓葬年代，這是該種文獻的時代下限。就文書類出土文獻而言，其形成年代、抄寫年代、墓葬年代都比較接近，有些甚至是同時的，如遣冊類文獻（隨葬品清單）。而古書類出土文獻的時代問題則較為複雜，這種文獻的形成年代、抄寫年代、墓葬年代往往相隔較遠，也就是說其形成年代往往早於抄寫年代，而抄寫年代往往早於墓葬年代。但是，由於這種文獻的墓葬年代明確，所以確定這種文獻的時代也不太難。即以楚簡《老子》為例，它的墓葬年代是戰國中期偏晚，這是時代下限。而《老子》一書不太可能為老聃所親著，而應為老聃的弟子或再傳弟子所編成，其形成時代很可能在戰國早期。這樣楚簡《老子》從形成年代到墓葬年代有一百幾十年的時間。在這段時間裏，《老子》有可能被改動，但是改動的人只能是戰國早期到中期偏晚的人，而不會是此後的人，這樣就不會有戰國中期偏晚以後語言要素的攙入。

　　討論出土文獻的地域問題時，也會涉及三個地域，即出土地域（墓葬所在的地域）、作者地域（某種文獻作者所屬的地域）、流傳地域（文獻曾流傳過的地域）。在這三者當中，最為明確的是出土地域。文書類出土文獻的地域問題不太複雜，其作者地域、流傳地域、出土地域往往是一致的。有些文獻寫成後沒有經過流傳即進入墓葬，如遣冊類文獻；有些文獻在進入墓葬之前可能經過流傳，但不會超出一國的範圍。古書類出土文獻的地域問題比較複雜。有些文獻的出土地域和作者地域可能是一致的，如楚簡《老子》是從楚墓中出土的，老子是楚人，他的弟子、再傳弟子可能多數也是楚國人。有些文獻的出土地域和作者地域就可能不一致。如楚簡《緇衣》是從楚墓中出土的，但其作者很可能是魯國人，是從魯國流傳到楚國的。再如睡虎地秦簡《日書》是從秦墓中出土的，但其作者可能是楚人。從楚國流傳到秦國後，可能還被改造了。

　　其次，出土文獻保持語言原貌。

　　研究漢語史和古代漢語，要求所使用的語料保持語言原貌，不能有錯誤，不能有後代語言現象的攙入。傳世文獻如《尚書》《詩經》《左傳》《墨子》等，經過長期流傳、反復傳抄、屢經校勘、多次刊刻，難免失真。而出土文獻長期被掩埋在地下，未經流傳，能夠真實地保留當時語言的面貌，具有珍貴的語料價值。我們拿楚簡《老子》和今本《老子》（用的是王弼本，即王弼的《老子道德經注》）進行比較，來看看傳世《老子》在流傳過程中的失真情況。這裏僅比較兩個本子中的一小部分文字：

　　　辠（罪）莫重虖（乎）甚欲，咎莫僉（憯）虖（乎）谷（欲）得，化（禍）莫大虖（乎）不智（知）足。（楚簡甲本《老子》）

　　　禍莫大於不知足，咎莫大於欲得。（王弼本《老子》）

　　今本脱掉"辠（罪）莫重虖（乎）甚欲"一句，而且後兩句還顛倒了次序，先說"禍"句，後說"咎"句。楚簡本用"虖（乎）"，今本用"於"；楚簡本用"僉（憯）"，今本用"大"。

　　可見，與傳世文獻《老子》相比，楚簡《老子》更接近其原貌。

　　最後，出土文獻對於古代漢語各學科的研究都有重要的價值。

　　第一，用出土文獻能夠糾正《說文解字》中的一些錯誤，從而能對文字的形義作出正確的解釋。例如"王"字，《說文解字》的解釋是：字從三橫畫，代表天道、地道、人道，中間一豎代表通達，能夠通達天道、地道、人道的，就是王。但是這種解釋是錯誤的。"王"字本像鋒刃向下的斧鉞形，而斧鉞是王者權威的象徵。出土文獻的發現和研究還推動了文字學理論研究的發展，如文字起源理論、漢字結構理論、漢字字體發展理論的研究都有新的進展。

　　第二，出土文獻能夠解決音韻學研究中的疑難問題，推動漢語音韻學的發展。例如以"去"為聲符的字，有兩種並不相近的讀音：一是屬於魚部，如"呿""祛"等字；二是屬於葉部，如"劫""怯"等字。這是為甚麼呢？原來是小篆把兩個讀音不同的字混在一起了。一個是從大从口，會意字，表示張大嘴，是"呿"的初文，也就是離去的"去"；另一個是像器蓋和器身之形，"盍"的上部即是如此，這個字應該讀為"盍"。出土文獻為音韻學的研究提供了新的材料，專家們利用出土文獻研究古音，取得了很多重要成果，如研究了東冬的分合、宵談的對轉等。未來音韻學要想取得更大的發展，利用出土文獻是途徑之一。

　　第三，出土文獻能夠糾正《說文解字》對於本義解釋的錯誤，為某些詞的本義提供例證，能夠幫助人們正確區別古代同義詞。例如"庶"字，《說文解字》的解釋是"屋下眾"，但是從古文字來看，此字是从石从火，本義是煮。在上古時代，陶器出現以前，人們以火燒熱石頭烙烤食物，或者以熱石投於盛水的器中煮熟食物，"庶"字正是這種生活方式的反映。又如"自"字，《說文解字》認為其本義是"鼻子"，但是並沒有舉出例證來。不過這種例證在甲骨文中比較常見，甲骨文中有"疾自"一語，正是說鼻子有病。再如"追"和"逐"是一對同義詞，這兩個詞的區別如何，原來並不是很清楚。但是根據對甲骨文的研究，發現這兩個字的區別是很明顯的，即追人為"追"，追動物為"逐"。通過對出土文獻中詞彙的深入研究，能夠推動古漢語詞彙學的大發展。

　　第四，出土文獻對於古漢語語法學的研究意義更為重大。如果沒有甲骨文，對殷商時代的語法根本就無法進行研究。而運用甲骨文，我們可以描繪出殷商時代語法的基本面貌。如我們現在知道殷商時代的賓語前置句有三大類：第一類是否定句中的代詞賓語前置，所涉及的否定詞是"不""勿"，其代詞是"我""余""爾"。第二類是"唯＋賓＋動"式和"惠＋賓＋動"式的賓語前置句。"惠＋賓＋動"式不見於古文獻，"唯＋賓＋動"式只在《尚書》等古文獻中偶爾見到。第三類是名詞賓語可以直接放在動詞前，但要符合兩個條件：一是要與"惠＋賓＋動"式句構成對貞，二是在名詞賓語前要出現否定副詞"弜"。

　　總之，出土文獻時代地域明確、保持語言原貌，對於文字學、音韻學、詞彙學、語法學等學科的研究都有特別重要的科學意義，因而應該重視對這種語料的整理和運用，並將其用於語言研究。

　　《出土文獻語言研究》是由張玉金主編的學術文集。第一輯出版於 2006 年，是由廣東高等教育出版社出版的，編委都是當時在職的華南師範大學教授。第二輯出版於 2015 年，開始由暨南大學出版社出版，編委則約請國內外在出土文獻語言研究方面卓有成就的著名專家擔任。第三輯出版於 2020 年，仍由暨南大學出版社出版。

　　《出土文獻語言研究》原為不定期出版物，自 2022 年起改為定期出版物，仍由暨南大學出版社出版。2022 年出版第四輯，2023 年出版第五輯，2024 年起計劃每年出兩輯，連續出版。

　　能夠把不定期出版物改為定期出版物，得益於華南師範大學文學院院長段吉方教授的大力支持，他十分重視、支持教師的學術研究。

　　本學術文集旨在為國內外出土文獻語言學界提供一個具有較高水準的學術交流平臺，主要發表原創性的出土文獻語言研究方面的學術論文，也適量發表原創性的古文字考釋和古漢語研究方面的學術論文，不發表已經在其他刊物上發表過的學術論文，敬請學界朋友們賜稿。

張玉金

2023 年 10 月

目　錄

少數民族文獻研究

學人與學問：我研習古文字的經歷
——曾憲通《口述中文》記錄稿

曾憲通

提 要 本文主要講述曾憲通在學習和研究古文字過程中所經歷的一些人和事，以及他個人的感悟與體會，所述事例對古文字與學術史研究具有參考價值。

關鍵詞 古文字 出土文獻 容庚 商承祚 饒宗頤

古語云："讀萬卷書，行萬里路。"在研究古文字的道路上，曾憲通教授一直身體力行，只要有一點精力，就能做多少做多少，時至今日仍筆耕不輟。這種優良的學風和治學精神，是曾憲通教授及老一輩學人傳下來的珍貴財富。

一、勤學好問 術業有專攻

1955 年秋，曾憲通進入中山大學中文系漢語言文學專業學習。他對古文字學的終身熱愛，從這裏正式開始。而在此期間，他在學術道路上踏出的最堅定一步，邁向的是戰國秦漢文字。

我選擇專攻戰國秦漢文字的原因主要有三個。第一個就是我們研究室研究力量的配置，因為我們古文字研究室是教育部批的研究室，強項就是甲骨文跟金文。商先生（商承祚）二十三歲就編寫了《殷虛文字類編》，容先生（容庚）二十九歲就編寫了《金文編》，而且這兩部書都是劃時代的。因此，王國維把他們稱為當時研究古文字的四個少年中的兩個。全國四個，我們中大就佔了兩個，很強了。但是，戰國文字方面一直沒有專門去組織相關的研究，我們研究隊伍裏面也比較缺乏專門從事戰國文字研究的人員。我們幾個年輕人，外面叫作"四大金剛"，我們自己叫作"四條漢子"，其中三位，陳煒湛、孫稚雛、張振林，都是 20 世紀 30 年代出生的，兩個 1938 年，一個 1939 年，都比我年輕，我是 1935 年的。他們都是搞甲骨文和金文研究的，所以他們的研究生畢業論文就是研究甲骨文或者金文。而我作為助教，沒有經過研究生的階段，也就沒有專門研究哪一個方面。已經有幾個青年教師從事甲骨文和金文研究了，戰國文字研究比較空缺，我覺得從研究力量的搭配方面來看，需要有人去從事戰國文字的研究，這是第一個原因。

第二個原因就是我在 1974 年去北京參加國家文物局組織的秦漢簡帛整理小組，那一段時間有關戰國秦漢文字的文物大批出土。王國維有句名言，叫作："新的發現帶來新的學問。"所以我在北京紅樓的那一段時間，基本上都是朝向戰國秦漢文字這個方面去做研究的，對我影響比較大，我覺得我們也應該有人從事這一方面的研究。

第三個原因就是我最初發表的幾篇文章都是研究戰國秦漢文字的，而且可以說是一炮打響，自己覺得有信心走下去。我在 1978 年寫的一篇文章叫作《楚月名初探》，就是利用新出土的秦簡裏的"秦楚月名對照表"進行研究。在商先生主編的《戰國楚竹簡匯編》裏面，望山出土的竹簡中有三個月名，這三個月名都是楚國的月名，但它不是按照月序來排的，而是按照代月名來排的。究竟哪個在先，哪個在後呢？郭沫若就猜，其中一個叫作"獻馬"的，就是貢獻出馬的那個月份，郭沫若就推測是四月份。反正都是盲人摸象。但是有了這個秦楚月名對照表作為切入點，我就根據這個對照表，跟已知的秦國的、楚國的月名相對照，這些代月名都有一個可以對照的參數，我把它對照出來了，就是秦國的某個月，相當於楚曆的哪個月，這樣就解決了這個排序問題，知道哪個月的竹簡在先，哪個月的竹簡在後。我的《楚月名初探》出來以後，當時秦漢史研究會的會長林劍明先生也看了，在他的文章裏面提到，曾憲通的楚月名研究，揭示了秦簡日書的價值，它不是迷信的，而是有科學價值的。這是一篇。再有一篇，就是我到香港跟饒宗頤先生一起研究秦漢簡那段時間發表的《秦簡日書歲篇講疏》，我剛才說到的秦楚月名對照表，就是在這篇"歲篇"裏頭的。那麼"歲篇"是甚麼意思呢？就是秦簡裏面有一篇"歲"字開頭的文章。歲篇就是講天上的歲星，它在十二個月運行中大概有利於哪一方面，不利於哪一方面，這就帶有一點迷信的色彩，但是它也有科學的價值。它在哪個月走到哪裏，日長是多少，夜長是多少，就是每個月的日跟夜比例不同，但是我發現日長、夜長加起來都是十六。所以我就跟饒先生說，日跟夜兩個加起來都是十六。他說，對啊，那是日跟夜，應該是日長跟夜長之和。他說，還有就是八月跟一月是一樣的，九月跟二月也是一樣的，其他照此類推，並建議我去看看《淮南子·天文訓》。我就拿了《淮南子·天文訓》來對照，它的年代剛剛好。《淮南子·天文訓》其實就是秦楚時期那些術士的經驗總結，在這裏面，我一對就對到，不但是日八夜八，也可以對出它是日夜平分。饒宗頤先生啟示我說，這裏日跟夜都是八，就是日夜平分。我從日夜各八得出這裏的"日"就是白天，白天是八的數字，晚上也是八的數字，這就叫"平分"。其他季節就是其他季節的比例，總之加起來就是十六，如果它是九的話，與它相配的就是七，日是九，夜就是七。日是八的話，夜就是八，日是七，那麼相對的夜就是九。我就把它組成幾種組合方式，跟《淮南子·天文訓》裏面講的五星七舍十六所進行對照，對得非常准，所以我就據此寫了一篇《秦簡日書歲篇講疏》。我在 1982 年到饒宗頤先生那裏去，就寫了這一篇文章。當時饒宗頤先生特別忙，他已經寫好了一本書，準備要出版，便把我這篇文章收進去，並聯名發表，書中署名是兩個人合著的，這就是第二炮了。

我剛剛說到，第一炮是《楚月名初探》，第二炮就是這篇《秦簡日書歲篇講疏》，第三炮呢，就是我在第三屆古文字研究會上提交的一篇論文《說縣》。有一本書叫作《季木藏陶》，就是有一個名叫周季木的人，他專門收藏古代的陶片，書中收了很多陶片。其中有刻寫的、有印的、有畫的，我從裏面找了三片陶片，互相印證，考釋出這個"緐"字來，所以我據此寫了這篇《說緐》，這篇文章的觀點被收錄到高明先生所編的《古陶文彙編》裏面。我當時考證這個字的時候，開頭還不是很有把握，我又查遍了幾種陶文編，有的把它釋為"介紹"的"紹"，有的放到了附錄，我覺得這個字還不認識，於是下功夫把它考證出來。文章的觀點被高明先生的《古陶文彙編》收了進去，並在上面注明是曾憲通釋。我當時有這三篇文章發表，覺得戰國秦漢文字的天地還是很寬廣的，還是可以做做學問、寫寫文章的。

大概就是這三個原因吧：第一個是研究力量的配置；第二個是新材料的發現，可以有用武之地；第三就是寫的文章被學界認可，嘗到了甜頭。

二、師從名家　實踐出真知

1959 年，曾憲通從中山大學中文系畢業，留校擔任容庚先生的助教，兼任古文字研究室主任商承祚先生的秘書。他用多年如一日的行動向容、商二老，向世人展現了他對待古文字的那顆堅定而純粹的心。

我們中大古文字研究室是 1956 年由教育部批准成立的，所以學校比較重視。在我前面一屆，就是"五八屆"，留了一個助教，叫作王子超，後來他因為家庭有困難就調離了。我是"五九屆"，王子超先生留校做商老的助教，我留校做容老的助教。因為當時外面都在批判"厚古薄今"，所以當我向容先生報告我留下當他的助教時，他就給我大潑冷水，他說這些是古的東西，現在外面都在批古，你為甚麼要來鑽這個冷門？你去搞別的吧，不要搞古文字了，你來"厚古"，會給人家拿去批判的。後來我跟他解釋，我說這古不古都是一種學問嘛，都是前人積纍下來的，我們後人應該去繼承，特別是我們這裏有這麼好的條件，我願意在二老的帶領指導下從事這方面的研究。後來他看我沒有動搖，還經常到他家裏去要書看，他就把他妹妹容媛編的一本《金石書錄目》送給我。這本書是容老給她寫序的，容老把自己家裏的藏書編號都標在這個"書錄目"上面。容老從燕京大學南遷調來中大（當時還是嶺南大學）的時候，有兩百多箱藏書，他把他的藏書編號記在《金石書錄目》上面，哪一箱在哪個地方（哪個樓梯，東壁還是西壁）都記得清清楚楚。他就跟我說，你把它移錄到這本《金石書錄目》上，有時間就來看吧。當時他給我提供了一個很好的條件，可惜那時就是讀書的時間不多，政治運動太多，我並沒有充分加以利用。最終他知道我不怕搞古的，還是願意跟他學，他就接受了。我當時就這樣當了容庚先生的助教，又是商先生的秘書。商先生是我們古文字研究室的主任，我當他的秘書，就幫他管理研究室。那時沒有資料員，甚麼都沒有，只有兩個助手幫二老整理文稿，而這兩個助手年紀都比二老大。我協助商老做甚麼呢？當時中大圖書館調了三千多冊相關的圖書給古文字研究室，我就管理這些圖書，協助他培養研究生，還有就是協助他管理這兩個助手。他們二老實際上也把我作為研究生來培養，研究生做甚麼，二老同樣叫我做，比如容老要求摹寫三部字典，第一是《說文解字》，第二是《甲骨文編》，第三就是《金文編》，這三部書都要臨摹。我臨摹後，容老一個字一個字地給我檢查。臨摹的好處顯而易見，我們古文字研究生畢業一般都經過臨摹的訓練，功夫多少都有一些，多少都能寫毛筆字。這是第一個方面。那第二呢，容老要我們多讀書，讀古文字的經典著作、名著。第三就是要我們寫書評、做綜述，他說："你讀了那麼多書，想個題目，做個綜述。"還不時敦促說："找到題目沒有？"容老的訓練大概就是這樣，訓練研究生是這樣，對我也是這樣，雖然我還要幫他管理研究生，但我自己也要照研究生的要求來做，所以對我而言是一樣的。

　　容、商二老平時在學校大概就是這樣管理研究生、指導我們的。但更重要的是帶我們走出學校，帶我們出去考察，到博物館、到考古隊、到墓地去考察，比如到大汶口考古，到馬王堆考察。這個收穫就更大一些。為甚麼呢？兩位先生帶我們出去的時候，可以見到很多名家，因為他們都是二老的好朋友，所以我們先後見到很多名家，如郭沫若、唐蘭、于省吾、徐中舒、顧廷龍、顧頡剛等。容老帶着幾個副博士研究生出去，我都跟着，並到過郭沫若家裏。郭沫若和容老在1927年的時候就開始書信來往，我編有一本書叫作《郭沫若書簡（致容庚）》。跟商老出去，他帶我們去看馬王堆。馬王堆剛剛被發現的時候，湖南省博物館就請商老去了。後來他把我們也帶去看，回來後還在學校作了一場專題報告。馬王堆竹簡不是很多，主要是一些隨葬品的清單之類，但馬王堆帛書的影響比較大，內容比較多，材料比較豐富。

　　我們到北京故宮拜會唐蘭先生，當時就住在故宮招待所，經常到他的金石室那裏去抄這個抄那個，唐蘭先生就對我們說，古文字的學問不在古文字本身，而是在古文字之外，如相關的器物、相關的出土材料更重要，不然你光是看這幾個古文字還不知道是甚麼意思的。古文字的學問不在古文字之內，不是課本跟講堂就能夠解決問題的，你們要多看看，多讀考古發掘報告之類。這些都對我們學習、拓寬視野很有好處。

　　20世紀70年代中期，在湖南長沙馬王堆帛書和湖北雲夢睡虎地秦簡出土後，曾憲通作為商老的隨行人員曾到北京紅樓參與了秦漢簡帛整理小組的工作。在《曾憲通自選集》中，他強調這一階段的工作和學習對他一生的學術生涯是有決定性意義的。

　　20世紀70年代是考古發現的黃金時代。其中1972年在山東臨沂發現了一批漢簡，裏面就有兩本《孫子兵法》。這個發現轟動了學術界，當時也驚動了國家最高領導人，要以最快的速度看到這部書。所以國家文物局就把全國一流的學者召集起來，有年紀大的、老一輩的先生，也有年紀輕的，都是比較傑出的學者，集中在北京紅樓，也就是"五四"時期的北大那裏，整理這批竹簡。1974年的初夏，商承祚先生接到了文物局局長王冶秋先生的邀請函，要借調他到北京去參加銀雀山漢簡的整理。那時商老已經七十多歲了，平時身體是很好，但是那段時間他經常要去看老中醫，我就陪他去。商老問我，想帶我一起去北京，好不好。我說那是求之不得的。他說，第一你可以就近照顧我，第二也可以從中學習。我隨即表示爭取同行。那是在1974年的四月初，我們就到了北京，參加了第一批銀雀山漢簡《孫子兵法》兩個本子的整理。老一輩的專家都是很出名的了，但直接接觸過竹簡的還是商老，因為商老此前整理過湖南出土的楚簡，還有信陽出土的楚簡，都接觸過、整理過，我也陪他到信陽和北京去做過一些校對的工作，所以應該說他是這一批參加的專家裏面有實際經驗的一位老專家。我們所在的"銀雀山漢簡整理小組"，朱德熙先生當組長，商先生跟另外一位叫傅熹年的先生負責摹本，就是把竹簡上的字摹出來，傅熹年是摹，商先生是校，朱德熙先生則主持釋文跟注釋這兩項工作。其中有一段時間，奮戰一周出了兩個大字本——《孫子兵法》跟《孫臏兵法》，並呈送給毛主席，一行才18個字，一個字相當於普通印章那麼大。我們研究室現在還有這一套書。我記得，當時朱德熙先生每趕完一頁稿，就馬上派人騎摩托"突突突"送到印刷廠去拍照，拍照以後就馬上拿去製版，沒有的字就馬上補刻。就是這麼一個團體，集中了全國最優秀的一批專家和年輕人，老專家如商老等經驗豐富，但年紀已經比較大了，精力不太夠，主要還是朱德熙先生領導下的裘錫圭、李家浩、吳九龍等幾位共同完成。我也是其中一員，但我開頭還不是正式的成員，我是陪商先生去的。記得當時把竹簡沖洗了以後，馬上就照相，照相以後就把照片剪成一條一條，然後再來分篇，看看哪一些是《孫子兵法》的，哪一些是《孫臏兵法》的，哪一些是《六韜》《尉繚子》等古佚兵書的，還有一時分不清楚的十三篇以外的有關簡文。當時就把竹簡照片都分到各個人手裏，我就協助商先生分，發現了孫子十三篇裏面有一篇叫作《形》的，它的竹簡字句總是重重複複，這一句話在這裏出現，下面又出現，我就把這個情況報告給朱德熙先生。朱先生說，老曾你發現的這個問題很重要，你再按照那個不同的字體重新排一排。我就按不同字體重新加以排列，這樣便涇渭分明，不再重複，果然是兩個寫本，就是十三篇裏面的《形》篇有兩個寫本，是不同人寫的，所以字體不太一樣。按照不同的字體去排，它們就各就各位了，非常分明，就不會重複了。我就是因為發現了《形》篇有兩個寫本，這個意見被朱德熙先生採納了，所以吸收我為整理小組的正式成員。因為我發現《孫子兵法》十三篇的簡文有重複，所以我就把十三篇背得滾瓜爛熟，再看到其他跟十三篇有關的簡文我就把它檢出來。實際上這裏面的古佚兵書應該分成三部分：第一部分是孫子即孫武十三篇，這是一種；第二種只有"孫子曰"，沒有分篇，我們討論後就把它作為《孫臏兵法》。它有"孫子曰"如何如何，而且有見齊威王，那就跟孫臏的年代完全一樣，就被定為《孫臏兵法》，這是第二部分；第三部分就是《六韜》《尉繚子》等古佚兵書。因為我負責十三篇這一部分，朱德熙先生就建議說，你去找張政烺先生給你介紹《孫子兵法》十三篇最好的傳世本。我找到張政烺先生，他就叫我找《武經七書》裏的《孫子兵法》，裏面有很多注解，一條一條地注文。用注文裏面的材料來核對簡本十三篇並作注釋，我就做這個工作。十三篇以外的那些東西，有"孫子曰"的就被編成《孫臏兵法》，那是戰國時期的。十三篇就叫《孫子兵法》，就是孫武的，孫武是春秋晚期的，而孫臏是戰國時期的。因為戰國時期的《孫臏兵法》沒有傳世本可以對照，所以難度比較大，要排序，要注釋，都要花很多的時間。所以當時朱德熙先生就決定，簡本《孫子兵法》由我去跟傳世的十三篇《孫子兵法》作校證，讓我作一個校記出來。其他的因為沒有傳世本可以對照，就集中力量去攻那個《孫臏兵法》，以及沒有"孫子曰"的那一部分古佚兵書。在那一段日子裏，一起工作的都是很有名的老專家，年輕的幾位也都是佼佼者，如李學勤、裘錫圭，可惜有幾位已經不在了，像馬雍（馬宗霍的兒子）、于豪亮都不在了。李學勤、裘錫圭應該說當時在紅樓就出名了，他們兩位在那裏就是脊樑骨了。我在他們身邊，既有老專家的指導，又有這些年輕佼佼者可以從中學習，這應該是我人生中最難忘的一段時光，而且我負責將這個簡本孫子十三篇檢出來，可以從中學到很多東西，既有出土的材料，也有傳世的材料，我又根據傳世材料的注本重新進行整理，得益很多。我跟商老一回來廣州，恰逢《中山大學學報》因"文革"停刊多年之後復刊，中大校長（當時的校長叫作李嘉人，是一個副省長兼的）馬上就說，你跟商老一定要給學報提供一篇文章，所以我就寫了《竹簡本孫子十三篇校證》這麼一篇文章。當時我們在北京做完簡本《孫子兵法》以後就地震了，1976年地震，紅樓前面那個旗杆底座被震塌了，地震時正是晚上，我們都是穿着睡衣就跑到街上去了。紅樓已經不能住了，整理小組暫時轉移到故宮去上班，我們就住在武英殿裏，打地鋪睡。後來我護送武大的唐長孺老教授到武漢，然後就自己回廣州來了，這是第一段。

第二段就是要出版簡本《孫子兵法》了，北京的文物出版社要我去做簡本十三篇最後的校對工作。所以地震過後我又回北京去了。在北京的這個工作，對我來講應該是得益很大的，第一次跟那麼多有學問的人在一起，從中學到很多東西，特別是朱德熙先生，他的作風跟我們容、商二老不太一樣，他是研究語法學、音韻學的，所以他善於運用古漢語的"讀破"法，也就是通假，用它本字的音來讀。我們拼接的幾條竹簡，順着這些字讀下來，有時候有幾個字是不能通讀下去的，這時朱德熙先生就跟裘錫圭先生說："老裘，換一個角度看看怎麼樣？"甚麼意思呢，就是字面上解釋不通，應該讀破，從語音上解釋背後的語言現象。朱德熙先生就是靠揭示文字背後的語言事實，使文本能夠讀通。他這一點對我啓發很大。我們中大在這個方面有所欠缺。我們容、商二老是不講音韻的，他們要想辦法兜個圈來解釋，往往是吃力不討好，所以這個對我教訓比較大，就是說不能光靠字形，光靠字面往往不能夠讀通出土的東西，古文書面是如此，出土的材料更是如此。因為古人習慣於用借字，就是我們現代人所謂寫別字，後人來看這個寫的別字是甚麼，就要用當時同音的另外一個字來讀，才能真正讀通這個字，古漢語叫作"讀破"。再一個呢，就是他們不僅僅從字形上去考證，還通過尋找古籍材料來印證。他們經常是工具書不離手，一定要找相關的同時代古籍，特別是拿同時代相關的句子、相關的史實來對照，這樣就能夠把出土文本搞得比較徹底，真正接觸到要害的地方，真正能夠解決問題，而不是說好像隔了一層皮。朱、裘他們兩位就是擅長這一方面，對我們很有啓發，特別是對我啓發很大。

三、幾度奔波　著書立說

　　1981 年 10 月至 1983 年 12 月，曾憲通應香港中文大學之聘，任該校中國文化研究所訪問副研究員。在此期間，他與饒宗頤先生合著了《雲夢秦簡日書研究》《隨縣曾侯乙墓鐘磬銘辭研究》和《楚帛書》三本書。

　　我們認識香港中華書局的老總李祖澤，他跟我們這邊的容老、商老都有聯繫。商先生從他那得到一個消息，說香港中文大學的饒宗頤先生今年暑假剛剛退休，他有意到內地走一走、看一看。知道這個消息，商老馬上就說，那先把他請來中大吧，就發個邀請函，請他來廣州參加第二屆古文字研究會。他果然應邀來了。來了以後省裏面很重視，當時的廣東省委書記吳南生是饒先生的同鄉，他知道饒先生在潮州很有名，多年沒有回來過，吳書記就在廣東迎賓館設宴歡迎他。歡迎會上，吳書記把廣東省高教局的局長、省社科院文學研究所的所長、《學術研究》的主編都請來了，吳書記就說，饒先生闊別內地三十年後第一次回來，希望他能回老家看一看，到各地走一走。饒宗頤先生聽到這一句話就很激動，他說，是啊，我從小就熟讀方志、地理，對全國各個地方的地名都很熟悉，特別是我十四歲就寫了《楚辭地理考》，在《禹貢》雜誌上跟北大的權威學者錢穆辯論。《楚辭》裏面提到的地名、江名究竟是在長江以北，還是在長江以南？錢穆先生主張在長江以北，他認為當時楚國的勢力還沒有那麼大，還沒有到長江以南。但饒宗頤先生就認為這些地方應該在長江以南，而且把很多地名用歷史考證法給一一落實了。饒先生說，全國很多地方的地名我都早就很熟悉了，可從來沒有去過，如果能夠去走一走、看一看，我的確很樂意。吳書記當場就說，好啊，歡迎歡迎，你做個計劃，去的時候，就叫曾憲通陪你去，他陪同容老、商老跑過很多地方，人啊地啊，他都熟，並問高教局的局長同不同意，同意就用高教局的名義派他去。饒先生很高興，連連說好。這是 1979 年的事。1980 年他就去了日本講學，到東京大學、京都大學講學。我現在保存的七十多封信裏面第一封就是他在京都大學寫給我的，信中說上次聚會談及國內旅遊的事，是不是真的能夠同行？1980 年的第三屆古文字研究會在成都召開，我要寫一篇文章，碰巧李新魁老師全家外出旅遊，我就幫他看家。他家那個地方蚊子特別多，我在他家寫文章時不知不覺就給蚊子叮了，得了登革熱。我就給饒先生回信說我得了登革熱，不知道能不能成行。饒先生說趕緊治療，你年輕不怕的。到十月份，我就跟他一起到成都去開會了。饒先生又通過李祖澤先生跟文物出版社的社長王仿子打了招呼，請他派人來陪。王社長就派了資料室的鄭昌政先生特地從北京到成都來，等開完會，就由鄭先生代表國家文物局，我代表廣東省高教局，陪饒先生從成都出發，在全國跑，跑了 13 個省市、33 個博物館，最遠到了蘭州、敦煌。在考察過程中，饒先生因為研究過《楚辭》，對《楚辭》的地理、楚地出土的東西特別感興趣。我們到湖南去，看馬王堆帛書的時候，他認為要研究戰國的楚帛書後再研究漢代的帛書。到湖北，要研究曾侯乙墓的編鐘，他認為這個編鐘的鐘律和古樂律都值得研究。因為編鐘一共有六十五個，除了一個主鐘外，其他都是三個音：中間一個音，左邊一個音，右邊一個音，音和音之間的音距是三度，所以這六十多個編鐘，它們敲打出來的音響就相當於當代鋼琴的五個八度，最高可以到五個八度，最低有五個八度，這麼一套樂器，代表着古代的音樂樂律。饒先生非常感興趣，他就說我們找個機會來研究楚地的東西，問我有沒有興趣。我說，您帶着我走，我就跟着您走。然後他去了日本講學，回來後就給我發了邀請函，說他要到了一個到香港中文大學去做研究工作的名額。他給我的信都是 1981 年的，這一年的很多信都談這個事情，所謂機緣就是這個機緣：我陪着他到全國各地跑了一圈，然後看到楚地的東西，他很感興趣，就說我們一起來研究楚地的文物，包括編鐘和楚帛書、雲夢秦簡。我 1981 年去香港，1983 年底回來。我是 1981 年十月份去，他這本《雲夢秦簡日書研究》六月份就寫出來了，我就寫了一篇《秦簡日書歲篇講疏》，他看了以後就收進去了，而且還寫了一篇卷前語，主要是講研究《日書》的意義，並肯定我的相關研究比前人更進一步。1974 年我在北京參與出土文獻整理的時候，當時秦簡《日書》還沒有公佈，有兩個原因：一是整理小組裏面的人看法不同，特別是文物局和文物出版社的人看法不同，認為這些《日書》是古代擇日的通書，這種選擇日期的通書帶有一點迷信的色彩。二是研究的人很少，所以暫時不予公佈。我去了香港以後，雲夢秦簡的東西基本上都公佈了，就做了這個雲夢秦簡整理的研究工作。前面講的是在北京對這個銀雀山漢簡的整理，到香港後我就做了雲夢秦簡的整理，饒先生覺得這個雲夢的東西也是楚地的，就一起來研究了。我們在國內考察的過程中就定了這麼一個題目：楚地出土文獻研究。我去香港中文大學，前後待了三年，第二年就出了這本《雲夢秦簡日書研究》，第三年就出了《隨縣曾侯乙墓鐘磬銘辭研究》，後來又出了一本《楚帛書》。我到饒宗頤先生那裏就是跟他合作寫這三本書。跟饒宗頤先生討論了很久，這三本書合在一起叫甚麼呢，後來就叫《楚地出土文獻三種研究》，三本都包括在這裏了，1993 年由北京的中華書局出版。

　　當時內地的環境跟香港尚有很多不同，訪學香港，曾憲通不敢懈怠，焚膏繼晷，勤於治學，豐富的學術成果離不開這些努力。

　　我們那個年代比較特殊。現在我是博士生導師，但是我自己只是本科畢業，學歷就是本科，當時並沒有學位。我當了 20 年的助教，沒有評職稱。所以我第一次到香港去，非常不習慣，人家一見面就叫我曾先生，我要叫人家某教授、某博士，人家動不動就拿大部頭請你指教，我手頭並沒有甚麼著作。1981 年我編注了一本《郭沫若書簡（致容庚）》。有一次有個當地人拿這本書來要我簽名，並要送我一部《王國維年譜》。我說那太好了，我買不到《王國維年譜》。他說，我知道你需要這本書，我把它送給你，是希望你在我帶來的這本

《郭沫若書簡（致容庚）》上簽個名。我們當時寫東西都不能自己署名的，要用集體的筆名。澳大利亞有一個專家叫巴納，他跟我很熟，巴納的專長是研究青銅器和楚帛書，他說，曾先生，你們中國最近有一個人很屬害，他甚麼文章都能寫。我說，是誰啊，這麼屬害？他說，這個人叫"執筆者"。我說，他不是一個人呢，是大家討論以後由一個人把它整理成一篇文章，這個人就叫"執筆者"。那時是不能用自己的名字署名的，那個年代不一樣。所以，我出去的時候，那麼努力去工作，我就想做出一點東西給別人看看，我這三本書出來後人們就刮目相看，不敢議論了。我在辦公室裏，是最早一個開燈、最後一個關燈的。有人告訴我，曾先生，你不要這樣賣命啦，這裏不是以開燈關燈來計算工資的呀，你該休息還是要休息呀。我當時就是這樣，我在那裏兩年多出三本書，而且學術界評說這些書是該領域的奠基之作，因為饒先生是巨匠，是名家，我要努力才能跟得上啊！所以我在香港雖然只有兩年多一點，但算沒有白過。美國匹茲堡大學有位教授叫許倬雲，是一個很有名氣的學者，他看了我們這本《雲夢秦簡日書研究》之後，在《亞洲學報》寫了一篇書評，他的第一句話就說"這本書是寫給專家看的"，然後就說裏面所研究的每一個專題，都足以讓歷史學者們去探索古代中國的宇宙觀。這個秦簡日書我們看起來是說迷信的，人家看起來是一本探索古代宇宙觀的書，你如果沒有鑽進去，很多內容真的是像天書一樣。饒先生就提醒我，你要跟《淮南子·天文訓》好好對一對。我就對出了"日夜十六個單位"，對出了"五舍十六道"。王充有一篇文章專門講早上的太陽大，中午的太陽熱，提問哪個距離近，裏面就講到"日行天十六道"，我研究這篇文章就是利用他的"日行天十六道"來研究《日書》裏面的天道觀。饒宗頤先生跟我說這個和《淮南子·天文訓》有關，他指點我讀進去，對照起來，可以對出很多材料來，對出很多感悟性的東西來。所以那段時間非常寶貴，時間雖然短，但是有饒先生這本活的字典在身旁，我有甚麼問題問他，他總是馬上給我一個恰如其分的指導和提醒。他對我應該說是非常好的，他前後給我寫了那麼多信，大家有機會看看，就可以知道很多事情的來歷。

四、任教中大　建設學科

1994 年，在中山大學七十周年校慶之際，學校開始實行學院制，將文、史、哲、人類學四個系合併組建為人文科學學院，曾憲通擔任中文系主任和人文科學學院的第一任院長。

中山大學七十周年校慶的時候，當年的校領導就決定中山大學要實行學院制，都要叫學院，文科幾大科系要合成一個學院，叫人文科學學院。中大人文科學學院包括中文系、歷史系、哲學系、人類學系四個系，這就叫作學院化了。當時中文系在現在的行政學院那裏，就是永芳堂的左側，那裏是原嶺南大學的男生宿舍，三層樓。我當時被學校任命為中文系主任和人文科學學院第一任院長。讓我當系主任還可以，畢竟比較熟悉，我都在這裏讀書、工作幾十年了。但是"院長"對我來說就沒譜，幾個系都是大學科，誰排頭誰排後我心裏就沒譜。當時就有人說，因為人類更大嘛，人類學系排第一，哲學系也比文學大嘛，怎麼排都爭論不休，校領導說建一座文科大樓給你們，文科大樓就是那個時候才建的。後來我找當時的校長王珣章，他就說："曾老師，中山大學校園裏的建築物都是用甚麼甚麼堂，怎麼搞一座文科樓啊，你請一個名家來做做樓名，題題字吧。"有一次我跟饒宗頤先生吃飯的時候，我就說，校長叫我請你給我們文科樓起一個名字，並且題字。他說，那就叫作"郁文堂"吧，就是用《論語》裏面的"郁郁乎文哉"，可以代表文科，而且馬上就寫。寫了貼出來，有人議論說，怎麼"郁文堂"的"郁"字是簡體字？饒先生就特意去查了，說這個字不是簡體字，我這個"郁"字是河北定州漢簡《論語》裏面的原話原字，"郁郁乎文哉"就是"郁郁"這兩個字。後來我說，你再寫一個題記吧，他就又寫了一個題記，這個題字和題記一直都放在檔案室，放了好多年，只是最近把它裝裱以後才掛在文科樓門口那個地方。我當人文科學學院院長後不久，臺灣清華大學請我去講學，我就在下半年去臺灣了，回來就換屆了，由陳春聲教授接任，他現在是中山大學的黨委書記。當時中文系搬到文科樓以後，中文系佔的地方比較大，還有哲學系，就兩個系各佔一層樓，還有學院佔一層樓，就三層樓了，一共八層樓，其他都是學校的。在中文堂沒有建成以前就是這麼個樣子。

　　1995年，我參加教育部召開的建設文科基地的全國會議，也是在這一年，中大中文系爭取到文科基地，有一批經費可以給中文系買書，當時就建了一個基地閱覽室，後來圖書好像都歸到圖書館去了。古文字研究室的資料室也差一點給圖書館拿去，是我打報告留下的。有一天我在路上碰見學校圖書館的館長程煥文，我說，程館長，中文系古文字研究室的這些資料三千多冊，在全國文史系統都很有名，人家要編《古文字詁林》，都到我們這裏來找資料，你把它歸到圖書館，再分一些到東校區，分一些到珠海校區，化整為零，就沒有人知道中山大學中文系藏書有甚麼特色了，你何必要把它肢解呢？程館長說，你趕緊打個報告來，可以特批。我就打了個報告上去，學校真的批准了。當時我已經不當系主任了，是歐陽光當系主任。古文字資料室如果真的搬走了也就沒了特色，現在很有特色呀，裘錫圭先生幾次到中大來，都喜歡到古文字資料室去看書，他說你們這裏太好了，我在北大借一本《侯馬盟書》還不能借出門的，只能拿出來在桌子上這樣一頁一頁地看，你們這裏就可以隨時拿出來翻看，很方便。

　　20世紀50年代古文字研究室成立的時候，大概是1956年，還有兩萬港幣作為買進口的古文字圖書資料的費用，所以這裏的藏書比較有特色。上海華東師大編《古文字詁林》時很多書都沒有，都要到這裏來找，他們派人到這裏住了一個星期，複印了很多資料回去。所以我說如果把這些藏書分藏幾個到圖書館去，特色就沒有了，最後他們還是接受了這個意見。

　　　中山大學中文系是古文字研究的重鎮，在曾憲通和各位古文字老師的努力之下，中大古文字學的課程形成了完整的體系，並保持了很高的水準。

我們研究室在本科生中沒有開基礎課，都是選修課，選修課是這樣的：一位老師講文字學，一位老師講《說文》研究，一位老師講古文字學綱要，我就講漢字源流。中文系學生如果真要學語言文字學的話，有了這四門選修課打底，恐怕你到哪裏去深造，這裏打的基礎都是別的地方比不上的，是這個地方特有的。其中，"文字學"是張振林老師上的，"古文字學綱要"是陳煒湛老師上的，"《說文》研究"是孫稚雛老師上的，"漢字源流"是我上的。最近北京的商務印書館說要把我們的兩本書（《古文字學綱要》《漢字源流》，已分別於 2009 年、2011 年出版）作為"部級的規劃教材"拿去出版，正在跟中山大學出版社做交涉。這說明我們這個古文字研究室雖然地方小、人不多，但是我們有兩本國家級的規劃教材，在國內還是相當有影響力的。

五、壯心不已　未來可期

2005 年，曾憲通七十歲，正式退休，但學術活動並沒有因此而停止，時至今日，他依然盡己所能，繼續學術工作。

2005 年，我七十歲退休，到現在退休也十年有餘了。我的博士研究生導師資格是 1990 年由國務院學位委員會批的，學校的規定是國務院學位委員會批的博導可以做到七十歲，學校批的博導做到六十五歲，現在六十五歲退休已經成為定制了。退休後，我還是經常外出參加學術活動，或者是講講學，或者是參加學術會議，進行學術交流。我雖然已退休，但還是儘量參加一些力所能及的活動，而且陸續整理了自己和老師的一些著作。像《漢字源流》就是退休後出版的，是 2011 年。還有一本就是我陪饒宗頤先生到全國各地去考察的經歷，有朋友把我們的照片集中起來，我又寫了一篇《選堂訪古隨行紀實》，全名叫作《選堂訪古留影與饒學管窺》。另外，我還編了一本有關容庚先生的集子，叫《容庚雜著集》，2014 年由中西書局出版。我和陳偉武主編的《出土戰國文獻字詞集釋》也即將由中華書局出版（已於 2018 年出版）。這些都是我退休後做的事。現在中西書局知道我手頭有饒宗頤先生的幾十封書信，他們跟我訂了合同，計劃明年一月交稿，準備出一本《選堂書札：致曾憲通》，就是把他寫給我的七十多封信印出來。現在陳斯鵬正在幫我錄文，等他錄完後，我就來加注，再寫一篇"前言"就可以交稿了（已於 2019 年出版）。總之，有一點精力就做一點工作吧，能夠做多少就做多少，實際上退休後我沒有怎麼閑過，真的，沒有怎麼閑過。現在開始有人找我寫字了，這也是我原來一直就有的一個想法：退休後寫字。容老、商老他們都寫字，這可以說是中大古文字隊伍的一個傳統與特色。所以老的時候，做一點力所能及的事情也有好處，起碼不會太早就癡呆，且老有所為、老有所樂。

整理後記：此稿據中山大學中國語言文學系 2018 年製作的曾憲通教授接受採訪的視頻《口述中文》進行記錄整理，標題為整理者所加，開篇語、各節名稱與導語為原採編者撰擬，均予保留。記錄稿內容順序與《口述中文》保持一致。全稿由華南師範大學文學院研究生李明曦記錄，吳辛丑教授校訂，並經曾憲通教授審定。

Scholar and Scholarship: My Experience of Studying Ancient Chinese Characters
Transcript of *Oral Chinese* by the Interview of Zeng Xiantong

Zeng Xiantong

Abstract: This article focuses on some of the people and events that Zeng Xiantong experienced in the course of his research of ancient Chinese characters, as well as his personal perceptions and experiences, which are of reference value to the study of ancient Chinese characters and academic history.

Key words: ancient Chinese characters, unearthed documents, Rong Geng, Shang Chengzuo, Rao Zongyi

（中山大學中文系）

釋花東甲骨卜辭中的"癹/跋"

王子楊

提　要　本文把花東甲骨卜辭寫作从人、从止、从木、从 丨 的形體，以及增加"貝"聲的繁體，釋作"跋"和"癹"共同的表意初文，並對其他甲骨文形體談了一些考釋意見。

關鍵詞　花東　甲骨文　考釋　跋　癹

本文主要討論花東甲骨卜辭下揭之字：

A	B
照片	照片　　　　　摹本
花東 235	花東 312

　　劉一曼、曹定雲兩位先生在《殷墟花園莊東地甲骨卜辭選釋與初步研究》一文中率先公佈了 23 版花東甲骨材料，涉及前引 B 這個形體。劉、曹兩位先生把 B 形釋作"企𡧛"二字。（參看劉一曼、曹定雲，1999：283）後來出版的《殷墟花園莊東地甲骨》仍然堅持這個看法，只是將後者嚴格隸定作"槶"。（參看中國社會科學院考古研究所，2003：1689）沈建華先生最先指出 B 形當為一個字，她說："按从企从貝从束，'企'為聲符，實際應是一個字，為'賫'字的繁寫異體字，即'賫'字，即'積'字，本義為聚和積儲的意思。"（參看沈建華，2003：161 – 163）姚萱先生贊同沈先生將 B 形視作一字的意見，但認為將其釋作"賫"根據不足，恐不可信。（姚萱，2006：327）齊航福、章秀霞合編的《殷墟花園莊東地甲骨刻辭類纂》採用了沈、姚兩位先生的意見，把 B 形當作一個字處理。（齊航福、章秀霞，2011：345）也有學者認為還是處理為兩個字為妥。如李宗焜先生《甲骨文字編》就單立"橜"字頭，將其編為 2376 號，收錄了 B 形下面部分的形體。（參看李宗焜，2012：715）朱添先生的《殷墟花園莊東地甲骨文字編》045 號下同樣出"橜"字

頭，處理與李先生相同。（朱添，2012：35）以上大致是學界關於 B 形的釋讀意見。

　　關於 A 形，整理者隸定作"㞢"，沒有說明。（中國社會科學院考古研究所，2003）學者多遵從此隸定，意見比較統一。（參看姚萱，2006：294；齊航福、章秀霞，2011：187；劉釗，2014：368）唯獨李宗焜先生把 A 形釋作"企"，編為 0027 號，放在確定無疑的"企"字下面。（參看李宗焜，2012：11）A 形跟"企"形體差異明顯，不大可能是一個字，估計是誤置。

　　綜合上述，學界對 A、B 兩種形體發表的考釋意見並不多，只有沈建華先生明確指出 B 形當釋作"責"，其餘學者都只是按照形體構件嚴格隸定。因此，學界對這兩個字的認識並不清晰，沒能提出讓人信服的考釋意見，這也是不同的工具書對這兩個字處理意見並不一致的原因。筆者初步認為，沈建華先生指出 B 形當為一字的意見是非常正確的；A、B 兩種形體當為一字，應該聯合起來考慮；A、B 二字可能是"發""跋"的共同表意初文。下面作一簡單說明。

　　先看 A 形"㞢"。此字從"企"（人畫出腳形，也許未必是"企"旁）、從三"木"、從"丨"。從組合關係上看，顯然是一個會意字。值得注意的是，處於"止"形之下的"木"旁橫置。我們知道，作為構意偏旁的"木"形橫置，在甲骨文構形系統中並不多見，這種刻寫很可能體現了卜辭刻手的一種造字意圖。這是因為，第一，"木"旁橫刻並不容易，需要刻手旋轉卜甲。第二，以往作為構件偏旁的二"木"或三"木"或四"木"並沒有見到橫置的情形，比如甲骨文"春""虞"所從的二"木"或三"木"或四"木"，從來沒有看到把"木"橫刻的現象。（參看李宗焜，2012：505－506）第三，橫置之"木"恰好位於人"止"形之下，畫面感極其強烈，很可能表示足踏草木之形。《拾遺》128 有"㞢"字，可能也是這個字的一種寫法，唯字殘，不論。綜上，我們認為，花東卜辭此字可能是"發"的表意初文。發，《說文》云："以足蹋夷艸。從癶從殳。《春秋傳》曰：'發夷蘊崇之。'"陸宗達先生對此有非常精彩的說解，陸先生說：

　　　　所引《春秋傳》之文，見隱公六年。今通行杜預注《左傳》本作"芟夷蘊崇之"。許慎所據的是漢世的"古文本"。從《左傳》的上下文來看，許慎所引的文字和對字義的解釋是比較精確的。《左傳》說："為國家者，見惡如農夫之務去草焉，發夷蘊崇之，絕其本根，勿使能殖，則善者信矣。"大意是用"發夷"的方法絕其本根；以"蘊崇"的方法勿使能殖；如此，良苗可以苗長。何謂"發夷"？發是用兩腳踢除根實；"夷"即"薙"。一卷《艸部》："薙，除艸也。"《周禮·秋官》有"薙氏"。鄭玄注："玄謂薙讀如鬀小兒頭之鬀。書或作夷。此皆翦艸也。"何謂"蘊崇"？《艸部》："蘊，積也。"就是把拔出來的野草堆積起來，太陽曬，裏面腐爛，這樣，就能作到"勿使能殖"了。"發"是拔絕艸根的方法。發即古撥字，從字音上看，發從癹聲，撥從發聲，形聲系統完全相同。從字義來看，十二卷《手部》："拔，治也。"然《艸部》"茇"下說解曰："春艸根枯引之而發

土為撥",是"撥"即拔本根於土中之義。再者,《詩經·大雅·蕩》曰:"本實
先撥。"《鄭箋》訓撥為絕,即"絕其本根"之絕(《廣雅·釋詁》:"撥,除也。"
又"拔,絕也")。(參看陸宗達,2015:29-30)

　　上引這段文字,陸先生很好地闡釋了"烖夷"與"蘊崇"的含義,對我們正確深入理
解"烖"的本義十分有幫助。在陸先生看來,"烖"就是以足蹋絕草木本根的活動,這是
十分精確的意見。現在東北農村把除去雜草的行為叫"蹚草",顯然是古老農耕術語的遺
留。前引花東字形"🔥"象一個人在一定區域內(即"〡")蹋絕草木之形,其中一個草木
已經被掘出橫置。不少學者指出,在商代,年年連續耕種的土地即使已經出現,數量也一
定極少,用來耕種的土地多是商人芟殺草木後的荒地,因此,商代散殺草木的工作量非常
巨大。(參看裘錫圭,1992:170-177)甲骨文中"芟""散""柞"等字皆是為芟殺除草
而造出的字,我們討論的"烖"大概也是為芟殺草木而造的專字,但不一定局限於耕田活
動,很可能是開墾荒地時的夷絕草木行為。"烖"典籍又多作"發"。《淮南子·泰族訓》:
"后稷墾草發菑,糞土樹穀,使五種各得其宜,因地之勢也。"(參看劉文典,1989:670)
《周易·無妄》:"不耕,穫;不菑,畬。"孔穎達疏云:"不敢菑首發新田,唯治其菑孰之
地。"上引"發"皆當為"烖"。三晉璽印中"發弩"之"發"多借"烖"為之。(參看李
春桃,2016:203)可見"烖""發"常可通用。"墾草發菑"為並列結構的短語,"菑"
地位跟"草"同,亦當訓"草"。《淮南子·本經訓》:"菑榛穢,聚埓畝。"高誘注:"茂
草曰菑,木聚曰榛。"即其證。茂草荒蕪尚不能耕作的田後來被稱作"菑田"也是很合理
的。(參看楊寬,2016:11-15)"發(烖)菑"就是殺草。1979—1980年,四川青川郝家
坪出土一件抄有田律的木牘,內容跟張家山漢簡《二年律令·田律》的文字基本相同,首
句曰:"以秋八月休封埒及烖阡陌之大草。"張家山漢簡《田律》文字作"恒以秋七月除阡
陌之大草"。從語言環境來看,"烖"顯然是足蹋絕草之義,可見到了秦武王時,"烖"仍
然保留古義,這是"烖"有"足蹋絕草"之義的確證。雖然後世"烖"的這種含義多用
"發""芟""除"等字表示,但"烖"之古義仍然保留在出土文獻和古代字書之中。

　　B形"🔥"在A形基礎上添加聲旁"昌",仍然表示"烖"這個字(詞)。"昌"從
"貝"得聲,于省吾先生認為卜辭"有昌""亡昌"之"昌"當"即退或敗之初文,《說
文》誤分為二字,典籍通作敗,敗行而昌、退廢矣"。(于省吾,1979:53-54)于說得到
不少學者的贊同。(參看于省吾,1996:1878-1880)不管"昌"是否就是後世的"敗"
字,從"昌"可以省作"貝"來看,其從"貝"得聲應該沒有問題。"貝""敗"上古皆
為幫母月部字,"烖"上古也是幫母月部字,聲韻皆同,自然可以用"貝"來作聲符。僅
從這一點看,B形乃A之增加聲旁的異體當是很合理的推測。裘錫圭先生指出:"在古文字
裏,形聲字一般由一個意符(形)和一個音符(聲)組成。凡是形旁包含兩個以上意符,
可以當作會意字來看的形聲字,其聲旁絕大多數是追加的。也就是說,這種形聲字的形旁
通常是形聲字的初文。……如果不算那些在一般形聲字上追加形旁而成的多形形聲

字，……這條規律幾乎可以說是毫無例外的。"（參看裘錫圭，1992：3）用這個通例來理解本文討論的 A、B 二形，可謂十分合適。如果過去學者把甲骨文"昌"讀為"敗"可信，則 B 形追加聲旁"昌"可能也有意義上的考量。《詩經・召南・甘棠》："蔽芾甘棠，勿翦勿敗。"馬瑞辰《通釋》云："《說文》：'伐，一曰，敗也，亦斫也。'《廣雅》：'伐，敗也。'是勿敗猶勿伐耳。《說文》：'敗，毀也。'《孟子》：'毀傷其薪木。'敗又通退。《說文》：'退，數也。'引《周書》：'我興受其退。'今《微子》作敗。"（馬瑞辰，1989：84）"發""伐""敗"義近皆相通。《詩經・大雅・蕩》"本實先撥"，《列女傳》引"撥"作"敗"；《逸周書・謚法解》"剛克為發"，蘇洵《謚法》引作"剛克為伐"；《逸周書・官人解》"發名以事親""有知而言弗發"之"發"，《大戴禮記・文王官人》篇"發"皆作"伐"。（參看高亨、董治安，1989：654）是其證。"發"既然以"癹"為聲，兩者在古文獻中又互相通用，自然"癹"跟"敗"音義相近，因此花東刻手在 A 形上追加"昌"這一聲符是非常合適的。

　　蹳絕草木不局限於開墾荒地，也多見於跋涉開道活動之中，這是因為跋涉通常行走在山林之中，草木繁茂，自然需要蹳絕草木以行進，雖然目的不是把草木夷絕，但其動作行為是一致的，即用雙腳踏撥草木。另外，上古的農田也多是由地勢低平的撂荒地（包括荒山坡）經過殺草、平整土地而來，殺草過程也跟跋涉山林相差無多。因此，"癹"的行為跟"跋"十分相近，從聲音和古書兩者經常通用的情形看，兩者很可能同出一源。《說文・足部》："跋，蹎跋也。從足，犮聲。"《詩經・鄘風・載馳》："大夫跋涉，我心則憂。"毛傳："草行曰跋，水行曰涉。"可見，跋就是在草木中行進，在這個意義上，"跋"跟"癹"應該是從同一語源派生出的詞。"跋"上古屬於並母月部，跟幫母月部的"癹""貝""敗"等讀音極為相近。不僅如此，古書中從"癹"得聲的字跟從"犮"得聲、從"貝"得聲之字常常可以通用。楊樹達先生在《釋步𣥠》一文中有簡單的梳理，他說：

　　　　《艸部》云："𣥠，足剌𣥠也，從止，讀若撥。"按𣥠象左右二足分張之
　　　　形，……今長沙謂左右兩足分張為𣥠開，讀𣥠為平音，與字形字義皆相合。《足
　　　　部》又云："跋，步行獵跋也，從足，貝聲。"此與𣥠為一字。異者，𣥠為象形
　　　　字，跋為形聲字耳。余謂象形指事會意三書字變為形聲，此其一事也。解云步
　　　　行獵跋，獵跋即剌𣥠也。𣥠貝古音同在月部。剌𣥠或作剌犮。十篇上《犬部》云：
　　　　"犮，走犬貌，從犬而丿之，曳其足則剌犮也。"按人兩足分張而行為剌𣥠，犬曳
　　　　其足而行為剌犮，皆言其行之不正也。𣥠讀如撥，剌𣥠倒言之則撥剌。（參看楊樹
　　　　達，2013：131－132）

　　根據楊先生的溝通，"剌𣥠"又作"剌犮""獵跋"。郭在貽先生進一步指出，這個連綿詞又可以寫作"狼狽""狼跋""蹎跛""頪跛""蹢跛"等。（參看郭在貽，2002：223）《左傳・襄公二十九年》的"公叔發"，《論語・憲問》《禮記・檀弓上》鄭注皆作"公叔

拔";《周易·困·九二》"朱紱方來",漢帛書本"紱"作"發"。《詩經·衛風·碩人》"鱣鮪發發",《說文·魚部》"鮁"字引作"鱣鮪鮁鮁";《詩經·豳風·七月》"一之日觱發",《說文·夊部》"冹"字下"觱發"本字當作"滭冹"等,皆從"癹"得聲之字跟從"犮"得聲之字相通之證。(更多相通之例,參看高亨、董治安,1989:652-653)《集韻》"坺墢"條下說:"發土也。《國語》:'王耕一墢。'或從犮。"亦其證。又《集韻》撥小韻下"茇茷"條說:"《說文》:'艸根也。春艸根枯,引之而發土為撥,故謂之茇。一曰艸之白華為茇。'或從伐。"可見這個"茇""茷"跟本文討論的"癹""跋"音義都有密切的關係。《集韻》:"蹳,足跋物。""蹳"顯然就是"癹"纍增形符的形聲字,這也是"癹""跋"關係密切的明證。

因此,鑒於"癹"跟"跋"的關係如此密切,把前引A、B二形看作"跋"的表意初文也是合適的。甲骨文本來有"癹"字,形體作"𢿉""𣥠"之形。(劉釗,2014:87)裘錫圭先生曾經懷疑"癹"可能是"跋"或"迣"的初文。(裘錫圭,1992:82)我們認為,這個意見是十分正確的。"癹"跟"跋"的密切關係已見前文。"跋""迣"的關係同樣十分密切。從意義和語音兩方面來說,"迣"都跟"跋"近同。《說文》:"迣,行皃。從辵,市聲。"段注曰:"《廣韻》:'迣,北末切。急走也。迣,蒲撥切。行皃。趀,上同。此三字實一字,二音實一音也。許書言刺𣥠,𣥠與迣意義同。"(參看段玉裁,2013:71)《集韻》"末小韻":"迣,或作踄、趀、越。"因此,"迣""踄""趀"顯然是更換形符的異體字,"越"則是音符、意符全部更換。下面來看看寫作"𢿉""𣥠"之形的"癹"字形體。陳英傑先生對"癹"有過精審的研究,關於"癹"的構形,陳先生結合民俗材料說了下面一段話,現引在下面:

> 南方水田耘田就是用腳除草,用腳把禾苗四周的泥土翻一遍,把草踩下去。用腳除草,就得拄一根竹杖,這樣一來可以省勁兒,同時也是為了保持身體平衡,防止滑倒。至今四川農村春天農民下水田"薅秧子",稻秧成行,人捲褲腿赤腳在行間操作,即拄着棍,用腳將行間的雜草刮到兩邊(即稻秧的根部),這樣,既除了草,又壅了禾本(培土)。湖南華容縣有一句諺語,叫做"腳腳捅到底,擔穀六斗米",意指用腳給禾苗除草鬆土時,要用力踩進泥裏,這樣能使禾苗長勢好,將來可獲豐收。這種行為或稱"擂禾""踩秧""挼田"等。(陳英傑,2011:87-89)

陳說十分精彩,為我們深入理解"癹"的構形提供了另外一種思路。從"癹"字形體看,從"𣥠"(兩足之形)從"支",所從之"支"有時寫作"𢺵""𢽻"之形(從彳從癹之字的偏旁),手持之物略作S形曲綫,似區別於一般的棍棒類工具,跟賓組卜辭常見的族名或方國名“”① 所从之“”應該是同一種東西。參照“癹”字形音義，則這種工具也可能是殺草類的工具。《說文·金部》：“鏺，兩刃，木柄，可以刈艸。从金發聲。”《集韻》又列出“鏺”的兩個異體“鏺”“𠜶”。前者从“癹”聲，後者更換形符為“刀”。因此，寫作“”“”形之“癹”似象手持鏺類殺草工具殺草開道之形，畫出兩足表示行進，兼表“癹”之聲音。這種造字思路可以類比古文字“歲”。甲骨文“歲”有一種寫法作“”，關於“歲”字構形眾說紛紜。（參看周法高，1975：820 – 835；于省吾，1996：2397 – 2406；李玲璞，2000：266 – 288）筆者認為勞榦先生的說法最值得注意。他認為字形象以石鐮收割禾麥之形，兩足表示“刈割時行遍田野”。由收割莊稼來表示年成，是非常自然的事。（參看勞榦，1968：47 – 50）雖然兩“止”中間的器具不必為石鐮，而是一般的斧鉞之形，用斧鉞類的工具殺草、收割在上古也是相當常見的事情，斧鉞形之“”“”又兼表“歲”之聲符（甲骨文中就常用“”形”來表示“歲”）。這跟前面的“癹”形造字思路一致。

這種“癹”字主要出現在師賓間類、賓類卜辭中，我們討論的“癹”皆出現在花東卜辭中，兩者互補分佈，不能成為我們釋花東卜辭“癹”的反證。下面看看花東卜辭“癹”的辭例：

（1）a. 庚卜：子炅。

b. 其弋（杙）、癹，若。（花東 235）

（2）a. 戊午卜，在𢀛：子立（涖）于彔（麓）中，。子占曰：“癹。”

b. 戊午卜：擒。

c. 戊午卜：我人擒。子占曰：“其擒。”用。在𢀛。（花東 312）

（1）b 辭中“癹”可能用作本義，即足蹋草木，這是上古開墾荒地的主要手段。裘錫圭先生指出：“在農業還沒有發展到在一塊土地上年年連續耕作的水平之前，芟除草木是農業生產中極為重要的一項工作。在開生荒的時候需要做大量芟除工作，以與焚田等工作配合。耕種撂荒地（包括跟耕地定期輪換的熟荒地），也需要芟除很多草木。這些草木留在地裏，經過火燒水漚等處理，就成了肥料，而且在當時還是農田的主要肥料。”（參看裘錫圭，1992：170）裘說極是。（1）b 中的“弋”，乃“杙”的本字，是一種下部尖銳的用來掘物的木橛子。（參看裘錫圭，1992：30 – 31）甲骨文往往“名動相因”。（黃天樹，2014：281 – 293）這裏用作動詞，以“杙”掘殺草木。（1）a 中的“子炅”從位置關係上看，似跟（1）b 有關，如果是這樣，“炅”則可能與古代的焚田活動有關。

（2）a 跟（2）b、（2）c 占卜時間相同，占問事項緊密相關。（2）b、（2）c 占問“我

① 可釋作“祓”，說詳另文。

人"和"![img]"在𡊄地是否有所擒獲，占辭說"會有擒獲"。貞問是否"有所擒獲"的前提條件是"子立（蒞）于彔（麓）中，![img]"，"![img]"似是一種用於拍打的工具，未識何物。在這裏似用為動詞，表示用"![img]"來實施的行為，很可能也跟芟殺山麓草木有關。《合集》33378 有卜辭說："辛酉卜：王其田，惠同犬比，丁□旁（刈）彔（麓），亡災。""刈麓"，顯然是一種田獵行為，即在山麓打草，驅趕野獸。（參看王子楊，2015：43–44）這跟（2）a"立（蒞）于彔（麓）中，![img]"是相似的田獵行為。占辭說"癹"，比較簡省，很可能是"![img]"這種行為不吉利，而改用"癹/跋"。或者"癹/跋"就是"足踢草木"之意，跟"![img]"意義相近，這樣占辭與命辭一貫。如果這一理解沒錯，則能很好地體現出上古芟殺草木行為跟田獵的密切關係。卜辭常見"散"（散殺草木）於某地，然後貞問是否有所擒獲。如《合集》28345 云："惠散，獲有大鹿，亡災。"《屯南》1441："王其田，散麓，擒，亡災。"裘錫圭先生指出："上引諸辭提到的'散'，從表面上看好像只是一種獵獸的方法，實際上恐怕跟'焚'一樣，不但客觀上為開闢農田作了準備，而且有時可能主要就是為開闢農田而進行的，捕獲野獸只是附帶的收穫。"裘先生又說"在大量土地尚未開闢，為禽獸棲身的林莽幾乎隨處可見的上古時代，田獵與農業有很密切的關係"。（參看裘錫圭，1992：168，173）這些意見對我們理解（2）a、（2）b、（2）c 辭很有幫助。

　　附帶一提，甲骨文有"![img]"形之字（《合集》18421），從阜從夷從木。还有比較繁複的寫法，過去由於《甲編》1691 不清楚，所以字典、字編皆失收。其形體作：

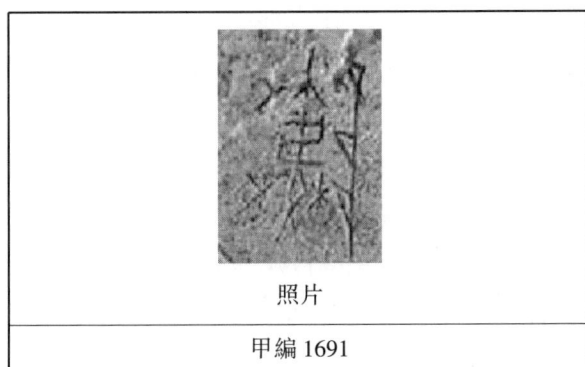

照片

甲編 1691

　　從阜從夷從四"木"。除去"阜"旁後的形體，大概就是前文所言意為"除草"之字"薙"的表意初文。《說文》云："薙，除艸也。《明堂·月令》：'季夏燒薙。'從艸，雉聲。"《周禮·秋官·薙氏》："薙氏掌殺草，春始生而萌之，夏日至而夷之，秋繩而芟之，冬日至而耜之。"鄭玄注："玄謂薙讀如鬀小兒頭之鬀。書或作夷。此皆翦艸也。""夷"在古書中多有殺草之義，表示"殺艸"這個詞的本字應該就是"薙"，寫"夷"乃借字。"薙""夷"皆以"矢"為聲，故可相通。甲編 1691 這個字可能就會於山阜殺草之意，"夷"是其聲符，字似可直接釋作"薙"。這個字的甲骨文又可以省去草木之形而寫作"![img]"或"![img]"，表示國族名或人名。

　　附記： 小文草於 2016 年，曾寄呈周忠兵先生審閱。由於證據尚不充分，一直沒有發表的意願。2021 年底，蔣玉斌先生在一場學術講座中提及此字的釋讀，意見與本文大致偶合。後來又有師友在論文中引及拙文結論，這都大大提升了我的信心。為了進一步接受學界的批評，促進相關問題的深入研究，現決定將拙文發表，以報師友的美意。除了按照文集要求改變格式以外，文字一仍如舊。

參考文獻

[1] 陳英傑：《說發》，《文字與文獻研究叢稿》，北京：社會科學文獻出版社 2011 年版。

[2] 段玉裁：《說文解字注》，北京：中華書局 2013 年版。

[3] 高亨、董治安：《古字通假會典》，濟南：齊魯書社 1989 年版。

[4] 郭在貽：《郭在貽文集》，北京：中華書局 2002 年版。

[5] 黃天樹：《殷墟甲骨文中所見的"名動相因"現象》，《黃天樹甲骨金文論集》，北京：學苑出版社 2014 年版。

[6] 勞幹：《古文字試釋》，《"中央研究院"歷史語言研究集刊》1968 年第 1 期。

[7] 李春桃：《古文異體關係整理與研究》，北京：中華書局 2016 年版。

[8] 李玲璞主編：《古文字詁林》（第二冊），上海：上海教育出版社 2000 年版。

[9] 李宗焜編著：《甲骨文字編》，北京：中華書局 2012 年版。

[10] 劉文典撰，馮逸、喬華點校：《淮南鴻烈集解》，北京：中華書局 1989 年版。

[11] 劉一曼、曹定雲：《殷墟花園莊東地甲骨卜辭選釋與初步研究》，《考古學報》1999 年第 3 期。

[12] 劉釗主編：《新甲骨文編》（增訂本），福州：福建人民出版社 2014 年版。

[13] 陸宗達：《說文解字通論》，北京：中華書局 2015 年版。

[14] 馬瑞辰撰，陳金生點校：《毛詩傳箋通釋》，北京：中華書局 1989 年版。

[15] 齊航福、章秀霞編著：《殷墟花園莊東地甲骨刻辭類纂》，北京：綫裝書局 2011 年版。

[16] 裘錫圭：《古文字論集》，北京：中華書局 1992 年版。

[17] 沈建華：《甲骨金文釋字舉例》，《第四屆國際中國古文字學研討會論文集》，香港中文大學中國語言及文學系，2003 年。

[18] 王子楊：《甲骨文字淺釋四例》，西南大學出土文獻綜合研究中心、西南大學漢語言文獻研究所主辦：《出土文獻綜合研究集刊》（第三輯），成都：巴蜀書社 2016 年版。

[19] 于省吾主編：《甲骨文字詁林》，北京：中華書局 1996 年版。

[20] 于省吾：《甲骨文字釋林》，北京：中華書局 1979 年版。

[21] 楊寬：《論西周時代的農業生產》，《古史新探》，上海：上海人民出版社 2016 年版。

[22] 楊樹達：《積微居小學述林全編》，上海：上海古籍出版社 2013 年版。

[23] 姚萱：《殷墟花園莊東地甲骨卜辭的初步研究》，北京：綫裝書局 2006 年版。

[24] 中國社會科學院考古研究所編著：《殷墟花園莊東地甲骨》，昆明：雲南人民出版社 2003 年版。

[25] 周法高：《金文詁林》，香港：香港中文大學出版社 1975 年版。

[26] 朱添編著：《殷墟花園莊東地甲骨文字編》，遼寧師範大學碩士學位論文，2012 年。

Textual Research on the Oracle Bone Inscriptions
"*Bo*"（癹） and "*Ba*"（跋）

Wang Ziyang

Abstract：This paper makes an interpretation about a graphic shape consist of "*ren*"（人），"*zhi*"（止），"*mu*"（木），"亅" and sometimes add "*bei*"（貝） as phonetic symbol in the oracle bone inscriptions of the "oracle bone excavated at Huayuanzhuang Locus East within the Yin Ruins"（殷墟花園莊東地甲骨） and determines this character as the collective semantographic protoform of "*ba*"（跋） and "*bo*"（癹）. This paper also makes some comments on inscriptions of other graphic forms in the oracle bone inscriptions.

Key words：oracle bone excavated at Huayuanzhuang Locus East within the Yin Ruins（殷墟花園莊東地甲骨），oracle bone inscriptions，interpretation，*ba*（跋），*bo*（癹）

（清華大學出土文獻研究與保護中心、"古文字與中華文明傳承發展工程" 協同攻關創新平臺）

殷墟卜辭"弜又""叙㞢"定型化成組卜辭的相關對比研究①

劉風華

提　要　殷墟卜辭中,含有"弜又"的定型化成組卜辭通常分兩個層次:第一層次為正反對貞,卜問是否舉行某種祭祀;第二層次為選擇貞,卜問如何開展祭祀。含有"叙㞢"的定型化成組卜辭,也分這樣兩個層次,其第一層次的正反對貞中,"叙㞢"就處在否定辭的位置上,因而可以推知它並不是某種表示吉祥的語辭,而是一種否定詞。

關鍵詞　定型化成組卜辭　正反對貞

殷墟卜辭中見有含"弜又""叙㞢"的兩類定型化成組卜辭②,其句式主體結構一致,僅與領辭相對的附屬卜辭③用字有別,前者用"弜又",後者用"叙㞢"。

多位前輩已對"叙㞢"提出見解,最有影響的當屬于省吾先生在《甲骨文字釋林》中所說"應讀作延釐,即延長福祉之義"④,然從二者文例的對比來看,于老的觀點應可補益。

下面分別對"弜又""叙㞢"成組卜辭的正例、變例進行考察,進而對比二者的異同。

一、"弜又"定型化成組卜辭的格式分析

含有"弜又"的定型化成組卜辭可以分為兩個層次:第一層次是用肯定的語氣占卜是否舉行某種祭祀,領辭不見否定詞,可視為肯定語氣,領辭通常為兩字——"弜又","弜"是商周常見否定詞;第二層次是多條選貞卜辭,卜問用甚麼祭牲及多少祭牲致祭。

含有"叙㞢"的定型化成組卜辭亦可以分為兩個層次:第一層次的領辭同樣是用肯定的語氣占卜是否舉行某種祭祀,其屬辭為"叙㞢",兩字成辭;第二層次同樣是多條選貞卜辭,卜問用甚麼祭牲及多少祭牲致祭。

---

①　本文是國家社科基金項目"殷墟卜辭詞彙的分組類對比與甲骨分期斷代校正研究"(項目編號:22BYY102)、河南省社科規劃年度項目"殷墟甲骨歷組與無名組字、詞、句對比研究"(項目編號:2021BLS022)的階段性成果。本文初稿曾在第二屆中國古代文明研究前沿論壇(貴陽,2018)會議上宣讀,現略有調整。

②　經林澐先生提示,為避免誤解,我們參考沈之瑜、濮茅左先生《卜辭的辭式與辭序》中"定型卜辭"一名,將原稿中的"成套卜辭"更名為"定型化成組卜辭"。

③　林宏明:《小屯南地甲骨研究》,臺灣政治大學博士學位論文,2003年,第284頁。

④　于省吾:《釋"叙釐"》,《甲骨文字釋林》,北京:中華書局1979年版,第49–51頁。

先來看"弜又"成組卜辭，《屯南》2142 + 4321、《屯南》856 + 2155、《屯南》996 為典型例證。①

圖1《屯南》2142 + 4321 內容為：

（1）甲戌貞：其又歲于且乙。茲用。乙亥，羌卅，歲五牢。（圖中①）

（2）弜又。（圖中②）

（3）二牢。（圖中③）

（4）三牢。（圖中④）

（5）五牢。（圖中⑤）

（6）又羌。

圖2《屯南》856 + 2155 內容為：

（7）辛亥貞：又歲于大甲。茲用甲寅酒五牢。

（8）弜又。

（9）丙寅貞：又彳歲于中丁。茲用。（圖中①）

（10）弜又。（圖中②）

（11）一牢。（圖中③）

（12）二牢。（圖中④）

圖3《屯南》996 內容為：

（13）弜又。

（14）二牢。

（15）三牢。

（16）庚寅貞：又歲于且辛。茲用。（圖中①）

（17）弜又。（圖中②）

（18）一牢。（圖中③）

（19）二牢。茲用。（圖中④）

（20）弜又。

---

① 引文說明：行文中缺一字用"□"表示，缺字數量不明用"☒"表示，置於方框之內的字為殘字；為節省篇幅，同版卜辭較多者，僅摘錄與本文關係密切者。簡稱說明：《合集》即《甲骨文合集》；《合補》即《甲骨文合集補編》；《屯南》即《小屯南地甲骨》；《前》即《殷虛書契前編》；《輯佚》即《殷墟甲骨輯佚》。

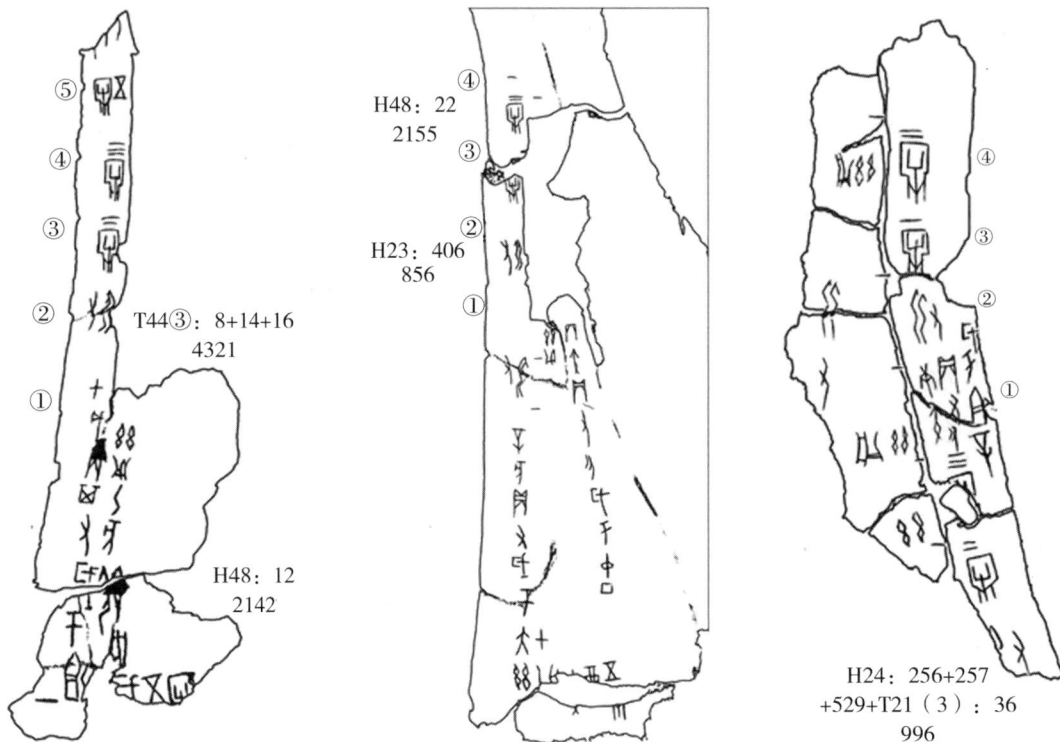

圖 1 《屯南》2142 + 4321　　　　圖 2 《屯南》856 + 2155 局部　　　　圖 3 《屯南》996

　　本文釋文加下劃綫者，及圖中標出①②③④⑤者，屬於定型化成組卜辭。上文三版①與②屬於第一層次，占卜是否舉行某種祭祀，③與④⑤屬於第二層次，占卜用甚麼祭牲和多少祭牲行祭。

　　了解此類成組卜辭的格式，對於把握占卜内容與思路、擬測殘辭、尋找甲骨綴合綫索、判斷甲骨誤綴等皆有助益。

　　上述"弜又"成組卜辭主要見於賓三、出二、歷二、歷無、無一、無二六種卜辭組類。筆者曾草成幾篇小文加以分析論述。① 其中，賓三中尚不甚成熟，出二類中不用"弜又"而用"母（毋）又"，二者所見例證皆稀少，後四者則例證甚夥。

　　如果以上述"弜又"成組卜辭爲正例的話，與之有别者則可視爲變例。這些變例大體可以分爲兩種類型。第一種變例，成組卜辭第二層次的領辭、命辭齊備，或者無前辭但命辭較完整。第二種變例，祭祀動詞不拘於"又歲"，祭品爲人牲或者人牲、毛牲並用。綜合來看，無論是正例還是變例，其語義結構是一致的，仍舊可以總結爲：第一層次卜問是否祭祀，第二層次卜問用多少和甚麼祭品。或者卜選祭祀時間、祭祀地點。田獵、戰爭類主題也存在定型化成組卜辭。

---

　　① 《一則錯誤卜骨綴合引起的思考》，第九届"黄河學"高層論壇（開封，2017）宣讀；《一種殷墟成組卜辭的文例分析及應用》，中國古文字研究會第 22 届年會（長春，2018）宣讀，後發表於《殷都學刊》2019 年第 2 期；《出組定型化成組卜辭初探》，中國古文字研究會、西南大學漢語言文獻研究所、西南大學出土文獻綜合研究中心編：《古文字研究》（第三十四輯），北京：中華書局 2022 年版。

第一種變例可舉《屯南》3794、《合集》32791 及《屯南》704 三版，請參下文。

圖4《屯南》3794 共見 6 辭：

（21）又☒。

（22）丁巳卜：歲至于大戊。茲用。歲☒。

（23）弜至。

（24）己未卜：其又歲于雍己。茲用。☒牢。（圖中①）

（25）弜又。（圖中②）

（26）☒未卜：雍己☒，叀牡。茲用。（圖中③）

圖4 所標①②③（即第四至第六辭），①②屬第一層次，占卜是否對雍己舉行祭祀；③屬於第二層次，與之形成選擇貞的卜辭殘失，這個層次占卜用甚麼祭牲和多少祭牲對雍己行祭。與前文正例圖1 至圖3 的不同之處在於第二層次具有前辭，命辭內容較為詳細，正例文辭簡潔，為“二牢”“三牢”“五牢”（圖1）或者“一牢”“二牢”（圖2、圖3）。

圖5《合集》32791 共見 5 辭：

（27）丁丑卜：其又☒。（圖中①）

（28）弜又。（圖中②）

（29）丁丑卜：伊尹歲三牢。茲用。（圖中③）

（30）☒牢。（圖中④）

（31）☒五牢。茲用。

上文前4 辭中，①②屬於第一層次，占卜是否舉行某種祭祀；③④屬於第二層次，占卜用甚麼祭牲和多少祭牲。與前文正例圖1 至圖3 的不同之處在於本圖第三辭具備前辭“丁丑卜”、命辭“伊尹歲”，與前文諸例僅具關鍵詞“二牢”“三牢”“五牢”有所不同。

圖6《屯南》704 共見 4 辭：

（32）弜又。（圖中②）

（33）其又夕歲，叀牛。（圖中③）

（34）叀牢。（圖中④）

（35）☒蔪☒。

圖6 第一辭標“②”，是將其殘失的領辭考慮在內的原因，二者屬第一層次，卜問是否舉行某種祭祀（從第二辭“其又夕歲，叀牛”來推測，殘失的領辭可能是“干支卜：其又夕歲某祖先。茲用”）。第二辭和第三辭屬第二層次，卜選用甚麼祭牲和多少祭牲。值得注

意的是，第二辭命辭内容相對豐富，與前文正例圖 1 至圖 3 相應部分之内容簡潔有所不同。

　　總之，第一種變例的主要特點是第二層次的領辭内容較為完整，或者前辭、命辭齊備，或者命辭齊備，不像前文"正例"，僅僅刻寫核心内容"若干牢"。

T11（2B）：2
3794

32791

H23：30
704

　　圖 4 《屯南》3794　　　　　圖 5 《合集》32791　　　　　圖 6 《屯南》704

　　第二種變例可舉《輯佚》552 正，《合集》26916、26946、27254 四版。

圖 7 《輯佚》552 正：

　　（36）癸巳卜：父甲莫毛☑。兹用。（圖中①）

　　（37）弜又羌。（圖中②）

　　（38）其又羌三人。（圖中③）

　　（39）五人，王受又_。（圖中④）

　　（40）歲二牢，王受又_。（圖中⑤）

　　（41）二牢，王受又_。（圖中⑥）

　　圖 7 共見 6 辭，其中①②屬第一層次，卜問是否對父甲舉行某種祭祀（從第二辭推測，第一辭可能是"癸巳卜：父甲莫毛又羌。兹用"）。第二辭至第六辭屬第二層次，卜問用甚麽祭牲和多少祭牲。與前文正例圖 1 至圖 3 之不同在於：①本版祭祀動詞為"毛又"，正例為"又"；②祭品由人牲至毛牲，不像正例僅涉毛牲。

圖8、9（《合集》26916、26946）兩版與正例圖1至圖3主要的區別在於其所用祭品亦為人牲"羌"，茲不贅述。

圖10《合集》27254共見7辭：

(42) 弜劖，又雨。

(43) 其劖且辛㘡，又雨。（圖中①）

(44) 弜劖。（圖中②）

(45) 其劖且辛㘡，叀豚，又雨。（圖中③）

(46) 叀羊。（圖中④）

(47) 其劖父甲㘡，又雨。

(48) 弜劖。

圖10第二至第五辭為定型化成組卜辭，其中①②屬第一層次，卜問是否在祖辛之㘡（"行宮離館"①）舉行劖祭（"用牲之法"②）及是否會下雨。④⑤屬第二層次，卜選祭品。此版與正例圖1至圖3的區別主要有兩點：①祭祀動詞為"劖"，別於正例的"又歲"；②所用祭品為"豚"與"羊"，別於正例的"牢"。

總之，第二種變例的主要特點是：祭名不拘泥於"正例"的"又歲"，用牲也有較多的選擇，人牲、毛牲兼用，即使是毛牲，也不局限於"牢"，如圖10《合集》27254有"羊"。

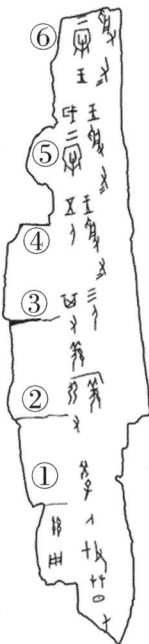 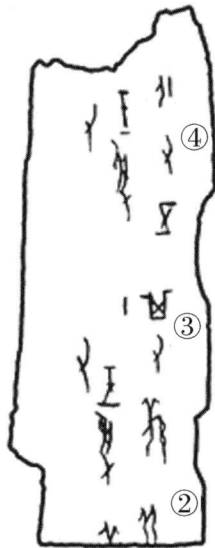  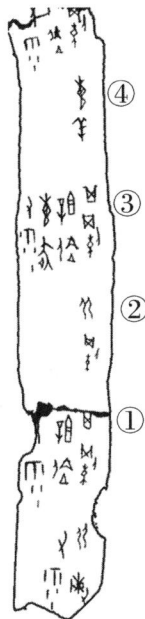

《輯佚》552正　　　26916　　　26946　　　27254

圖7　《輯佚》552 正　　　圖8　《合集》26916　　　圖9　《合集》26946　　　圖10　《合集》27254 局部

---

① 于省吾主編：《甲骨文字詁林》，北京：中華書局1996年版，第3135頁。

② 姚孝遂、肖丁：《小屯南地甲骨考釋》，北京：中華書局1985年版，第19頁。

綜上，從上文 10 例中的 "弜又" 成組卜辭看，其祭祀動詞、祭品可能會有一定變化，不過，其總體框架還是不變的，即皆有兩個層次：第一層次為正反對貞，第二層次為選擇貞，二者分別解決是否祭祀和如何祭祀的問題。

二、"叡嫠" 定型化成組卜辭的格式分析

下面再來看含有 "叡嫠" 的定型化成組卜辭。該詞語作為單獨卜辭，有如下特點：

第一，位置特點：通常處於骨版第二辭的位置，其下方第一辭通常單字單列縱刻而下。

第二，語言特點：一是通常作首刻卜辭之附屬卜辭；處於其他位置者，亦必有領辭。二是有時候並不單獨成辭，而是作為否定問句的一部分，即辭中常見否定詞 "弜"。三是偶見占辭 "吉"（如《合集》27419、《合集》30169、《屯南》4558）。

圖 11《合集》27398 版共見 3 辭：

（49）丁卯卜：王其又父己▨。（圖中①）

（50）叡嫠。（圖中②）

（51）叀牛，王受又。（圖中③）

（52）▨。

圖 11 應有 4 辭，與前文 10 例相同的是，其第一辭卜祭祀某祖神，第三、四辭卜用多少祭品。第四辭有殘筆，據前文，推知其可能是 "叀牢，王受又"，可以前文《合集》30490、27087、27622 等為證。第三、四辭之外，原版或許還有其他卜辭，用以卜選毛牲數量。無名組卜選祭牲，通常由少到多、由低級向高級遞增。

圖 12《合集》30490 共見 3 辭：

（53）叡□。（圖中②）

（54）其又夕歲一牢，王受又。（圖中③）

（55）□牢，王受又。（圖中④）

圖 12 所標①未見一字，本文擬補為 "干支卜：其又夕歲某祖神，王受又"。

圖 13《屯南》3088 共見 3 辭：

（56）叡□。（圖中②）

（57）其又二子，叀小宰。（圖中③）

（58）叀牛。（圖中④）

　　《屯南》3088 版"叙燹"的領辭缺失，可擬補為"干支卜：某時間其又二子"，圖中標為①。

圖 11　《合集》27398　　圖 12　《合集》30490　　圖 13　《屯南》3088

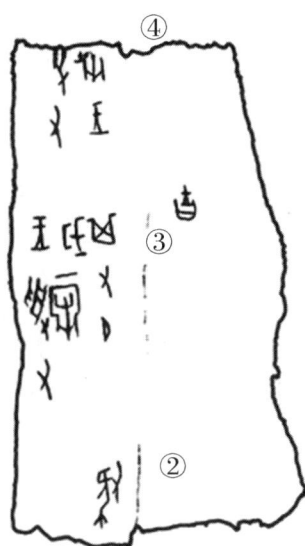

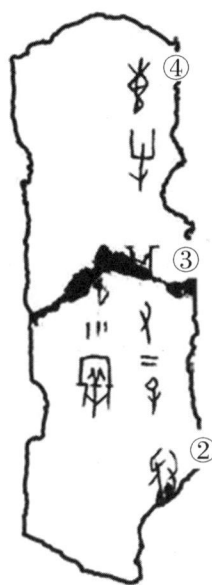

圖 14《合集》27184 共見 3 辭：

　　（59）叙□。（圖中②）

　　（60）其又彳且乙牢又一牛，王受又。（圖中③）

　　（61）□牢，王受又。（圖中④）

圖 15《合集》30503 共見 3 辭：

　　（62）叙燹。（圖中②）

　　（63）其又三牢。（圖中③）

　　（64）□牢。（圖中④）

圖 14　《合集》27184　　　圖 15　《合集》30503

　　與 "弜又" 定型化成組卜辭相比，上述 5 版共同的特點是：均有祭祀動詞 "又"，第二層次皆卜選祭牲，只是前者 "弜又" 一辭的位置上，是 "叙㞢" 而非 "弜又"。

三、"叙㞢" 定型化成組卜辭的變例及其與 "弜又" 定型化成組卜辭的對比與分析

　　含有 "叙㞢" 的定型化成組卜辭也有一些變例，其語辭結構的層次、對貞選貞類型、語辭邏輯、空間位置的設定等與正例相類似，二者的差別在於祭祀動詞的多變。

　　圖 16《屯南》748 共見 4 辭：

　　　　(65) 叙㞢。（圖中②）

　　　　(66) 父己卯牢，王受又。（圖中③）

　　　　(67) 二牢，王受又。（圖中④）

　　　　(68) 三牢，王受又。（圖中⑤）

　　第一辭 "叙㞢" 的領辭缺失，可擬補為 "己某（戊某）卜：某時間其又父己，王受又"，圖中標為①。

　　圖 17《屯南》2276 為切角在右上角的完整骨版，骨條上見有 4 辭：

　　　　(69) 己未卜：且丁大彳，王其征大甲。（圖中①）

（70）弜征，叙燹。（圖中②）

（71）王其饗于廳☒。（圖中③）

（72）弜饗于廳，𩰬障升，又正。（圖中④）

　　本版第一、二辭為對貞卜辭，第一辭為肯定問句，第二辭為否定句式，與前文諸"叙燹"成組卜辭是相同的，那麼不難推測，"叙燹"與"弜某，叙燹"的含義是一致的，都是否定句。"叙燹"能夠行使"弜某，叙燹"的職能，"叙燹"應該也是否定的意思，與"弜某"不是雙重否定的關係，而是並列的。

　　圖18《合集》28218＋30689＋29427 為中長骨條，見有 5 辭：

（73）庚子卜：其用𠦪☒。（圖中①）

（74）叙燹，弜用，受年。（圖中②）

（75）其用舊𠦪二十牛，受禾（年）。（圖中③）

（76）卅牛，受年。（圖中④）

（77）☒酓☒年。（圖中⑤）

　　本版分兩個層次，第一層次為第一、二辭，為正反對貞，卜問用某物祭祀是否能獲得好的年成。其中，第二辭為附屬卜辭，為否定句，有否定詞"弜"。第三、四辭為第二層次，占卜用多少祭牲能獲得好年成。第五辭殘，從常見內容推測，可能是卜問何時行祭。

　　圖19《合集》30688：

（78）叙燹，弜☒，受□。（圖中②）

（79）其用舊𠦪廿牛，受年。（圖中③）

（80）卅牛，受年。（圖中④）

（81）其𥜪年于河，叀今辛亥酓，受年。（圖中⑤）

（82）□□辛□□，受年。（圖中⑥）

　　《合集》30688版共見 5 辭，分三個層次：第一層次僅餘屬辭；第二、三辭為第二層次，卜選祭牲；第四、五辭為第三層次，卜選祭日。據第四辭，第五辭擬補為"于翌辛丑酓，受年"。

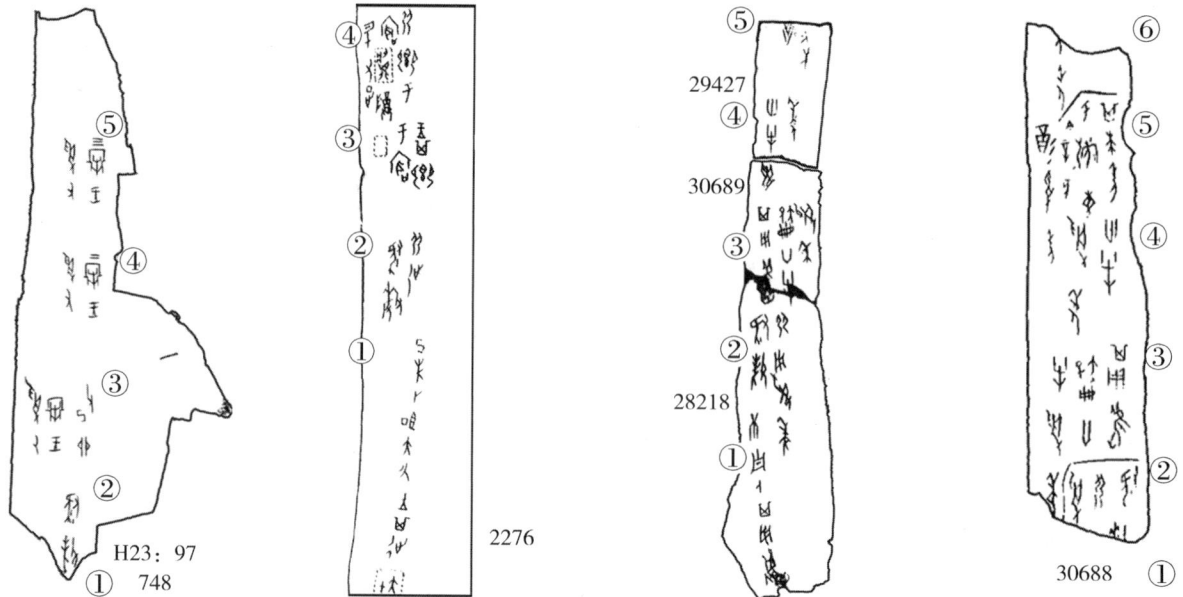

圖16　《屯南》748　　圖17　《屯南》2276 局部　　圖18　《合集》28218＋30689＋29427　　圖19　《合集》30688

　　我們稱上述四版為"敘烄"變例，是因為其祭祀動詞非"又"，而是"卯"（《屯南》748）、"用"（《合集》28218＋30689＋29427）、"征"（《屯南》2276）、"用舊菕"（《合集》30688），它們的語辭格式與"弜又"成組卜辭是一致的，分為兩層，第二層為選擇貞。那麼它們的第一層是甚麼類型的？是肯定還是否定？

　　從後三版第二辭均有"弜"來看，它們與"弜又"成組卜辭第一層次一樣，均為正反對貞。那麼不含有否定詞"弜"、僅僅有"敘烄"二字的各版第二辭，是否為否定義？

　　從上述兩種成組卜辭第二辭的空間位置、語辭結構價值、思維邏輯性來推理，可以得出如下公式：

$$弜又＝弜\square＋敘烄＝敘烄＝否定語義$$

由上列等式又不難推出：

$$弜又＝敘烄＝否定語義$$

上文分析了兩類成組卜辭，對比其語辭結構，最終的落腳點即此等式，也就是說"敘烄"不過是一個否定句。

　　"敘烄"成組卜辭見於祭祀、田獵、戰爭等類的占卜，本文所舉的例子主要集中在祭祀類。其他類別的定型化成組卜辭結構與祭祀類相同，本文從略。

　　于省吾先生曾從出土文獻、傳世文獻兩個角度討論"敘黧"之"敘"，認為它就是《說文解字》中的"掾"，是"緣"的初文。段玉裁《說文解字注》："緣者，衣純也。《既夕禮》注：飾衣領袂口曰純。""緣與純皆沿循衣之領袂邊緣而飾之，故引申為延長之義。"于先生還提出，《前》二·二八·三（按：即《合集》37382）"其征釐""是征為掾"的證據。

我們認為，《合集》37382 為殘版，除了上引卜辭外，還有兩條田獵卜辭，上引之辭與後二者之間沒有明顯的聯繫，其領辭內容亦不詳，故此無法確定"征釐"是動賓關係。以"征"為"延"沒有疑問，但"征㐅"未必等於"叙㐅"。

參考文獻

［1］郭旭東、張源心、張堅主編：《殷墟甲骨學大辭典》，北京：中國社会科學出版社 2020 年版。

［2］林宏明：《小屯南地甲骨研究》，臺灣政治大學博士學位論文，2003 年。

［3］孟世凱：《甲骨學辭典》，上海：上海人民出版社 2009 年版。

［4］沈之瑜：《甲骨學基础講義》，上海：上海古籍出版社 2011 年版。

［5］徐中舒主編：《甲骨文字典》，成都：四川辭書出版社 2014 年版。

［7］于省吾：《甲骨文字釋林》，北京：中華書局 1979 年版。

［6］于省吾主編：《甲骨文字詁林》，北京：中華書局 1996 年版。

［8］張玉金：《甲骨文語法學》，上海：學林出版社 2001 年版。

Compared and Related Research of Two Sets of Stereotyped Sentence Group Containing "弜又" and "叙㐅" in Yinxu Oracle Bone Inscriptions

Liu Fenghua

Abstract：In Yinxu Oracle Bone Inscriptions, there is a set of stereotyped sentence group which contains "弜又". This group can be devided into two small groups：the first small group means whether or not to worship a certain god. "弜又" is the second sentence. The second group contains several sentences with the meaning of how to worship the god. There is another set of stereotyped sentence group with the same meaning, which can also be devided into two small groups. In the first group, the second sentence is "叙㐅", we think "弜又" and "叙㐅" are of the same meaning, they are both phrases implicating negative meanings.

Key words：stereotyped sentence groups in Yinxu Oracle bone Inscriptions, positive and negative divination

（"古文字與中華文明傳承發展工程" 協同攻關創新平臺、鄭州大學漢字文明中心）

"衡邑" "郦邑" 與 "鳴鹿"

——兼述戴國銅器

黃錦前

提 要 本文從文字、音韻、文獻、歷史及地理的角度，指出戴伯匜的 "衡邑" 應即見於包山楚簡的 "郦邑"，亦即《左傳》的 "鳴鹿"，在今河南鹿邑縣西。最後又對春秋時期戴國銅器順作鈞稽。

關鍵詞 包山楚簡　郦邑　戴伯匜　衡邑　鳴鹿

一

包山楚簡曾多次出現 "郦邑人⋯⋯"（簡 174、175、190）[1]，王輝認為 "郦邑" 疑即 "鹿邑"，並引《左傳·成公十六年》"知武子佐下軍，以諸侯之師侵陳，至於鳴鹿" 杜預注 "陳國武平縣西南有鹿邑" 為證，云其地在今河南鹿邑縣西。[2] 據有關銅器銘文材料來看，其說可信，今試作進一步證成。

傳世春秋早期銅器戴伯匜[3]銘曰：

唯衡邑戴伯自作寶匜，子子孫孫永寶用之。

據上下文看，"衡邑" 顯為地名。據文獻記載和考古出土資料可知，春秋時期戴國在今河南民權縣東北，因此，衡邑的地望應在民權及其附近一帶。

"衡" 字原篆作𢖍，从角从行，據古文字構形的一般規律來看，當係从行角聲字。"角"，《廣韻》："盧谷切。" 係來母屋部字，後訛作 "角"。《通雅》："角，古音祿。《詩經·召南》：'誰謂雀無角，何以穿我屋。'《史記·刺客傳》：'天雨粟，馬生角。'" "鹿" 亦來母屋部字，二者聲韻皆同，古音極近。結合歷史、地理方面的信息來看，本銘的 "衡" 當讀作 "鹿"，"衡邑" 即 "鹿邑"。上引《左傳·成公十六年》"知武子佐下軍，以諸侯之師侵陳，至於鳴鹿"，杜預注："陳國武平縣西南有鹿邑。" 楊伯峻注："鳴鹿在今河南省

---

① 湖北省荊沙鐵路考古隊編：《包山楚簡》，北京：文物出版社 1991 年版，圖版七九、八五，"釋文"，第 30 – 31 頁。

② 參見王輝編著：《古文字通假字典》，北京：中華書局 2008 年版，第 312 頁。

③ 《殷周金文集成》（以下簡稱《集成》）16. 10246。見中國社會科學院考古研究所編：《殷周金文集成》，北京：中華書局 1984—1994 年版。

鹿邑縣西。"①"衛邑"即"鹿邑"應即文獻的"鳴鹿",其地在今河南鹿邑縣西。②

春秋時期戴國在今河南民權縣東北③,位於鄭宋之間,為鄭國附庸,公元前 713 年,蔡、衛從宋國伐鄭,侵入戴國,鄭莊公圍殲三國之師於戴,並乘機據戴國為己有。《左傳·隱公十年》:"秋七月庚寅,鄭師入郊,猶在郊。宋人、衛人入鄭,蔡人從之,伐戴。八月壬戌,鄭伯圍戴。癸亥,克之,取三師焉。宋、衛既入鄭,而以伐戴召蔡人,蔡人怒,故不和而敗。"《漢書·地理志下》:"(梁國)縣八……甾,故戴國。莽曰嘉穀。"顏師古注引應劭曰:"章帝改曰考城。"王先謙《補注》:"漢於戴國立甾縣。"《春秋·隱公十年》:"宋人、蔡人、衛人伐戴,鄭伯伐取之。"杜預注:"戴國,今陳留外黃縣東南有戴城。"《元和志》卷十一:"考城縣,古戴國也,《春秋》隱公十年'宋人、蔡人、衛人伐戴'。後屬宋,楚滅宋,改名曰穀。漢以為甾縣。《國都城記》曰:'縣西南有戴水,今名戴陂,周迴可百餘里。'蓋本戴國,取此陂水為名也。漢之興也,其邑多甾,年數不登,故邑曰'甾'。孝章帝柴於岱宗,過甾縣,詔御史曰:'陳留甾縣,其稱不令。故高祖鄙柏人之名,武帝休聞喜而顯獲嘉,其改甾縣為考城縣。'至晉屬濟陰郡。高齊天保七年省考城縣,移成安縣理此。隋開皇十六年仍改名考城縣,屬宋州。武德五年,改屬曹州。"《輿地廣記》卷七:"畿考城縣,本子姓戴國,《春秋》'宋人、蔡人、衛人伐戴'是也。秦謂之穀縣。楚漢兵起,邑多遇災,因名甾縣。漢屬梁國。後漢屬陳留郡。章帝東巡,詔改曰考城,取'越,乃光烈考武王'之義也。後魏曰考陽,置北梁郡。北齊并廢之,以為城安縣。隋開皇十八年復改曰考城,屬梁郡。唐屬曹州。梁開平元年屬開封府。皇朝崇寧四年來屬。"所記與《元和郡縣圖志》略同。《讀史方輿紀要·歷代州域形勢》卷一亦云:"戴,今河南睢州考城縣故城,即古戴國。隱十年,鄭取戴。"

匜銘云"衛邑戴伯",按通常所見有關銘文稱謂習慣來看,本銘亦當徑稱"戴伯"即可,而無須以"衛邑"為前綴;"衛邑"即"鹿邑",在今鹿邑縣西,係宋國地,而戴國在民權縣東北,二者本不相干。結合當時的歷史形勢來看,匜銘之所以稱"衛邑戴伯",當與鄭滅戴之事有關。戴為子姓國,係殷商後裔。與之鄰近的在今河南商丘一帶的宋國,亦係殷商後裔,出土的銅器銘文如宋公固鼎④、宋公固鋪⑤"有殷天乙唐孫宋公固"及宋公欒簠⑥"有殷天乙唐孫宋公欒"等皆可予以證實。推測鄭滅戴後,戴國貴族遷至宋國境內的"衛邑"以存身續祀,故有"衛邑戴伯"之稱。該匜係春秋早期器,也與上述公元前 713 年鄭滅戴的時間基本相當。匜的作器時間,當在戴被滅後不久,匜銘的"衛邑戴伯"很可能即為戴國的最後一位君主。

---

① 楊伯峻編著:《春秋左傳注》(修訂本),北京:中華書局 2009 年版,第 892 頁。

② 參見譚其驤主編:《中國歷史地圖集》(第一冊),北京:中國地圖出版社 1982 年版,第 29 - 30、37 頁。

③ 譚其驤主編:《中國歷史地圖集》(第二冊),北京:中國地圖出版社 1982 年版,第 7 - 8、19 - 20、44 - 45 頁。

④ 棗莊市博物館、棗莊市文物管理委員會辦公室、棗莊市嶧城區文廣新局:《山東棗莊徐樓東周墓發掘簡報》,《文物》2014 年第 1 期,第 4 - 27 頁、第 21 頁圖六三。

⑤ 棗莊市博物館、棗莊市文物管理委員會辦公室、棗莊市嶧城區文廣新局:《山東棗莊徐樓東周墓發掘簡報》,《文物》2014 年第 1 期,第 21 頁圖六四。

⑥ 《集成》9.4589、4590。

　　包山楚簡的年代為戰國中晚期，這一時期，地屬楚“東國”地區的宋國等地皆已入楚，因此，上揭王輝云簡文的“郦邑”疑即“鹿邑”，即《左傳》的“鳴鹿”的意見，是可取的。

　　上述戴伯匜之“衞邑”，從文字、音韻、文獻、歷史及地理等角度來看，應即見於包山楚簡的“郦邑”，亦即《左傳》的“鳴鹿”。然則今鹿邑之得名，當由來已久，據上文所揭春秋金文及戰國楚簡的記錄來看，其名“衞邑”即“鹿邑”當在春秋早期以前。“鹿邑”名“衞邑”或“郦邑”，係不同時代和國族用字習慣之別。

二

　　下面再對戴國銅器稍作鉤稽。戴國銅器除上揭戴伯匜外，還有：

　　（1）戴叔朕鼎①：唯八月初吉庚申，戴叔朕自作饒鼎，其萬年無疆，子子孫孫寶用之。

　　（2）叔朕簠②：唯十月初吉庚午，叔朕擇其吉金，自作薦簠，以歡稻粱，萬年無疆，叔朕眉壽，子子孫孫永寶用享③/之/□□歆之寶。

　　（3）戴叔慶父鬲④：戴叔慶父作叔姬尊鬲。

　　戴叔朕鼎侈口折沿，淺腹圜底，附耳三蹄足，耳與器壁有短梁相連。口下飾竊曲紋及弦紋一道。叔朕簠呈長方形，直口折壁，腹斜收，方圈足，各邊有缺。折壁上有獸首環耳，器身飾蟠虺紋。二者年代均為春秋早期前段。戴叔慶父鬲已佚，器形未著錄，形制未知，其年代一般定為春秋早期，據銘文字體來看，可從。

　　戴叔朕鼎和叔朕簠皆係器主自作用器。戴叔慶父鬲據銘文來看，當係戴叔慶父為其妻叔姬所作器。上述戴在今河南民權東北一帶，春秋早期，與之鄰近的泗水流域和淮水流域一帶，魯南地區有郜、曹、魯、郕及滕，豫南地區有蔡、應及蔣等姬姓國，鬲銘的“叔姬”應來自上述國家之一。

參考文獻

［1］故宮博物院編：《故宮青銅器》，北京：紫禁城出版社1999年版。

［2］湖北省荊州沙鐵路考古隊編：《包山楚簡》，北京：文物出版社1991年版。

---

　①《集成》5.2690、2691、2692；吳鎮烽編著：《商周青銅器銘文暨圖像集成》（第五卷），上海：上海古籍出版社2012年版，第54－56頁（02305、02306、02307）。

　②《集成》9.4620－4622；故宮博物院編：《故宮青銅器》，北京：紫禁城出版社1999年版，第239頁（234）；吳鎮烽編著：《商周青銅器銘文暨圖像集成》（第十三卷），上海：上海古籍出版社2012年版，第282－286頁（05967－05969）。

　③舊多釋作“之”，誤，如張亞初編著：《殷周金文集成引得》，北京：中華書局2001年版，第98頁；吳鎮烽編著：《商周青銅器銘文暨圖像集成》（第十三卷），上海：上海古籍出版社2012年版，第282頁（05967）。

　④《集成》3.608；吳鎮烽編著：《商周青銅器銘文暨圖像集成》（第六卷），上海：上海古籍出版社2012年版，第208頁（02824）。

［3］譚其驤主編：《中國歷史地圖集》（第一、二冊），北京：中國地圖出版社 1982 年版。

［4］王輝編著：《古文字通假字典》，北京：中華書局 2008 年版。

［5］吳鎮烽編著：《商周青銅器銘文暨圖像集成》（第五、六、十三卷），上海：上海古籍出版社 2012 年版。

［6］楊伯峻編著：《春秋左傳注》（修訂本），北京：中華書局 2009 年版。

［7］張亞初編著：《殷周金文集成引得》，北京：中華書局 2001 年版。

［8］棗莊市博物館、棗莊市文物管理委員會辦公室、棗莊市嶧城區文廣新局：《山東棗莊徐樓東周墓發掘簡報》，《文物》2014 年第 1 期。

［9］中國社會科學院考古研究所編：《殷周金文集成》，北京：中華書局 1984—1994 年版。

"*Luyi*"（衛邑），"*Luyi*"（郾邑）and "*Minglu*"（鳴鹿）
and a Simultaneous Mention on the Bronze Wares of Dai State

Huang Jinqin

Abstract：From the perspective of characters，phonology，literature，history and geography，this paper points out that Daibo Yi's "*Luyi*"（衛邑）should be the "*Luyi*"（郾邑）recorded in Baoshan Bamboo Slips of Chu，that is，the place name "*Minglu*"（鳴鹿）of *Zuo Zhuan*，which is located in the west of Luyi County，Henan Province today. At last，the article also combs the bronze wares of Dai State in the Spring and Autumn Period.

Key words：Baoshan Bamboo Slips of Chu，*Luyi*（郾邑），Daibo Yi，*Luyi*（衛邑），*Minglu*（鳴鹿）

（新疆大學歷史學院）

《仲弓》"唯政者正也"辯正*

尉侯凱

提 要 上博簡《仲弓》"唯政者正也","唯"的功能猶如"夫",表提示和強調作用。"唯""夫"皆為發語詞,於是產生了一個複合詞組"夫唯","夫唯"亦可倒作"唯夫",都應理解為表提示作用的發語詞,過去把它們視作副詞恐怕是不恰當的。

關鍵詞 上博簡 《仲弓》 唯 夫 夫唯

《仲弓》附簡釋文云:

> 孔＝(孔子)曰:"唯正(政)者,正也。夫子唯又(有)與,女(汝)蜀(屬)正之,幾(豈)不又(有)悝也。"

其"唯政者"之"唯"字圖版作"🔲",整理者釋"唯"①,學者多無異議,陳劍認為"唯政者,正也"的說法"實在彆扭",古書"政者,正也"之語多見,皆無"唯"字,只有《孔子家語·大婚》中的"夫政者,正也",與《禮記·哀公問》《大戴禮記·哀公問於孔子》中的"政者,正也"為相應之語。若從周鳳五在"唯"下點斷,則"唯"只能表示應答,"又恐不能出自與學生對話的孔子之口"。陳劍繼而提出該字不能釋"唯",其下方所從不是"口"而是一個圈形,"圈形筆畫的頂端係一弧筆尚頗為明顯",而從兩個圈形的"雍"在西周春秋金文中多可省去一個圈形,故此字應改釋為"雍",係仲弓之名。②

先看該字是"唯"還是"雍"。諦察圖版,所謂圈形筆畫頂部弧筆並不明顯(右旁弧筆似已出頭),與本篇其他"雍"字"🔲"(簡4)、"🔲"(簡4)、"🔲"(簡6)、"🔲"(簡6)、"🔲"(簡9)、"🔲"(簡21)、"🔲"(簡26)下部圈形用橫折一筆寫成者有所不同。退一步說,即便承認"🔲"下部是圈形而非"口",但本篇"雍"字全部寫成兩個圈形,為何唯獨此字省掉一個呢?只作一個圈的"雍"兩周金文習見,卻不能類推其他時期的文字都必然如此(楚簡中目前似乎只發現清華簡《五紀》79中的一例,作"🔲")。遺憾的是本簡"唯"字稍有殘泐,其圈形左旁弧筆是否出頭已無法看清,然而類似寫法的

* 本文是"古文字與中華文明傳承發展工程"資助項目"河南古文字資源調查研究"(項目編號:G1426)、"甲骨文合集三編釋文與闡釋"(項目編號:G1008)的階段性成果。

① 馬承源主編:《上海博物館藏戰國楚竹書》(三),上海:上海古籍出版社2003年版,第283頁。

② 陳劍:《〈上博(三)·仲弓〉賸義》,武漢大學簡帛研究中心主辦:《簡帛》(第三輯),上海:上海古籍出版社2008年版,第89–90頁。

"唯"並非孤例，如""（郭店《老子甲》簡18，辭例為"樸～細"）、""（上博四《柬大王泊旱》簡12，辭例為"夫～毋旱"）、""（上博六《孔子見季桓子》簡6，辭例為"～非仁人也"），所從之"口"左右弧筆也略顯出頭，可歸咎於書手抄寫不慎。最關鍵的是，《仲弓》一文中的"雍"右旁豎筆除寫得很長外，末尾無一例外均有一個墨點，與這裏討論的""存在顯著差別。由此看來，陳氏的改釋依據很不充分，不如從原釋為妥。

再談上對下能否稱"唯"。按《晏子春秋·諫下》："晏子曰：'昔文王不敢盤於遊田，故國昌而民安。楚靈王不廢乾溪之役，起章華之臺，而民叛之。今君不革，將危社稷，而為諸侯笑。臣聞忠不避死，諫不違罪。君不聽臣，臣將逝矣。'景公曰：'唯唯，將弛罷之。'"《左傳·定公十四年》："夫差使人立於庭，苟出入，必謂己曰：'夫差，而忘越王之殺而父乎？'則對曰：'唯，不敢忘。'"《史記·平原君列傳》："毛遂按劍而前曰：'合從者為楚，非為趙也！吾君在前，叱者何也？'楚王曰：'唯唯，誠若先生之言，謹奉社稷而以從。'"《說苑·尊賢》："齊將軍田瞶出將，張生郊送曰：'昔者堯讓許由以天下，洗耳而不受，將軍知之乎？'曰：'唯然，知之。'"以上齊景公與晏嬰、吳王夫差與小臣、楚考烈王與毛遂、齊將軍田瞶與張生，地位顯有上下之別，但前者對後者均使用了表示應答的"唯"，說明此時"唯"並非只能用於下對上的情形，那麼所謂"又恐不能出自與學生對話的孔子之口"的顧慮自然可以消除了。

與"唯"功能相似的還有"諾"字，請看以下數例：

桓公曰："寡人以伐鐘磬之縣，併歌舞之樂矣。請問所始，於國將為何行？"管子對曰："宋伐杞，狄伐邢、衛，而君之不救也，臣請以慶。臣聞之，諸侯爭於強者，勿與分於強。今君何不定三君之處哉？"於是桓公曰："諾。"（《管子·霸形》）

說言於王曰："魯叔孫之來也，必有異焉。其享觀之幣薄而言謟，殆請之也。若請之，必欲賜也。魯執政唯強，故不歡焉而後遣之。且其狀方上而銳下，宜觸冒人。王其勿賜。若貪陵之人來而盈其願，是不賞善也，且財不給。故聖人之施捨也議之，其喜怒取予亦議之。是以不主寬惠，亦不主猛毅，主德義而已。"王曰："諾。"（《國語·周語中》）

王召范蠡而問焉，曰："吾不用子之言，以至於此，為之奈何？"范蠡對曰："君王其忘之乎？持盈者與天，定傾者與人，節事者與地。"王曰："與人奈何？"范蠡對曰："卑辭尊禮，玩好女樂，尊之以名。如此不已，又身與之市。"王曰："諾。"（《國語·越語下》）

魯平公將出，嬖人臧倉者請曰："他日君出，則必命有司所之。今乘輿已駕矣，有司未知所之。敢請。"公曰："將見孟子。"曰："何哉？君所為輕身以先於匹夫者，以為賢乎？禮義由賢者出，而孟子之後喪踰前喪。君無見焉！"公曰："諾。"（《孟子·梁惠王下》）

司城子罕謂宋君曰："慶賞賜與，民之所喜也，君自行之。殺戮誅罰，民之所惡也，臣請當之。"宋君曰："諾。"（《韓非子·外儲說右下》）

王曰："子誠能為寡人為之，寡人盡聽子矣。"史起敬諾，言之於王曰："臣為之，民必大怨臣。大者死，其次乃藉臣。臣雖死、藉，願王之使他人遂之也。"王曰："諾。"使之為鄴令。（《呂氏春秋·樂成》）

齊景公出弋昭華之池，顏斲聚主鳥而亡之，景公怒而欲殺之。晏子曰："夫斲聚有死罪四，請數而誅之。"景公曰："諾。"（《韓詩外傳》卷九）

以上齊桓公與管仲、周簡王與王孫說、越王勾踐與范蠡、魯平公與嬖人臧倉、宋桓侯與司城子罕、魏襄王與史起、齊景公與晏嬰，地位亦有上下之別，但不妨礙前者對後者使用表示應答的"諾"。即此可知，"唯""諾"都只是應答之辭，猶言"善"，相當於今天常說的"好吧"，無所謂上對下、下對上，所以《呂氏春秋·樂成》中王可以"諾"史起，史起也可以"諾"王。如果對此現象沒有足夠清醒的認識，就會在校讀古書時作出一些似是而非的判斷。《晏子春秋·諫上》有如下一段話：

少間，公出，晏子不起；公入，不起。交舉則先飲。公怒，色變，抑手疾視曰："嚮者夫子之教寡人無禮之不可也，寡人出入不起，交舉則先飲，禮也？"晏子避席再拜稽首而請曰："嬰敢與君言而忘之乎？臣以致無禮之實也。君若欲無禮，此是已！"公曰："若是孤之罪也。夫子就席，寡人聞命矣。"

"若是孤之罪也"，學者或作一句讀①，或在"是"下點斷。②王念孫認為："若，當為'善'。'公曰善'者，善晏子之言也。'是孤之罪也'別為一句，不與上連讀。《外篇上》記景公命去禮，晏子諫之，事略與此同，彼文亦作'公曰善也'。今本'善'作'若'，則既失其句，而又失其義矣。'善''若'字相似，又涉上文'若欲無禮'而誤。"（原注：《諫下》篇"善其衣服節儉"，《雜下》篇"以善為師"，今本"善"字併誤作"若"。）③

又《晏子春秋·諫下》云：

景公獵休，坐地而食，晏子後至，左右滅葭而席。公不說，曰："寡人不席而坐地，二三子莫席，而子獨寒草而坐之，何也？"晏子對曰："臣聞介冑坐陳不席，獄訟不席，尸坐堂上不席，三者皆憂也，故不敢以憂侍坐。"公曰："諾。"令人下席曰："大夫皆席，寡人亦席矣。"

①　王心湛校勘：《晏子春秋集解》，上海：廣益書局1936年版，第3頁。
②　吳則虞編著：《晏子春秋集釋》，北京：中華書局1982年版，第6頁。
③　王念孫撰，徐煒君等點校：《讀書雜志》，上海：上海古籍出版社2014年版，第1336頁。

王念孫亦曰："諾，本作'善'。'公曰善'者，善晏子之席而後坐也。凡晏子有所請於公者，則下有'公曰諾'之文。此是晏子自言其所以設席之故，非有所請於公，公無為諾之也。蓋'善'與'若'字相似，'善'誤為'若'（原注：後第十四"善其衣服節儉"，《諫上》篇"公曰善"，《雜下》篇"以善為師"，今本"善"字併誤作"若"），後人因改為'諾'耳。《北堂書鈔·服飾部二》《藝文類聚·服飾部上》《太平御覽·服用部十一》引此併作'公曰善'。"①

王氏指出《諫上》"若是孤之罪也"之"若"當單獨成句，非常正確。但他把"若"視作"善"的誤字，卻不能成立，"善""若"形體差別很大，兩者之間不存在互訛的可能。此"若"當讀為"諾"，馬王堆帛書《戰國縱橫家書·觸龍見趙太后章》太后對觸龍曰"敬若，年幾何矣""若，恣君之所使之"之"若"②，《戰國策·趙策四》《史記·趙世家》皆作"諾"。又《晏子春秋·諫下》："晏子曰：'昔者先君莊公之伐晉也，其役殺兵四人，今令而殺兵二人，是師殺之半也。'公曰：'諾，是寡人之過也。'令止之。"此"諾，是寡人之過也"與《諫上》之"若，是孤之罪也"句式完全相同，這是"若"讀為"諾"以及當在其後斷句的鐵證。況且晏子說"昔者先君莊公之伐於晉也，其役殺兵四人，今令而殺兵二人，是師殺之半也"，只是在陳述一個事實，無所謂"有請於公"而後始可稱"諾"。《戰國策·趙策四》太后在觸龍言"老臣以媼為長安君計短也，故以為其愛不若燕后"之後說"諾，恣君之所使之"，亦非觸龍先有請求然後太后諾之。王氏強解《諫下》"公曰諾"為景公善晏子之席而後坐，已屬誤讀原文，又據類書以改古書，足為後世好奇者戒。

除上舉《晏子春秋·諫下》和《戰國策·趙策四》中三例"諾"前非有所請外，尚可舉證如下：

鮑叔曰："夫施伯之為人也，敏而多畏，公若先反，恐注怨焉，必不殺也。"公曰："諾。"（《管子·大匡》）

王曰："不穀之國家，蠡之國家也，蠡其圖之！"范蠡對曰："四封之內，百姓之事，時節三樂，不亂民功，不逆天時，五穀稑孰，民乃蕃滋，君臣上下交得其志，蠡不如種。四封之外，敵國之制，立斷之事，因陰陽之恒，順天地之常，柔而不屈，強而不剛，德虐之行，因以為常。死生因天地之刑，天因人，聖人因天。人自生之，天地刑之，聖人因而成之。是故戰勝而不報，取地而不反，兵勝於外，福生於內，用力甚少而名聲章明，種亦不如蠡也。"王曰："諾。"令大夫種為之。（《國語·越語下》）

凡繇進見，爭之曰："賢主故願為臣。今王非賢主也，願辭不為臣。"昭王曰：

① 王念孫撰，徐煒君等點校：《讀書雜志》，上海：上海古籍出版社 2014 年版，第 1356 頁。
② 湖南省博物館、復旦大學出土文獻與古文字研究中心編纂，裘錫圭主編：《長沙馬王堆漢墓簡帛集成》（叁），北京：中華書局 2014 年版，第 240 頁。

"是何也？"對曰："松下亂，先君以不安，棄群臣也。王苦痛之，而事齊者，力不足也。今魁死而王攻齊，是視魁而賢於先君。"<u>王曰："諾。"</u>（《呂氏春秋·行論》）

　　齊人有馮諼者，貧乏不能自存，使人屬孟嘗君，願寄食門下。孟嘗君曰："客何好？"曰："客無好也。"曰："客何能？"曰："客無能也。"孟嘗君笑而受之，<u>曰："諾。"</u>（《戰國策·齊策四》）

　　鮑叔牙向齊桓公分析施伯的為人，范蠡對越王勾踐比較自己與文種的優劣，凡繇指出燕昭王因將軍張魁被殺而準備攻打齊國"是視魁而賢於先君"，馮諼答孟嘗君曰"客無能也"，顯然都沒有甚麼請求或建議，但均得到了君王、宰相"諾"的回應，說明上級稱"諾"與下級請求與否不具備必然的聯繫。

　　以上討論了"諾""唯"可用於上對下的事實，但不代表筆者贊同"唯政者正也"當在"唯"後斷句，此句仍以整理者"唯政者，正也"的標點為是，下面講一講理由。

　　據語言學家研究，助詞"唯"用在句首時具有提示、肯定或強調語氣的作用。① 《論語·述而》"與其進也，不與其退也，唯何甚"和《先進》"唯求則非邦也與""唯赤則非邦也與"之"唯"，明顯都只能理解成句首助詞。② 而《泰伯》"唯天為大，唯堯則之"，《鄉黨》"唯酒無量，不及亂"，以及《陽貨》"唯上知與下愚不移""唯女子與小人為難養也，近之則不孫，遠之則怨"之"唯"，學者大多認為是副詞"唯獨"之義，其實這些"唯"也應理解成句首助詞。其中，"唯女子與小人為難養也"之"唯"表提示作用，其功能與"夫"大體相似，故《後漢書·楊震傳》云"夫女子、小人，近之喜，遠之怨，實為難養"，正以"夫"替代"唯"（邢疏云"言女子與小人皆無正性，難畜養"，亦將"唯"解為助詞）。"唯天為大"之"唯"，與《禮記·表記》"子曰：唯天子受命於天，士受命於君"之"唯"語法功能相同，鄭玄注云："唯，當為'雖'，字之誤也。"不可信。"唯天子受命於天"一句又見於《春秋繁露·為人者天》"傳曰：唯天子受命於天，天下受命於天子"，同書《順命》篇則作"天子受命於天，諸侯受命於天子"，已將"唯"字省去，知其必為發語詞。孫希旦在對《禮記·表記》"唯天子受命於天"之"唯"字作注解時，就完全拋棄了鄭玄的說法："愚謂：唯，發端之辭。"③ 非常可信。相應地，《論語·泰伯》"唯天為大"之"唯"，當亦表提示作用，不能解釋為副詞"只有"。清華簡《厚父》"隹（惟）天乃永保顥（夏）邑"④，"惟天"之"惟"顯係發語詞，可為旁證。⑤ 不僅如此，

---

① 參看武振玉：《兩周金文虛詞研究》，北京：綫裝書局2010年版，第285-287頁。
② 參看劉寶楠撰，高流水點校：《論語正義》，北京：中華書局1990年版，第278頁；楊伯峻譯注：《論語譯注》，北京：中華書局1980年版，第122頁；楊逢彬：《論語新注新譯》，北京：北京大學出版社2018年版，第207頁。
③ 孫希旦撰，沈嘯寰、王星賢點校：《禮記集解》，北京：中華書局1989年版，第1316頁。
④ 清華大學出土文獻研究與保護中心編，李學勤主編：《清華大學藏戰國竹簡》（伍），上海：中西書局2015年版，第110頁。
⑤ 清華簡《金縢》"惟爾元孫發也""惟余沖人亦弗及知""惟余沖人其親逆公"，《祭公之顧命》"惟天奠我文王之志""維我周有常刑"，《說命》"惟殷王賜說於天"，《湯在啻門》"唯古之先帝之良言"之"惟/維/唯"，都是典型的發語詞，不贅言。

《泰伯》"唯天為大，唯堯則之"中的後一"唯"字大概也不是副詞，清華簡《祭公之顧命》"皇天改大邦殷之命，佳（惟）周文王受之，佳（惟）武王大敗之"（《逸周書·祭公》作"皇天改大殷之命，維文王受之，維武王大克之"）①，兩"惟"字皆為句首助詞，與此正可參證。

因"唯"在表提示作用時與"夫"大體相類，於是產生了一個複合詞"夫唯"。學界一般認為，"夫唯"是一個連詞性結構，只能和連詞"故""是以"組成固定格式，表示因果關係。② 王念孫曾據此推斷《老子》"夫佳兵者，不祥之器。物或惡之，故有道者不處"之"佳"當作"佳"，讀為"唯"：

> 三十一章"夫佳兵者，不祥之器。物或惡之，故有道者不處"，釋文："佳，善也。"河上云："飾也。"念孫按："善""飾"二訓，皆於義未安。古所謂兵者，皆指五兵而言，故曰"兵者不祥之器"（原注：見下文）。若自用兵者言之，則但可謂之不祥，而不可謂之"不祥之器"矣。今案：佳，當作"佳"，字之誤也。佳，古"唯"字也（原注：唯，或作"惟"，又作"維"）。唯兵為不祥之器，故有道者不處。上言"夫唯"，下言"故"，文義正相承也。八章云"夫唯不爭，故無尤"，十五章云"夫唯不可識，故強為之容"，又云"夫唯不盈，故能蔽不新成"，二十二章云"夫唯不爭，故天下莫能與之爭"，皆其證也。古鐘鼎文"唯"字作"佳"，石鼓文亦然。又夏竦《古文四聲韻》載《道德經》"唯"字作"𢈡"。據此，則今本作"唯"者，皆後人所改。此"佳"字若不誤為"佳"，則後人亦必改為"唯"矣。③

王氏此釋堪稱考證學典範，屢獲學者稱譽，阮元在為《經傳釋詞》作序時即言："《老子》'夫佳兵者，不祥之器'，'佳'為'佳'（原注：同'惟'）之訛（原注：《老子》'夫惟'二字相連為辭者甚多。若以為'佳'，則當云'不祥之事'，不當云'器'）。若此之疇，學者執是書以求之，當不悖謬於經傳矣。"④ 不錯，《老子》中的"夫唯"確實常與"故"連言，但這並不絕對，如"夫唯道，善貸且成""夫唯無以生為者，是賢於貴生"兩例，下句均無"故"字。況且"故有道者不處"是針對"物或惡之"而言，它與上句"夫佳兵者，不祥之器"根本不存在邏輯上的關聯。上章"其在道，曰餘食贅形。物或惡之，故有道者不處"，因為"物或惡之"，故而"有道者不處"，這跟本章的"物或惡之，故有道者不處"語意完全相同，可為明證。"夫唯"是由表提示作用的"夫"和"唯"組成的

---

① 清華大學出土文獻研究與保護中心編，李學勤主編：《清華大學藏戰國竹簡》（壹），上海：中西書局 2010 年版，第 174 頁。
② 中國社會科學院語言研究所古代漢語研究室編：《古代漢語虛詞詞典》，北京：商務印書館 1999 年版，第 159－160 頁。
③ 王念孫撰，徐煒君等點校：《讀書雜志》，上海：上海古籍出版社 2014 年版，第 2581－2582 頁。
④ 王引之撰，李花蕾點校：《經傳釋詞》，上海：上海古籍出版社 2014 年版，第 1 頁。

複合詞，它並非一定要與"故""是以"搭配。"夫佳兵者，不祥之器"，北大簡《老子》作"夫觟（佳）美，不恙（祥）之器也"①，與下文"物或惡之，故有欲者弗居也"的邏輯非常緊密。《史記·扁鵲倉公列傳》暗引《老子》作"美好者，不祥之器"，司馬遷所見亦與北大簡相同，其文本當更符合老子原意。馬王堆帛書《老子》甲、乙本皆作"兵者不祥之器"②，"兵"蓋涉下文"用兵則貴右"而誤。北大簡的整理者已指出，《老子》早期版本原有"兵者""觟（佳）美"兩個系統，"兵"可能是"美"的訛字。③王氏沒有版本參照，僅僅依據"隹""佳"字形相近，又看到《老子》中"夫唯……故"的格式比較多見，於是得出"佳"當作"佳（唯）"的結論，雖在當時及後世贏得很多讚美，卻與真相背道而馳。

"夫唯"既與"夫""唯"性質相同，那麼它完全可以單獨使用，除《老子》中的例證外，又如：

> 先王之言曰："非神也，夫唯能使人之耳目助己視聽，使人之吻助己言談，使人之心助己思慮，使人之股肱助己動作。"（《墨子·尚同中》）
>
> 何桀紂之猖被兮，夫唯捷徑以窘步。（《楚辭·離騷》）
>
> 夫唯進之何功，退之何守，是故君子進退有二觀焉。（《大戴禮記·曾子制言》）
>
> 夫唯《大雅》"既明且哲，以保其身"，難矣哉！（《漢書·司馬遷傳贊》）

"夫唯"由"夫""唯"組合而成，因此它也可以倒作"唯（惟）夫"：

> 唯夫能令人不見其事極，不見其事極者為能保其身、有其國，故曰："莫知其極，莫知其極則可以有國。"（《韓非子·解老》）
>
> 惟夫所以澄心清魂，儲精垂思，感動天地，逆釐三神者。（《漢書·揚雄傳》）
>
> 惟夫君子之仕，行其道也。（《後漢書·馮衍傳》，暗用《論語·微子》"君子之仕也，行其義也"）

以上各例中，"唯（惟）夫""夫唯"都是表提示作用的發語詞，過去把它們視作副詞恐怕是不恰當的。

綜而言之，《仲弓》"唯政者，正也"，"唯"的功能猶如"夫"，表提示和強調作用，故《孔子家語·大婚》引作"夫政者，正也"。《論語·陽貨》"唯女子與小人為難養也，近之則不孫，遠之則怨"，《後漢書·楊震傳》作"夫女子、小人，近之喜，遠之怨，實為

---

① 北京大學出土文獻研究所編：《北京大學藏西漢竹書》（貳），上海：上海古籍出版社2012年版，第159頁。
② 湖南省博物館、復旦大學出土文獻與古文字研究中心編纂，裘錫圭主編：《長沙馬王堆漢墓簡帛集成》（肆），北京：中華書局2014年版，第42、207頁。
③ 北京大學出土文獻研究所編：《北京大學藏西漢竹書》（貳），上海：上海古籍出版社2012年版，第159－160頁。

難養","夫"的作用亦如"唯",兩者正可合觀。因為"唯""夫"係發語詞,省去它們對文義沒有實際影響,所以《管子‧法法》《論語‧顏淵》《禮記‧哀公問》《大戴禮記‧哀公問於孔子》等篇皆作"政者,正也"。如果顛倒過來,鑒於典籍中"政者,正也"的表述比較常見,從而否定"唯/夫政者,正也"的合理性,則是我們萬萬不能同意的。

參考文獻

[1] 北京大學出土文獻研究所編:《北京大學藏西漢竹書》(貳),上海:上海古籍出版社 2012 年版。

[2] 陳劍:《〈上博(三)‧仲弓〉賸義》,武漢大學簡帛研究中心主辦:《簡帛》(第三輯),上海:上海古籍出版社 2008 年版。

[3] 湖南省博物館、復旦大學出土文獻與古文字研究中心編纂,裘錫圭主編:《長沙馬王堆漢墓簡帛集成》(叁),北京:中華書局 2014 年版。

[4] 湖南省博物館、復旦大學出土文獻與古文字研究中心編纂,裘錫圭主編:《長沙馬王堆漢墓簡帛集成》(肆),北京:中華書局 2014 年版。

[5] 劉寶楠撰,高流水點校:《論語正義》,北京:中華書局 1990 年版。

[6] 馬承源主編:《上海博物館藏戰國楚竹書》(三),上海:上海古籍出版社 2003 年版。

[7] 清華大學出土文獻研究與保護中心編,李學勤主編:《清華大學藏戰國竹簡》(壹),上海:中西書局 2010 年版。

[8] 清華大學出土文獻研究與保護中心編,李學勤主編:《清華大學藏戰國竹簡》(伍),上海:中西書局 2015 年版。

[9] 孫希旦撰,沈嘯寰、王星賢點校:《禮記集解》,北京:中華書局 1989 年版。

[10] 王念孫撰,徐煒君等點校:《讀書雜志》,上海:上海古籍出版社 2014 年版。

[11] 王心湛校勘:《晏子春秋集解》,上海:廣益書局 1936 年版。

[12] 王引之撰,李花蕾點校:《經傳釋詞》,上海:上海古籍出版社 2014 年版。

[13] 吳則虞編著:《晏子春秋集釋》,北京:中華書局 1982 年版。

[14] 武振玉:《兩周金文虛詞研究》,北京:綫裝書局 2010 年版。

[15] 楊伯峻譯注:《論語譯注》,北京:中華書局 1980 年版。

[16] 楊逢彬:《論語新注新譯》,北京:北京大學出版社 2018 年版。

[17] 中國社會科學院語言研究所古代漢語研究室編:《古代漢語虛詞詞典》,北京:商務印書館 1999 年版。

Debate on "*Wei zhengzhe zheng ye*"(唯政者正也)in *Zhong Gong*

Yu Houkai

Abstract:From bamboo slips collected by Shanghai Museum, the article *Zhong Gong* has a sentence "*wei zhengzhe zheng ye*"(唯政者正也), the function of "*wei*"(唯) in this sentence is like "*fu*"(夫), which play the role of prompting and emphasizing. The word "*wei*"(唯) and "*fu*"（夫）are both modal particles, so a compound phrase "*fuwei*"（夫唯）came into being. "*fuwei*"（夫唯）can also be inverted as "*weifu*"（唯夫）, which should be understood as modal particles with prompt function, and it is inappropriate to regard them as adverbs in the past.

Key words：bamboo slips collected by Shanghai Museum, *Zhong Gong*, *wei*（唯）, *fu*（夫）, *fuwei*（夫唯）

（"古文字與中華文明傳承發展工程" 協同攻關創新平臺、鄭州大學漢字文明研究中心）

出土文獻"問"字句演變研究[*]

彭偉明

提　要　本文運用配價語法理論研究了出土戰國文獻中動詞"問"（"詢問"義[②]）的賓語語義及句法格式的演變。首先，梳理了戰國以前漢語中的"問"字句語義結構和句法格式。其次，分析出土戰國文獻及西漢簡帛古書"問"字句中出現的三個論元語義角色及情況，對動詞"問"的賓語語義類別進行充分描寫，歸納動詞"問"的句式類型，從而揭示了"問"從西周的二價二向動詞演變為戰國的三價二向動詞的發展軌跡。最後，簡要討論了動詞"問"的受事賓語標點符號的使用問題及"問"字句的賓語與疑問句的關係。

關鍵詞　出土文獻　"問"字句　語義　句法

一、春秋以前的漢語"問"字句

上古早期至戰國時段漢語中的"問"字句語義、句法等系統面貌到底是怎麼樣的？這是以往較少學者能注意到的一個重要的語法現象。初步考察這個問題的學者有王力[③]、唐啟運[④]、車淑婭[⑤]、杜道流[⑥]、楊鳳仙[⑦]等。王力對動詞"問"的雙賓語語義與句法結構研究已簡要提及並梳理了兩種類型的賓語與動詞"問"的語義關係。他已意識到上古漢語中"問"字句的直接賓語（即"受事賓語"）和間接賓語（即"與事賓語"）與後代"問"字句有所不同，並結合大量的傳世古書中"問"字句的直接賓語、間接賓語與謂語動詞的關係問題，進行了歸納與分析。但是，以往的學者研究這個問題時都主要將傳世戰國文獻專書或幾種代表性典籍作為立論的根據，在句式歸納及"問"字句語言現象等問題上存在一定局限。鑒於此，本文立足於真實可靠的語料，研究語料的種類與文體相對齊全，旨在挖掘上古漢語中更完整的"問"字句的賓語語義類型。

---

　*　本文是廣東省哲社科規劃項目"出土春秋文獻虛詞研究暨詞典編纂"（項目編號：GD21YZY03）、廣東省教育廳2021年廣東高校青年創新人才類項目"出土春秋簡帛文獻虛詞研究暨詞典編纂"（項目編號：2021WQNCX039）的研究成果。

　②　表"詢問"義的動詞"問"，其含義古今基本相同，如無特別說明，我們討論的動詞"問"及"問"字句，均指"詢問"這一義項。

　③　王力：《漢語語法史》，北京：中華書局2014年版，第129－139頁。

　④　唐啟運：《論〈論語〉的"問"字句》，《華南師範大學學報》（社會科學版）1987年第1期，第80－85頁；唐啟運：《古代漢語"問"字句的演變和用不用"於以"的關係》，《華南師範大學學報》（社會科學版）1990年第1期，第29－36頁。

　⑤　車淑婭：《問之賓語演變探析》，《古漢語研究》2004年第4期，第51－53頁。

　⑥　杜道流：《古代漢語動詞"問"帶賓語結構的演變》，《語言科學》2005年第2期，第92－100頁。

　⑦　楊鳳仙：《古漢語"問"之演變：兼與〈"問"之賓語演變探析〉的作者商榷》，《古漢語研究》2009年第4期，第87－91頁。

（一）春秋以前的漢語動詞"問"語義類別

動詞"問"按其語義類別劃分屬於言說類的行為動詞。言說類的動詞是表示言語、說話、告知、教育、訓責、應答、承諾以及勸勉等一系列常用於社會交往的重要行為動詞，它們通常具有豐富的行為色彩。由於語料的限制，在春秋時代以前的出土文獻中，我們尚未見到"問"字句的完整語句①，所以主要討論戰國以前傳世文獻語料中的"問"字句情況。據蔣書紅統計，西周漢語中的"問"字句有4例②：

（1）有孚③惠心，勿<u>問</u>，元吉。有孚，惠我德。（《周易·益》）按，"問"的賓語所問之事被省略。

（2）弗躬弗親，庶民弗信？弗<u>問</u>弗仕，勿罔君子？（《詩經·小雅·節南山》）按，所問之事被省略。

（3）a. 王至于周，自鹿至于丘中，具明不寢，王小子御告叔旦，叔旦丞奔即王，曰："久憂勞，<u>問</u>害（曷）④不寢？"曰："安。予告汝。"（《逸周書·度邑》）按，所問之事是"害不寢"。

　　　 b. 叔旦丞奔即王，曰："久憂勞！"<u>問</u>害（曷）不寢，曰："安。予告汝。"（《逸周書·度邑》）按，所問之事是"害不寢"。

（4）皇帝清<u>問</u>下民，鰥寡有辭于苗。（《尚書·呂刑》）按，所問之事是"下民"。

例（1）至例（4）中的動詞"問"是否都訓為"詢問"，還存在爭議。有學者注釋例（1）中的"問"為"送物給人"（即"聘問"義），並將該句語譯為"有俘虜順從我的心，不用送東西，大吉。有俘虜，順從我的禮物"⑤。但更多的學者一般將這句語譯為"毫無疑問是至為吉祥的"或譯作"不用解說，卦兆顯然是大吉的"。因此，例（1）動詞"問"的釋義還有待研究。例（2）中的動詞"問"，程俊英語譯為"人才不問又不用，欺騙好人不應該"；如馬持盈、黃典誠等學者將動詞"問"理解為"過問、管理、干預"，語譯為"不管不理，不問不作，那就是欺騙君王"；另外還有學者將"問"理解為"體恤，安撫"⑥。因此，例（2）動詞"問"很難讓人理解為"詢問"義。

---

① 下文凡提及動詞"問"，若不另行標注，均指"詢問"義。一般認為甲骨文是用"鼎（貞）"表示"卜問"語義，基本上不存在動詞"問"句式。

② 蔣書紅：《西周漢語動詞研究》，廣州：暨南大學出版社2013年版，第165頁。

③ "有孚"，馬王堆漢墓簡帛《周易》本作"有復"。

④ "害"，學者一般訓為"何"，本文認為讀為"曷"更恰。該句意謂"詢問為甚麼不睡覺"。此句應句讀為："問：害（曷）不寢？"

⑤ 周振甫譯注：《〈周易〉譯注》，北京：中華書局1991年版，第147–148頁；黃壽祺，張善文譯注：《〈周易〉譯注》，上海：上海古籍出版社2007年版，第23頁；陳鼓應、趙建偉注譯：《〈周易〉今注今譯》，北京：商務印書館2016年版，第379頁。

⑥ 馬持盈注譯：《〈詩經〉今注今譯》，臺北：臺灣商務印書館1979年版，第291頁；黃典誠：《〈詩經〉通譯新銓》，上海：華東師範大學出版社1992年版，第248頁；程俊英譯注：《〈詩經〉譯注》，上海：上海古籍出版社1985年版，第360頁；劉毓慶、李蹊譯注：《〈詩經〉全本全注全譯》，北京：中華書局2012年版，第483–489頁。

例（3）中的動詞"問"訓為"詢問"是沒有問題的，但是對"問害不寐"的理解卻有不同的解釋，學者對這句話的標點有兩種方式：① "不寐"後標問號。牛鴻恩句讀標點即前文引例（3）a，其譯文為：奉侍武王的小子報告給叔旦，叔旦趕緊跑到武王跟前，說："長久憂慮勞碌，請問為何不能入睡？"武王說："坐，我告訴你。"① ② "不寐"後標句號。如蔣書紅、黃懷信、張聞玉等，其中後者點讀為上引例（3）b。② 本文認為牛鴻恩標點可信。將"問害不寐"理解為陳述句，是難以讓人信服的，問題在於未發現此例動詞"問"後面的語法成分是由一個反問句充當的受事賓語。如果動詞"問"的賓語是直接引語，且該引語屬於疑問語氣，那麼應該在賓語後標問號，因為疑問代詞"害（曷）"與否定副詞"不"形成強烈的反詰語氣。本文將"所問之事"這一直接引語統稱為"引文受事"。根據以上分析，我們認為例（3）a的語義格式為典型的"施事＋問＋引文受事"結構。

（二）春秋以前的漢語動詞"問"的賓語語義角色

在西周漢語中，動詞"問"的賓語語義角色具體是甚麼情況？例（4）中的"清問下民"的解釋，歷來眾說紛紜。簡要歸納有如下三家：第一，解作"詳問民患"。孔安國傳云"帝堯詳問民患"。孔穎達疏云"帝堯清審詳問下民所患"。殷國光支持此說，認為"下民"即受事（當"所問之事"是一個詞或短語，下文稱為"受事"，以區別於"引文受事"）。③ 第二，解作"靜聞"。"清問"，于省吾讀為"靜聞"，他將"皇帝靜聞"屬上句讀，而"下民"歸在下句。此說有新意，但信從于說的學者較少。第三，解作"詳問百姓"。目前多數學者接受孔傳對"清問"的理解，訓為"明問、詳問、詢問、訊問"等，如屈萬里、顧頡剛、劉起釪、李民、王健、楊任之等。④ 對該句語可譯為"先帝曾明白地詢問天下民眾，連鰥寡無依的人都對苗民有怨言"。

從今譯可以看出，目前多數人將動詞"問"的賓語"下民"理解為"與事賓語"（問及對象），這點與孔傳、孔疏的理解不同。尤其是楊任之譯"帝堯詳問於下民"，毫無疑問，楊氏將"下民"理解為具體的詢問對象了。因此，將例（4）的"問"訓為"詢問"義是較多學者贊同的，但對動詞"問"的賓語"下民"的語義角色還存在理解的分歧。我們贊成將例（4）中動詞"問"的賓語"下民"語義角色看成受事，理據如下：第一，"問＋受事"句法格式應該是最早出現的。原因是：在語義層面上，使用"問"字句的問話人，與聽話人最關心的信息焦點一般是受事賓語。也即受事賓語在語義地位上一般都優先於與事賓語。

① 牛鴻恩注譯：《新譯〈逸周書〉》，臺北：三民書局2015年版，第327、332頁。
② 蔣書紅：《西周漢語動詞研究》，廣州：暨南大學出版社2013年版，第165頁；黃懷信、張懋鎔、田旭東：《逸周書彙校集注》（修訂本），上海：上海古籍出版社2007年版，第468頁；張聞玉譯注：《逸周書全譯》，貴陽：貴州人民出版社2000年版，第176頁。
③ 殷國光：《動詞"問"的語法功能的歷史演變》，中國語言學會《中國語言學報》編委會編：《中國語言學報》（第12期），北京：商務印書館2006年版，第154頁。
④ 屈萬里注譯：《〈尚書〉今注今譯》，臺北：臺灣商務印書館1977年版，第178頁；顧頡剛、劉起釪：《〈尚書〉校釋譯論》，北京：中華書局2005年版，第1961頁；李民、王健：《〈尚書〉譯注》，上海：上海古籍出版社2004年版，第402頁；楊任之譯注：《〈尚書〉今譯今注》，北京：北京廣播學院出版社1993年版，第344－345頁。

　　第二，上古漢語表達“向誰問”的語義格式一般不能缺少介詞“于（於）”的幫助，在戰國早期楚簡語料中也同樣如此。例如：

　　（5）顏淵問於孔子曰：敢問君子之入事也有道乎？孔子曰：有。（《上博楚簡八·顏淵問於孔子》1）

　　（6）耆老問于彭祖曰：臣何藝何行？能邇於朕身，而訟于帝常？（《上博楚簡三·彭祖》1）

　　（7）魯穆公問於子思曰：何如而可謂忠臣？子思曰：亟稱其君之惡者，可謂忠臣矣。（《郭店楚簡·魯穆公問子思》1+2）

　　採用介詞“于（於）”表“向誰問”的語義格式，最遲至秦簡語料中仍保留：

　　（8）魯久次問數于陳起曰：久次讀語、計數弗能竝徹，欲徹一物，何物為急？陳起對之曰：子為弗能竝徹。（《北大秦簡·魯久次問數于陳起》4–142）

　　但秦簡的“向誰問”①與漢墓出土戰國簡帛“向誰問”②的語義格式基本上已不再借用介詞“于（於）”。例如：

　　（9）欣敢多問呂柏：得毋病？（《里耶秦簡壹》7–4A）
　　（10）☐拜多問芒季：得毋為事☐？（《里耶秦簡壹》8–661）
　　（11）景公興兵將伐魯，問晏子，晏子曰：不可。（《銀雀山漢簡晏子》6）
　　（12）田忌問孫子曰：張軍毋戰有道？孫子曰：有。（《銀雀山漢簡孫臏兵法·威王問》21）

　　第三，表達“向誰問”不再嚴格遵守“（施事）+問+于（於）+與事”的語義格式的時間，傳統的語法學者認為是在戰國以後。如王力指出，在戰國以後已經不能嚴格遵守這個語法規則（即上文所提及的第二點），直接賓語也可以指人。例如③：

　　（13）齊景公問晏子曰。（《墨子·非儒》）
　　（14）湯之問棘也是已。（《莊子·逍遙遊》）

　　此外，在西周中期前段（恭王五年）金文語料中，我們發現了一例“訊”（“審問”

---

① 動詞“問”表“慰問”義。
② 動詞“問”表“詢問”義。
③ 王力：《漢語語法史》，《王力文集》（第十一卷），濟南：山東教育出版社1990年版，第163頁。

義）字句。例如：

（15）正乃訊屬曰：<u>汝賣賣田否</u>？屬乃許，曰：余審賣田五田。（《集成・五祀衛鼎》2832）

“問”與“訊”這兩個動詞的語義相近，原因在於上例的動詞“訊”已出現了“訊＋與事＋受事”，其中“訊”的與事也即王力提到的用於指人的直接賓語。上古漢語的早期動詞“問”語義格式“問＋與事＋受事”很可能是因為受到動詞“訊”的類化作用而產生的。如果這個推理成立，“問＋與事＋受事”語義格式可能會早於“問＋于（於）＋與事”語義格式存在。因此，由上揭例（5）至例（8）的語言事實，我們可以得知，在春秋以前的漢語中，“向誰問”的語義格式一般要借助介詞“于（於）”來完成。因此，根據漢語史的語法規則，例（4）中的“下民”作為與事的可能性極小，本文將“下民”理解為受事則順理成章。通過上述分析，我們發現，例（4）中的“問”字句語義格式為“施事＋問＋受事”。

據上分析，戰國時代以前的上古漢語中的“問”字句語義格式是：問話者（可省略）＋問＋所問之事（一般不可省略）＋問及對象（尚未出現）。其語義格式可以表述為：問（施事或受事）①，在句法結構上，戰國以前的漢語“問”字句只帶一個受事賓語，受事賓語可以是一個名詞性成分或由直接引文充當的小句。基本句式有兩種：①施事＋問＋受事；②施事＋問＋引文受事。上述例（1）至例（4）中的“問”字句，大致反映了早期漢語史動詞“問”的語義句法功能特點。即西周漢語的“問”字句已出現少數用例。“問”字句只帶一個受事賓語，還沒有出現與事賓語。

二、出土戰國文獻動詞“問”的論元角色

在討論動詞“問”與其賓語的論元語義關係之前，前文已論證戰國時代以前漢語“問”字句的賓語一般是受事，與事賓語並不是必備的語義成分，因此通常被省略。經統計，出土戰國文獻及出土西漢簡帛中的戰國古書的動詞“問”與西周漢語的動詞“問”相比，出現了新的情況：動詞“問”出現了三個論元語義角色，它們分別是：施事、受事、與事。②施事是動作的主體，動作的發出者或發生變化的人或者事物；受事與施事相對，在語法上，受事是動作的對象，即受主體發出的動作支配的人或事物。與事既不是動作的施事，也不是受事，而是動作的相關對象。下面對三個論元語義角色逐個進行分析。

---

　①　有學者指出春秋前期及以前的漢語“問”字句只有“施事＋問＋受事”句式，我們認為是不準確的。殷國光：《動詞“問”的語法功能的歷史演變》，中國語言學會《中國語言學報》編委會編：《中國語言學報》（第12期），北京：商務印書館2006年版，第153－165頁。

　②　朱德熙：《語法講義》，《朱德熙文集》（一），北京：商務印書館1999年版，第22頁；李臨定：《現代漢語動詞》，北京：中國社會科學出版社1990年版，第151－169頁。

（一）施事的類型

由於分析論元角色語義類型的需要，我們借鑒黃昌寧、夏瑩在《語言信息處理專論》中對名詞進行語義分類後得到的語義分類樹，用圖 1 表示①：

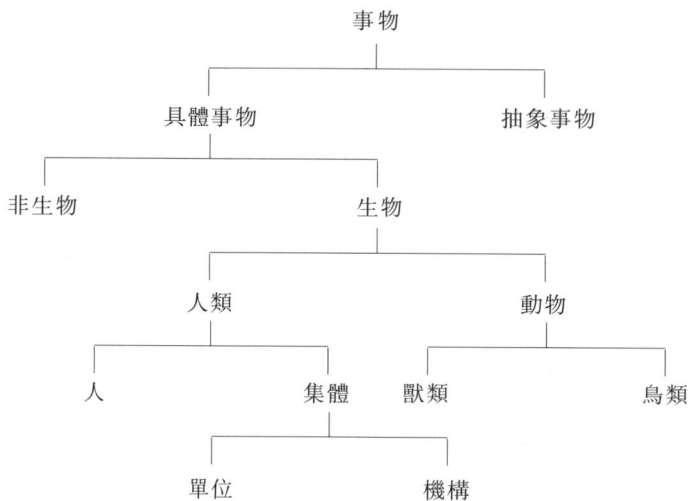

圖 1　事物類概念的層次關係

總體而言，在出土戰國文獻及出土西漢簡帛中的戰國古書中，動詞"問"的主語以"人"充當施事角色，出現情況最多，單位或機構相對較少。

1. 以"人"為施事角色

（16）<u>宰我</u>問君子。子曰：予，汝能慎始與終，斯善矣，為君子乎？□汝焉能也？（《上博楚簡五·弟子問》11＋24）宰我：施事主語。

（17）<u>狗老</u>問：三去其二，豈若已？彭祖曰：吁！汝孳孳敷問，余告汝人倫。（《上博楚簡三·彭祖》2）狗老：施事主語。

（18）<u>寡君</u>問左右：孰為師徒，踐履陳地？（《上博楚簡七·吳命》8）寡君：施事主語。

（19）<u>殷高宗</u>問於三壽。（《清華楚簡伍·殷高宗問於三壽》28）殷高宗：施事主語。

（20）<u>湯</u>又問於小臣：有夏之德何若哉？（《清華楚簡伍·湯處於湯丘》11）湯：施事主語。

（21）<u>鄡宣大夫命少宰尹鄦誓</u>察問大梁之戢舊之客苛坦。苛坦言謂：……

---

①　黃昌寧、夏瑩主編：《語言信息處理專論》，北京：清華大學出版社；南寧：廣西科學技術出版社 1996 年版，第 222 頁。

(《包山楚簡·文書》157)① 鄯誓:作句子的兼語,同時充當小句的施事主語。

(22) 校長予言敢大心多問柏:柏得毋恙也? ☒毋以問,進書為敬。敢謁之。(《里耶秦簡壹》8-823+8-1997)予言:施事主語。

(23) 魯久次敢問:臨官莅政,立度興事,何數為急?陳起對之曰:夫臨官莅政,……(《北大秦簡·魯久次問數于陳起》4-151)魯久次:施事主語。

(24) 律曰:黔首不田作,市販出入不時,不聽父母詬若與父母言,父母、典、伍弗忍告,令鄉嗇夫數廉問,捕繫[獻廷],其皋當完城旦以上,其父母、典、伍弗先告,貲其父若母二甲,典、伍各一甲。(《嶽麓秦簡伍·第二組》196)鄉嗇夫:作兼語,作動詞"令"的受事賓語,同時充當小句的施事主語。

(25) 田忌問孫子曰:患兵者何也?孫子曰:有。(《銀雀山漢簡孫臏兵法·威王問》12)田忌:施事主語。

2. 單位或機構

"問"字句的施事角色屬於單位或機構的情況,一般見於出土秦代公文類的簡牘語料。例如:

(26) 遷陵問莫邪衣用錢已到? ☒問之:莫邪衣用未到。(《里耶秦簡壹》8-647)遷陵:施事主語。

(27) ☒朔日尉府今問之☐。(《里耶秦簡貳》9-298)尉府:施事主語。

3. 代詞

此外,出土戰國文獻及西漢簡帛戰國古書中"問"字句的施事角色類型還包括代詞,主要有人稱代詞及指示代詞兩種,一般可見於對話體及要求答復上級的文書類簡牘語料中。例如:

(28) 狗老問:三去其二,豈若已?彭祖曰:吁!汝孳孳數問,余告汝人倫。(《上博楚簡三·彭祖》2)

(29) 公曰:向者吾問忠臣于子思。(《郭店楚簡·魯穆公問子思》2-3)

"向者吾問忠臣于子思"整句話作為動詞"曰"的直接引語,直接引語作"公"的施事賓語。

---

① "察問"的"問",古代有"審問""問案"的意思,此例的"察問",劉樂賢讀為"對問"。我們將此例的"問"理解為"詢問"義。

（30）丞某告某鄉主：某里五大夫乙家吏甲詣乙妾丙，曰：乙令甲謁黥劓丙。其問如言不然？定名事里，所坐論云何，或覆問無有。以書言。（《睡虎地秦簡·封診式》42－45）①

例（30）"其問"句釋文，我們採用整理者與陳偉意見進行標點②，整理者的語譯是："請詢問是否和所說的一樣？"即將"其"理解為表示祈使語氣的副詞。③ 我們認為不應該將"其"理解為希望或懇求的語氣。如將"其"理解為祈使語氣，那麼此例就變成了上級希望下級官吏處理事情的工作請求，句類上便屬於祈使句，這類祈使句的標點是不能用問號的④，應該標句號，但是原整理者又在"不然"後標注問號，顯然是不妥的。因為作為上級縣丞得到下行文書，應該用指令的語氣對下級鄉主進行傳遞信息。再者，據張孝蕾研究，"其問……以書言"是屬於"查證文書"部分（專門針對此類代理案件所寫的範式），句中代理人是轉達原告人的告詞，所以縣丞要求下級官吏（特指經辦此案的獄吏）再查證控告詞的真實程度。⑤ 因此，我們認為此例的"其"應該理解為指示代詞，特指意之所屬的那個⑥，指示代詞"其"省略了中心語"審理此案的負責人"。此例"其"用法較特殊，目前這種用法僅見一例。

（二）受事角色

在出土戰國文獻及出土西漢簡帛中的戰國古書中，動詞"問"的受事語義類型比施事、與事角色的情況要複雜得多。在句法上，受事成分不僅可以由名詞語、動詞語充當，還可以由單句、複句充當。採用單句或複句充當受事（直接引語）之後，在語用上能夠更加充分、自由地表達問話者發問的內容。當受事範疇超出了抽象概念或具體事物範疇時，問話者通常會選擇"直接引語"（事件範疇）來傳遞發問信息。這時"直接引語"作為重要的受事角色，在對話中往往被頻繁使用。

1. 抽象概念

表達抽象概念的受事一般與人類的認知行為相關，這些名詞高度濃縮了問話者或答話者的一貫主張，往往在對話語境的上下文中出現對這些概念的具體闡釋與解說。這類受事包括"道""禮""方略""品行""原因"等一類的抽象名詞。例如：

（31）下，土也，而謂之地。上，氣也，而謂之天。道亦其字也，請問其名。（《郭店楚簡·太一生水》10－11）其名：受事賓語。

---

① 原告人：五大夫乙。五大夫乙的訴訟代理人：公士甲。被告人：五大夫乙家妾丙。
② 睡虎地秦墓竹簡整理小組：《睡虎地秦墓竹簡》，北京：文物出版社1990年版，第155頁；陳偉等：《秦簡牘合集：釋文注釋修訂本》（貳），武漢：武漢大學出版社2016年版，第281－282頁。
③ 用作祈使語氣的副詞"其"用例有："吾子其無廢先君之功。"（《左傳·隱公三年》）
④ 陶煉：《"是不是"問句說略》，《中國語文》1998年第2期，第105－107頁。
⑤ 張孝蕾：《睡虎地秦簡〈封診式〉研究》，湖南大學碩士學位論文，2013年，第36－37頁。
⑥ 王力主編：《王力古漢語字典》，北京：中華書局2000年版，第59頁。

（32）孔子退，告子貢曰：吾見於君，不問有邦之道，而問<u>相邦之道</u>，不亦惥乎？（《上博楚簡四·相邦之道》4）相邦之道：受事賓語。

（33）子見季桓子。季桓子曰：如夫見人不厭，問<u>禮</u>不倦，則☐斯中心樂之。（《上博楚簡六·孔子見季桓子》20）禮：受事賓語。

（34）成王曰：請問<u>其方</u>。周公曰：☐。（《上博楚簡八·成王既邦》10 + 11）其方：受事賓語。

（35）成王曰：請問<u>天子之正道</u>。周公曰：☐天子之正道，弗朝而自至，弗審而自周，弗會而自圍。（《上博楚簡八·成王既邦》6 + 7）天子之正道：受事賓語。

（36）故興善人，必熟問<u>其行</u>，焉觀其貌，焉聽其辭。（《清華楚簡捌·治邦之道》17）其行：受事賓語。

（37）［諸］吏有案行官，官而獨有令曰：有問<u>其官</u>，必先請之者、令案行其官者，盡先封閉。（《嶽麓秦簡伍·第一組》85 - 86）其官：受事賓語。

（38）臣昧死言：臣竊聞黔☐，問<u>其故</u>，賈人買惡☐。（《里耶秦簡貳》9 - 2299）其故：受事賓語。

（39）［景公］於是重其禮而留其封，敬見之而不問<u>其道</u>，仲尼☐去。（《銀崔山漢簡晏子》15）其道：受事賓語。敬見之而不問其道，今本作"敬見不問其道"。

2. 具體事物

動詞"問"的受事賓語通常不首選具體客觀事物的名詞來表達，問話人通常會選擇抽象認知範疇的名詞或代詞。楚簡出現的表達具體的客觀事物的受事對問話人與答話人來說一般都是明確的具體事物或事項。例如：

（40）高宗恐懼，乃復語彭祖曰：於呼，彭祖！古民人迷亂，敢問<u>先王之遺訓</u>，何謂祥？（《清華楚簡伍·殷高宗問於三壽》11）先王之遺訓：受事賓語。

（41）凡金革之攻，王日論省其事，以問<u>五兵之利</u>。（《清華楚簡柒·越公其事》50 - 51）五兵之利：受事賓語。

秦簡表達客觀事物的受事往往出現在官吏之間詢問具體事項的語境場合。例如：

（42）自殺者必先有故，問<u>其同居</u>，以答其故。（《睡虎地秦簡·封診式》72）其同居：受事賓語。

（43）今寫校券一牒上謁，言之卒史衰、義所，問<u>狼船存所</u>，其亡之，為債券移遷陵；弗〔亡，誰〕屬？謁報，敢言之。（《里博秦簡》8 - 134A）船存所：受事賓語。

3. 事件

當問話者遇到較為複雜的問題時，一般採用直接引語的方式來表達自己對可能存在的事件的預期。以"曰"引導的引文受事是出土戰國文獻"問"字句的一大重要的特點，在楚簡、秦簡中都有大量用例，例如：

（44）公乃問於寒叔曰：夫公子之不能居晉邦，信天命哉？（《清華楚簡柒·子犯子餘》7）直接引語含有語氣詞。

（45）贛敢大心再拜多問芒季：得毋為事□？居諸深山中，毋物可問，進書為敬。（《里耶秦簡壹》8－659＋8－2088）直接引語含有語氣詞。

（46）求盜盜，當刑為城旦，問罪當加如害盜不當？當。（《睡虎地秦簡·法律答問》3）直接引語是正反問句。

（47）問：芮賣，與朵別價地，且吏自別直？（《嶽麓秦簡叁·芮盜賣公列地案》63）直接引語是選擇問句。

（48）田忌請問兵情奈何？（《銀雀山漢簡孫臏兵法·陳忌問壘》15）直接引語含有疑問代詞。

（49）敢問：則可使若率然乎？曰：可。（《銀雀山漢簡孫子兵法·九地》117）直接引語為是非問句，含有語氣詞。

4. 代詞及兼詞

動詞"問"的受事一般採用指示代詞"之"或"此"，其中例（51）a是戰國時期新出現的語義模式。這些代詞可指代事件、相關人物等。例如：

（50）以愆多期。唯三大夫其辱問之，今日唯不敏既犯矣。自明日以往，比五六日，皆敝邑之期也。（《上博楚簡七·吳命》9）之：指代發兵之事。

（51）a. 須左司馬之往行，將以[受事]問之。（《包山楚簡·文書》130背）
　　　　　受事：指這個案件，作介詞"以"的賓語，被省略了，對比下例。

　　　　b. 莊公以[受事]問施伯，施伯對曰：……（《國語·齊語》）

（52）問之尉，毋當令者。敢告之。（《里耶秦簡壹》8－67＋8－652）之：上述的情況。

（53）遷陵守丞都敢言之：今日恒以朔日上所買徒隸數。問之，毋當令者，敢言之。（《里耶秦簡壹》8－154）之：上述的情況。

（54）問知此魚者，具署物色，以書言。問之啟陵鄉吏、黔首、官徒，莫知。敢言之。（《里耶秦簡壹》8－769）之：上述的情況。

（55）柏常騫出，遭晏子於途，曰：前日公令修臺，臺成而公不上焉，騫見而□問之，君曰：有梟夜鳴焉，吾惡之，故不上焉。（《銀雀山漢簡晏子》13）之：

指代臺修築成了而公不登上這件事的原因。

(56) a. 孫子曰：兵，利也，非好也。兵，□也，非戲也。君王以好與戲問<u>之</u>，外臣不敢對。(《銀雀山漢簡孫子兵法·見吳王》) 之：指代兵法。

b. 魯哀公問舜冠於孔子，孔子不對。三問，不對。哀公曰：寡人問舜冠於子，何以不言也? 孔子對曰：古之王者，有務而拘領者矣，……君不<u>此</u>問而問舜冠，所以不對也。(《荀子·哀公》) 此：指代先王仁政之事。

承擔受事角色的指示代詞 "之" 往往位於動詞 "問" 之後，在陳述句中，代詞受事偶爾也會前移至動詞 "問" 前面，但可能是修辭或強調等原因，如上舉例 (56) b 屬於否定句中代詞賓語前置的語法現象，目前在出土文獻中未見到用例。但在出土與傳世戰國文獻中出現了使用 "以" 等介詞而將介詞的賓語省略這種新形式，如例 (51)。此外，傳世戰國文獻中也見到受事主語句用例。例如：

(57) 子入大廟，<u>每事</u>問。(《論語·八佾》)

"每事" 作動詞 "問" 的受事主語。"事" 作為受事主語，其前有表 "周邊" 義的 "每" 修飾。

中古漢語與現代漢語受事、與事前移作主語的規律，已有學者對此進行了深入的研究，有學者考察了中古漢語中受事主語的使用情況後指出，受事主語使用頻率從前 5 世紀到 5 世紀之間約一千年的時間變化不大，佔總數都不到 2%。[①] 據出土戰國文獻及出土西漢簡帛中的戰國古書動詞 "問" 的受事語義來看，上述的觀點是可信的。借鑒現代漢語研究的理論成果，我們發現出土戰國文獻及出土西漢簡帛中的戰國古書中當受事前移作句子的主語時，其規律與現代漢語受事前移作主語的情況類似，茲述如下：第一，如果在陳述句中的受事前移到句首成為話題，那麼一般在原受事位置則不再出現代詞 "之"，如例 (57) 中的 "每事問〔受事〕"，受事前移話題化後，仍形成一個完整的語義結構 "受事主語 + 問 + 〔受事賓語位置〕"，但由於例 (57) 是傳世戰國語料，因此不作為典型範疇討論。現代漢語一般也不允許這種回指代詞出現在核心動詞之後。第二，如果在否定句中受事前移，那麼在原受事位置一般不再出現複指代詞 "之"，這點在出土戰國與傳世秦漢文獻中都沒有例外，如例 (58)、例 (59)。如在原受事位置出現代詞，則是一個表領屬性質的指代詞 "其"，如例 (60)、例 (61)。

---

① 石毓智：《漢語語法演化史》，南昌：江西教育出版社 2016 年版，第 428–429 頁；陳昌來：《現代漢語動詞的句法語義屬性研究》，上海：學林出版社 2002 年版，第 187 頁。

（58）問楛者勿告也，告楛者勿問也。（《荀子·勸學》①）

（59）問者不告，告者勿問，有諍氣者勿與論。（《韓詩外傳·卷四》②）

（60）見人弗能館，不問其所舍。賜人者不曰來取。與人者不問其所欲。（《禮記·曲禮》）

（61）推賢舉能，抑惡揚善，有大略者不問其短，有厚德者不非小疵。（《新序》）

當動詞"問"的受事由代詞"之"充當時，那麼此時"之"與介引與事的介詞"于（於）"連讀，則出現了"之于（於）"或"之乎"的合音詞"諸"，或稱為兼詞。③ 目前在出土戰國文獻中還沒見到這種用例，但在傳世戰國古書中已出現較多用例。④ 例如：

（62）王曰：諾。使私問諸魯，請之也。王遂不賜，禮如行人。（《國語·周語》）

（63）冬十二月，螽，季孫問諸仲尼。仲尼曰：丘聞之，火伏而後蟄者畢。今火猶西流，司曆過也。（《左傳·哀公十二年》）

（64）惠王問諸內史過曰：是何故也？對曰：國之將興，明神降之，監其德也。（《左傳·莊公三十二年》）

（三）與事角色

在出土戰國文獻及出土西漢簡帛中的戰國古書中，動詞"問"的與事成分常出現以"人"作與事角色的情況，而以單位或機構作與事角色的則較少見。

1. 以"人"為與事角色

下列動詞"問"的與事，最常見到的是人名，如"孔子""子貢""蹇叔"，這類與事有一個特點，即富含問話者想要的新信息。問話者的"問及對象"一般是解開問話者心中疑惑或證實問話者心中猜想的對象。另外，還出現了"知此魚者""有智者"等帶"者"字結構的與事。這類"者"字結構的受事通常位於謂語動詞後，作與事。例如：

（65）王子問成公：此何？成公答曰：疇。（《上博楚簡六·平王與王子木》5）成公：與事賓語。

（66）季庚子問於孔子曰：肥從有司之後，一不知民務之焉在？（《上博楚簡五·季庚子問於孔子》1）孔子：與事賓語。

---

① 樓宇烈：《〈荀子〉新注》，北京：中華書局 2018 年版，第 1－18 頁；熊公哲注譯：《荀子今注今譯》，臺北：臺灣商務印書館 1977 年版，第 13－14 頁。

② 賴炎元注譯：《〈韓詩外傳〉今注今譯》，臺北：臺灣商務印書館 1979 年版，第 171 頁。

③ 王力主編：《王力古漢語字典》，北京：商務印書館 2001 年版，第 1281 頁。

④ 居延漢簡辭例由於殘缺上下文，因此僅作推測。□□問諸大夫曰□□大夫之論莫及寡人也，居有聞而三稱之。吳起進對曰：不審亦。（《居延漢簡釋文合校·第四節》40.29）

（67）行〔子〕人子羽問於子貢曰：仲尼與吾子產孰賢？（《上博楚簡五·君子為禮》11）子貢：與事賓語。

（68）公乃問於蹇叔曰：夫公子之不能居晉邦，信天命哉？（《清華楚簡柒·子犯子餘》8）蹇叔：與事賓語。

（69）問之尉，毋當令者。敢告之。（《里耶秦簡壹》8-67+8-652）尉：與事賓語。

（70）啟陵鄉守狐敢言之：廷下令書曰取鮫魚與山今鱸魚獻之。問津吏徒，莫知。問知此魚者，具署物色，以書言。問之啟陵鄉吏、黔首、官徒，莫知。敢言之。（《里耶秦簡壹》8-769）津吏徒、知此魚者、啟陵鄉吏、黔首、官徒：與事賓語。

（71）☒問有智者言，今問之：莫☒。（《里耶秦簡貳》9-165）有智者：與事賓語。

（72）有不從事者，都吏監者□舉劾，問其人，其人不亟以實占事官。（《嶽麓秦簡伍·第二組》168-169）其人：與事賓語。

（73）☒問公子☒。公子曰：☒步公子取，勿言邦孰知之？堂下有杞，冬產能耐。（《北大秦簡·公子從軍》20）公子：與事賓語。

上引例中與事賓語以"人"充當時，出土戰國文獻呈現出兩個特點：一是古書類的楚簡語料，由於存古色彩較重，表人名的與事一般需要介詞"於"（偶爾也用"于"）來進入動詞"問"的核心句法層面；二是文書類的秦簡牘語料，人名與事一般不再需要介詞的幫助，秦簡中流行新的語義格式，即"施事＋問＋與事＋受事"及"施事＋問＋與事"，這種新的句式逐漸成為秦代至西漢時期"問"字句的基本句式。

2. 單位或機構

"問"字句的與事角色屬於單位或者機構，多見於文書類的秦簡語料，而楚簡語料相對較少見。例如：

（74）卅二年三月丁丑朔朔日，遷陵丞昌敢言之：今日上葆繕牛車簿，恒會四月朔日太守府。問之遷陵，毋當令者，敢言之。（《里耶秦簡壹》8-62）

（75）☒問遷陵☒。（《里耶秦簡貳》9-2406）

（76）王乃親使人請問群大臣及邊縣城市之多兵、無兵者，王則比視。（《清華楚簡柒·越公其事》51）

例（76）"問"的賓語是一個並列短語，包含了兩項內容：一是群大臣（越國的智囊團）；二是"邊縣城市之多兵、無兵"與"者"字組成的"者"字結構，今譯即"邊邑駐扎較多、較少軍隊的軍區的負責人"。

3. 代詞及兼詞

目前"問"的與事賓語使用代詞的情況，最常用的是人稱代詞"之"（包括他、她、它或複數他們、她們、它們），也用指示代詞"之"（這、此）。此類用法一般在楚簡語料中較多見，秦簡較少見到。例如：

第一，代詞"之"。

（77）須左司馬之往行，將以〔受事〕問之。（《包山楚簡·文書》130 背）之：指代案件的負責人。

（78）顏淵退，數日不出，□問之曰：吾子何其瘠也？曰：然。（《上博楚簡五·君子為禮》2）之：指代顏回。

（79）問之曰：萌人流形，奚得而生？（《上博楚簡七·凡物流形》甲 2）之：指代回答"萌人流形"的人。

（80）司寇遣人追及言游而問之：將焉往？言游曰：食而弗與為禮，是獸工畜之也。（《上博楚簡八·子道餓》4 + 5 + 3）之：指代言游。

（81）太伯有疾，文公往問之。（《清華楚簡陸·鄭文公問太伯》乙 1）之：指代太伯。

（82）吏三問之而不以情實占吏者，行其所犯律令皋，又加其皋一等。（《嶽麓秦簡伍·第二組》168 – 169）之：指代嫌犯。

第二，兼詞"焉"。

出土戰國文獻動詞"問"在連謂句與兼語句中，當與事由代詞"之"或者"是"充任時，它作為與事跟它前面的介詞"于（於）"結合形成固定形式的合音詞"焉"，也稱為"兼詞"，這個"焉"與"諸"的性質一樣，是介詞和代詞的固定形式。合音詞"焉"相當於語義格式"介詞 + 與事"，在古書類楚簡中可見到該形式。例如：

（83）秦公乃召子犯而問焉，曰：……（《清華楚簡柒·子犯子餘》1）按，前文的"子犯"用與事代詞回指。

（84）少公乃召子餘而問焉，曰：……（《清華楚簡柒·子犯子餘》3）按，前文的"子餘"用與事代詞回指。

（85）昔高宗祭，有雉雊於彝前，召祖己而問焉，曰：是何也？（《上博楚簡五·競建內之》2）按，前文的"祖己"用與事代詞回指。

（86）受聞之，乃出文王於夏臺之下而問焉，曰：……（《上博楚簡二·容成氏》46 + 47）按，前文的"文王"用與事代詞回指。

據出土戰國語料呈現的"問"字句的語言事實，漢語發展到戰國時期，"問"字句出現了新情況，即動詞"問"的賓語不再一律是受事，動詞"問"與賓語之間產生了新的語義關係，出現了與事，儘管與事要通過介詞的引進才能進入動詞"問"的核心句法層面，介賓結構"於（于）＋與事"充當動詞"問"的補語，但與事必須通過介詞介引的時間並不長，我們發現遲至戰國晚期至秦代，與事就已經逐步擺脫了介詞"于（於）"介引的歷史，形成了兩種新的語義結構①：一是"施事＋問＋與事＋受事"，典型用法如前引"問狼船存所"；二是"施事＋問＋與事"，典型用法如前引"問津吏徒"。這一時期動詞"問"的語義結構為動詞"問"（施事、受事、與事）。由此，動詞"問"開始了從二價二向動詞走向三價二向以及三價三向的演變時期。②

此外，我們還發現，從出土戰國文獻中動詞"問"的三個語義成分在句子中的表現來看，變化最大、最自由的當屬受事。施事和與事的活動變化能力都相對較弱。傳世戰國文獻中，動詞"問"的受事可以在一定條件下前移至主語位置，作受事主語，語義格式為"受事＋問"，但受到條件限制。如果一個受事前移到句首被話題化，受事成為該句的話題，原受事的位置一般不添加回指代詞。通常情況下，受事前移不充當主語而移位於狀語位置，那麼一般要採用介詞"以"才可移位至核心動詞"問"前，正常情況下，介詞"以"的受事也常常省略，如前文討論的"將以［受事］問之""田官欲以［受事］問"以及"莊王以［受事］問沈尹子莖"等句即為典型用例。

三、出土戰國文獻動詞"問"的句法類型

出土戰國文獻及出土西漢簡帛中的戰國古書中動詞"問"的句式結構有十二種，可歸納為五大類：

第一，動詞"問"含受事和與事兩個賓語，賓語前不出現介詞介引。滿足這種類型的句式有"（施事）③＋問＋與事＋受事""（施事）＋問＋與事＋引文受事""（施事）＋問＋受事＋與事""（施事）＋問＋引文受事＋與事"四種。其中，句法結構"（施事）＋問＋與事＋引文受事"從戰國早中期發展至西漢初年，成為一種穩定句式。

第二，動詞"問"含受事和與事兩個賓語，其中一個賓語前出現介詞介引。符合這種類型的句式有"（施事）＋以＋受事＋問＋與事""（施事）＋問＋於（于）＋與事＋引文受事""（施事）＋問＋受事＋於（于）＋與事＋引文受事"三種。其中，句法格式"（施事）＋問＋於（于）＋與事＋引文受事"以楚簡語料最常見，其他材料用例不多。

第三，動詞"問"僅出現受事賓語。動詞"問"的與事賓語被省略，符合這種類型的句式有"（施事）＋問＋受事"和"（施事）＋問＋引文受事"兩種。這兩種句法格式在楚簡、秦簡語料中普遍流行，但出土西漢簡帛中的戰國古書中，其使用比例則開始下降。

---

① 殷國光認為漢代以後才形成"施事＋問＋與事＋受事""施事＋問＋與事"這兩種語義模式。我們認為他的觀點不夠準確。參考殷國光：《動詞"問"的語法功能的歷史演變》，中國語言學會《中國語言學報》編委會編：《中國語言學報》（第12期），北京：商務印書館2006年版，第163頁。

② 關於動詞"價"與"向"的概念，參考邵敬敏：《"語義價""句法向"及其相互關係》，《漢語學習》1996年第4期，第3–9頁。

③ "施事"表示施事可以省略，其餘類此。

第四，動詞“問”僅出現與事賓語。動詞“問”的受事賓語被省略，符合這種類型的句式有“（施事）＋問＋與事”和“（施事）＋問＋於（于）＋與事”兩種。在楚簡語料中，這兩種形式皆可見用例，秦簡和西漢簡帛戰國古書語料中，則“（施事）＋問＋於（于）＋與事”格式消亡，僅剩下“（施事）＋問＋與事”句式。

第五，動詞“問”不帶受事或與事賓語。滿足這種類型的句式只有“（施事）＋問”一種，使用不廣泛，屬於動詞“問”的非典型句法結構。上述五種類型與殷國光統計的傳世戰國文獻中動詞“問”的句式情況[①]，既有相同點，也存在不同之處。

以上第二類中的“（施事）＋問＋於（于）＋與事＋引文受事”以及第三類的“（施事）＋問＋受事”“（施事）＋問＋引文受事”是常見句式。

此外，第五類中的“（施事）＋問”和第三類中的“（施事）＋問＋受事”“（施事）＋問＋引文受事”均保留了西周漢語動詞“問”的句式，這些產生時代較古的“問”字句式在戰國早期的楚簡、戰國前期至秦代的秦簡中使用最多，但在出土西漢簡帛中的戰國古書中，這兩種句式已顯然走向衰亡，被新生的“（施事）＋問＋與事＋引文受事”句式取而代之。

（一）文獻分佈、數量與使用頻率

我們窮盡統計了出土戰國文獻及西漢簡帛戰國古書語料中出現的“問”字句，共有356例[②]，現按文獻的地區分佈與時期前後歸納如下：①楚簡有四種，分別為上博楚簡、郭店楚簡、包山楚簡、清華楚簡；②秦簡有四種，分別為睡虎地秦簡、嶽麓秦簡、里耶秦簡、北大秦簡；③西漢簡帛戰國古書有漢簡《晏子》《孫子兵法》《孫臏兵法》《蓋廬》及其他戰國古書。[③] 這三類出土文獻使用的“問”字句情況，用表1顯示：

表1　楚簡動詞“問”的句式統計

句式	文獻				總計（百分比）
	上博	郭店	包山	清華	
（施事）＋問＋與事＋受事	0	0	0	0	0
（施事）＋問＋與事＋引文受事	3	0	0	2	5（1.40%）
（施事）＋問＋受事＋與事	0	0	0	0	0
（施事）＋問＋引文受事＋與事	0	0	0	0	0
（施事）＋以＋受事＋問＋與事	3	0	1	0	4（1.12%）
（施事）＋問＋於（于）＋與事＋引文受事	10	0		66	76（21.35%）
（施事）＋問＋受事＋於（于）＋與事＋（引文受事）	0	1	0	0	1（0.28%）

① 殷國光：《動詞“問”的語法功能的歷史演變》，中國語言學會《中國語言學報》編委會編：《中國語言學報》（第12期），北京：商務印書館2006年版，第153－165頁。
② 統計剔除了語意殘缺、重複等辭例。
③ 此表的其他語料指的是《定州漢簡論語》等少數比較有特點的“問”字句。

（續上表）

句式	文獻				總計（百分比）
	上博	郭店	包山	清華	
（施事）+問+受事	21	2	1	11	35（9.83%）
（施事）+問+引文受事	33	0	0	3	36（10.11%）
（施事）+問+與事	2	0	0	3	5（1.40%）
（施事）+問+於（于）+與事	1	0	0	2	3（0.84%）
（施事）+問	1	0	0	0	1（0.28%）
總計	74	3	2	87	166（46.63%）

表 2　秦簡動詞"問"的句式統計

句式	文獻				總計（百分比）
	睡虎地	嶽麓	里耶	北大	
（施事）+問+與事+受事	0	0	1	0	1（0.28%）
（施事）+問+與事+引文受事	4	1	3	0	8（2.25%）
（施事）+問+受事+與事	0	0	3	0	3（0.84%）
（施事）+問+引文受事+與事	0	0	0	0	0
（施事）+以+受事+問+與事	1	0	0	0	1（0.28%）
（施事）+問+於（于）+與事+引文受事	0	0	0	0	0
（施事）+問+受事+於（于）+與事+引文受事	0	0	0	1	1（0.28%）
（施事）+問+受事	3	5	36	1	45（12.64%）
（施事）+問+引文受事	37	24	10	6	77（21.63%）
（施事）+問+與事	1	2	5	1	9（2.53%）
（施事）+問+於（于）+與事	0	0	0	0	0
（施事）+問	0	2	2	0	4（1.12%）
總計	46	34	60	9	149（41.85%）

表 3　出土西漢簡帛中的戰國古書動詞"問"的句式統計

文獻	句式				總計（百分比）
	《晏子》	《孫子兵法》	《孫臏兵法》	《蓋廬》	
（施事）+問+與事+受事	0	0	0	0	0
（施事）+問+與事+引文受事	4	1	7	6	18（5.06%）
（施事）+問+受事+與事	0	0	0	0	0
（施事）+問+引文受事+與事	0	0	1	0	1（0.28%）
（施事）+以+受事+問+與事	0	1	0	0	1（0.28%）

（續上表）

句式	句式				總計（百分比）
	《晏子》	《孫子兵法》	《孫臏兵法》	《蓋廬》	
（施事）+問+於（于）+與事+引文受事	1	0	0	0	1（0.28%）
（施事）+問+受事+於（于）+與事+引文受事	0	0	1	0	1（0.28%）
（施事）+問+受事	2	1	2	0	5（1.40%）
（施事）+問+引文受事	4	1	5	1	11（3.09%）
（施事）+問+與事	1	0	1	0	2（0.56%）
（施事）+問+於（于）+與事	0	0	0	0	0
（施事）+問	0	0	1	0	1（0.28%）
總計	12	4	18	7	41（11.52%）

　　從表1至表3可以看出，從楚簡時代至秦簡時代，"問"字句的句法結構經歷了幾個重大的變化，具體來說，有以下幾點：

　　第一，從西周漢語中發展而來的原型結構"（施事）+問+受事"，發展至楚簡時代、秦簡時代仍佔有很大的比例，尤其是秦簡時代，原型結構在使用數量上已佔總數的12.64%。而"（施事）+問+受事"從秦簡時代至西漢初年，歷經短短三十年間，其使用率從12.64%降至1.4%。從表1至表3的統計來看，"問"字句的"（施事）+問+受事"典型結構在秦末至西漢初年前後逐漸衰亡，乃至不再使用。

　　第二，"（施事）+問+於（于）+與事+引文受事"結構是出土戰國楚簡"問"字句的新見句式也是常見句式。這種語法結構在秦簡時代不見使用，在西漢語料中也僅有1例，可見這種句式有一定的時代性與地域性特點。

　　第三，"（施事）+問+與事+引文受事"型句式在楚簡、秦簡以及出土西漢簡帛中的戰國古書中都可見到，並且該句法結構從1.40%穩步增長至5.06%，而據杜道流、殷國光研究，這種結構到了漢魏晉時期被廣泛使用，形成了一種穩定的形式。[1] 最終這個產生於戰國早期的新生句式"（施事）+問+與事+引文受事"發展成為現代漢語"問"字句的基本結構"（施事）+問+與事+受事"。"（施事）+問+與事+引文受事"這個新生句式之所以在漢語史發展過程中能比"（施事）+問+於（于）+與事+引文受事"結構更具有生命力，很重要的因素是前者符合"經濟原則"這條最基本的語用原則。

　　第四，"（施事）+問+與事"句法結構在楚簡、秦簡以及出土西漢簡帛中的戰國古書語料中都有分佈，但也呈現出一些特點，即楚簡既可以通過介詞"於（于）"介引與事，也可以不用介詞。秦簡則一律不用介詞介引與事，在出土西漢簡帛中的戰國古書中仍然延

① 杜道流：《古代漢語動詞"問"帶賓語結構的演變》，《語言科學》2005年第2期，第96頁；殷國光：《動詞"問"的語法功能的歷史演變》，中國語言學會《中國語言學報》編委會編：《中國語言學報》（第12期），北京：商務印書館2006年版，第165頁。

續秦簡"(施事)+問+與事"的句法結構,但使用頻率上已大不如前。

(二) 動詞"問"的句式類型

全面考察出土戰國文獻及出土西漢簡帛中的戰國古書中動詞"問"的句式總體面貌後,我們可歸納出以下幾種重要的"問"字句的句型,它們分別是:①由動詞"問"充當的單中心謂語句。②由動詞"問"與其他動詞共同構成的多中心謂語句(也稱為"複雜謂語句"),多中心謂語句包括連謂句、兼語句、並列句三種形態。③動詞"問"名詞化,即"問"不表陳述,而是表指稱義。

1. 單中心謂語句

下述出土戰國文獻及出土西漢簡帛中的戰國古書"問"字句,我們採用句式由簡到繁的順序,將出土文獻單中心謂語形式的"問"字句,按動詞"問"和與事、受事、介詞互相之間的共現關係,總結如下:

第一,(施事)+問+與事+受事。

這種句式目前僅見於里耶秦簡,屬於官方文書類簡牘,這個問句用於下行文,詢問下級官吏的工作事宜。例如:

(87) 今寫校券一牒上謁,言之卒史衰、義所,問狼船存所,其亡之,為債券移遷陵;弗〔亡,誰〕屬?謁報,敢言之。(《里博秦簡》8-134A)① 施事省略。

第二,(施事)+問+(介詞)+與事+引文受事。

上述句式可分為使用介詞與不用介詞兩種情況:

一是與事需要使用介詞介引。介詞通常用"於",少數用"于"。這種句式在楚簡中使用最為頻繁,尤其是戰國中期的清華楚簡、戰國早期的上博楚簡也有一定使用比例。秦簡基本見不到,漢墓戰國簡冊則有零星一例。可知這種句式有一定的歷史性,發展到戰國時期的中葉開始衰微,秦代以後基本消亡殆盡。例如:

(88) 武王問于師尚父,曰:不知黃帝、顓頊、堯、舜之道在乎?抑豈喪不可得而睹乎?師尚父曰:□於丹書,王如欲觀之,盍齋乎?將以書示。(《上博楚簡七·武王踐阼》1-2)②

(89)〔堯〕乃問於禹曰:大害既制,小▨,▨居時何先?曰:毋忘其所不能。(《上博楚簡九·堯王天下》23)按:"居"或讀為"處"。

(90) 小臣答曰:九以成天,六以行之。▨。湯又問於小臣:夫九以成天,六以行之,何也?小臣答曰:唯彼九神,是謂九宮。六以行之,晝、夜、春、夏、

---

① 此例語譯參考胡平生:《讀里耶秦簡札記》,《胡平生簡牘文物論稿》,上海:中西書局2012年版,第124-125頁。

② 今本《大戴禮記·武王踐阼》作:"師尚父曰:在丹書。王欲聞之,則齋矣。三日,王端冕,師尚父亦端冕,奉書而入,負屏而立。"

秋、冬，各司不懈。(《清華楚簡伍·湯在啻門》19)

（91）趙簡子問於成鱄曰：齊君失政，陳氏得之，陳氏得之奚由？成鱄答曰：齊君失政，臣不得聞其所由。(《清華楚簡柒·趙簡子》5)

（92）湯有問於小臣：美德奚若？惡德奚若？(《清華楚簡伍·湯在啻門》12)

上引用例在與事賓語後或出現言說動詞"曰"，如例（88）和例（89），或省略動詞"曰"，如例（90）和例（92）。我們借鑒殷國光對傳世戰國文獻動詞"問"的賓語分析方法①，也將"問"字句中以動詞"曰"引導的疑問句看成"引文受事"，下文的"問曰"式"連謂句"將詳細討論。

二是與事不用介詞介引。與事直接進入動詞"問"的核心句法成分，充當動詞"問"的近賓語。這種句式在楚簡、秦簡中皆可見到，但使用頻次不高，尚處於萌芽期。而與事位於受事前，直接作動詞"問"的與事賓語，並且與受事賓語共現，在出土西漢簡帛中的戰國語料中才見到大量此類"問"字句，至此這類"問"字句才真正蓬勃發展起來。據殷國光考察，在《史記》《論衡》《世說新語》等早期的中古漢語書籍中，句法結構"（施事）+問+與事+引文受事"已經作為一種非常穩定的形式被大量使用。② 結合出土戰國文獻及出土西漢簡帛中的戰國古書"問"字句的真實情況來看，殷國光對這個句式的認識是可信的。例如：

（93）湯或問小臣：愛民如台？小臣答曰：遠有所亟，勞有所思。(《清華楚簡伍·湯處於湯丘》18)

下引例（94）中的發問者"陵尹與釐尹"未被省略，動詞"問"以及與事角色皆被承前省略，如果沒有上下文語境，是難以理解的。直接賓語是發問者的重要疑問信息，一般是不能省略的。例如：

（94）王入，以告安君與陵尹子高：嚮為私便，人將笑君。陵尹、釐尹皆治其言以告大宰：君聖人且良倀子，將正於君。大宰謂陵尹：君入而語僕之言於君王，君王之燥從今日已瘥。陵尹與釐尹問 [大宰]：有故乎？願聞之。大宰言：君王元君，不以其身變釐尹之常故。(《上博楚簡四·東大王泊旱》7 + 19 + 20 + 21)

（95）問家室外內同☐以中，母力毋羞也？(《睡虎地秦牘·6號木牘》Ⅰ)

（96）田忌問孫子曰：張軍毋戰有道？孫子曰：有。(《銀雀山漢簡孫臏兵法·威王問》12)

---

① 殷國光：《動詞"問"的語法功能的歷史演變》，中國語言學會《中國語言學報》編委會編：《中國語言學報》（第12期），北京：商務印書館2006年版，第153－165頁。
② 殷國光：《動詞"問"的語法功能的歷史演變》，中國語言學會《中國語言學報》編委會編：《中國語言學報》（第12期），北京：商務印書館2006年版，第153－165頁。

（97）田忌問孫子曰：吾卒少不相見，處此若何？曰：傳令趣弩舒弓。（《銀雀山漢簡孫臏兵法·陳忌問壘》1）

第三，（施事）＋問＋受事／引文受事＋與事。

這種句式，受事或引文受事緊跟在核心動詞"問"後處於近賓語的位置，與事賓語處於遠賓語的位置，這種"問"字句式在里耶秦簡及出土西漢簡帛中的戰國古書中可以見到用例，戰國楚簡見不到這種用法，總體而言，該句式尚處於萌芽期。例如：

（98）卅二年三月丁丑朔朔日，遷陵丞昌敢言之：令曰上葆繕牛車薄（簿），恒會四月朔日太守府。問之遷陵，毋當令者，敢言之。（《里耶秦簡壹》8－62）

（99）問知此魚者，具署物色，以書言。問之啟陵鄉吏、黔首、官徒，莫知。敢言之。（《里耶秦簡壹》8－769）

（100）問之尉，毋當令者。敢告之。（《里耶秦簡壹》8－67＋8－652）

第四，（施事）＋以＋（受事）＋問＋與事。

介詞賓語從原受事賓語位置前移到動詞"問"前作狀語，此時一般省略介詞的賓語，但秦簡中的受事也有不省略的情況。例如：

（101）須左司馬之往行，將以［受事］問之。（《包山楚簡·文書》130背）

（102）君王當以［受事］問大宰晉侯，彼聖人之子孫，將必鼓而涉之，此何？（《上博楚簡四·柬大王泊旱》10）

（103）莊王既成無射，以［受事］問沈尹子莖，曰：吾既果成無射，以供春秋之嘗，以待四鄰之賓客，後之人幾何保之？沈尹固辭，王固問之，沈尹子莖答曰：四與五之間乎？（《上博楚簡六·莊王既成申公臣靈王》2＋3）

例（103）記載了莊王問沈尹子莖無射樂鐘可保有到何時，子莖覺得其作為臣子不適合評論此事，因固辭不敢回答。我們認為沈尹子莖（回話者）由於明知直言或明言告知楚君會給回話者本人帶來不好的結果，因此採取的對話模式會優先考慮以是非問句作答，即將問話者提出的疑問拋回給楚莊王本人，如果答語採用感嘆句或陳述句，那麼答語本身對回話者是不利的，可能會帶來毀謗楚王之罪。

第五，（施事）＋問＋受事＋於（于）＋與事＋（引文受事）。

這種句式的受事緊靠在核心動詞"問"之後，受事後的與事用介詞"於（于）"介引，也可以省略介詞不用。這類"問"字句式的與事在楚簡、秦簡語料中一般用介詞"於（于）"，在出土西漢簡帛中的戰國古書中已不用介詞。例如：

（104）公曰：向者吾問忠臣于子思。（《郭店楚簡·魯穆公問子思》3）按，引文受事被省略。

此外，還有一種比較特殊的變式"（施事）＋問＋受事＋於（于）＋與事＋引文受事"。即不省略"引文受事"，這種"問"字句式屬於秦簡語料中的非典型用例。由於動詞"問"的受事以單句或複句的形式出現，按語用原則中的"經濟原則"來說，這種"問"字句不該再出現一個受事。但這種情況與安排信息原則的"經濟原則"相悖，此類非典型的結構還是出現了，一律見於秦簡。例如：

（105）魯久次問數于陳起曰：久次讀語、計數弗能竝徹，欲徹一物，何物為急？陳起對之曰：子為弗能竝徹。（《北大秦簡·魯久次問數於陳起》4－142）按，受事是名詞語"數"。

（106）齊威王問用兵孫子，曰：兩軍相當，兩將相望，皆堅而固，莫敢先舉，為之奈何？孫子答曰：以輕卒嘗之，賤而勇者將之，期於北，毋期於得，為之微陣以觸其側。（《銀雀山漢簡孫臏兵法·威王問》1）按，受事是動詞語"用兵"。

例（105）中的發問者用介詞"于"引進與事，而例（106）中的問話者已不用介詞引進與事賓語。這兩例的受事"數"或"用兵"，"數"屬於名詞，"用兵"是謂詞性短語，它們都指稱事物，在動詞"問"核心句法中常常充任近賓語的角色。

第六，（施事）＋問＋受事。

這種句式產生於西周時期，戰國楚簡、秦簡使用比例仍很高，但到了出土西漢簡帛中的戰國古書中，這種句式開始走向衰亡。例如：

（107）宰我問君子。子曰：予，汝能慎始與終，斯善矣，為君子乎？□汝安（焉）能也？（《上博楚簡五·弟子問》11＋24）

（108）鄭人問其故，王命答之曰。（《上博楚簡七·鄭子家喪》甲3）

（109）下，土也，而謂之地。上，氣也，而謂之天。道亦其字也，請問其名。（《郭店楚簡·太一生水》10－11）

（110）故興善人，必熟問其行，焉觀其貌，焉聽其辭。（《清華楚簡捌·治邦之道》17）

（111）有罪以貲贖及有債於公，以其令日問之，其弗能入及償，以令日居之，日居八錢。（《睡虎地秦簡·秦律十八種》133）

（112）陳忌問壘。（《銀雀山漢簡孫臏兵法·陳忌問壘》1背）

例（109）至例（111）的施事皆被省略。其中例（111）中的動詞"問"前"以其令日" 作為詢問的時點，充當動詞 "問" 的狀語。

第七，（施事）＋問＋引文受事。

在出土戰國文獻 "問" 字句的用例中，動詞 "問" 後直接採用 "引文受事" 形式，也即傳統語法學者所謂的在動詞 "問" 後只有直接引語充當直接賓語的情況。出土文獻 "問" 字句顯示，秦簡使用這種格式最頻繁，究其原因，諸如睡虎地秦簡、嶽麓秦簡以及里耶秦簡都屬於文書類簡牘，發問者在上行文書或下行文書中一般採用命題式的引文受事賓語，作為傳遞疑問信息的最佳選擇手段。通常這類 "問" 字句的主語被省略。例如：

（113）大夫甲堅鬼薪，鬼薪亡，問甲何論？當從事官府，須亡者得。（《睡虎地秦簡·法律答問》127）引文受事是單句、特指問句。

（114）甲告乙賊傷人，問乙賊殺人，非傷也，甲當購，購幾何？當購二兩。（《睡虎地秦簡·法律答問》134）引文受事是假設複句、特指問句。

（115）甲訞乙通一錢黥城旦罪，問甲同居、典、老當論不當？不當。（《睡虎地秦簡·法律答問》183）引文受事是正反問句。

（116）甲盜羊，乙知，即端告曰甲盜牛，問乙為誣人，且為告不審？當為告盜駕（加）臧（贓）。（《睡虎地秦簡·法律答問》45）引文受事是選擇問句。

（117）凡五人。有米一石，欲以食數分之，問：各得幾何？曰：斗食者得四斗四升九分升四。（《嶽麓秦簡貳·數》139）引文受事是單句、特指問句。

（118）問：芮賣，與朵別價地，且吏自別直？（《嶽麓秦簡叁·芮盜賣公列地案》63）引文受事是複句。

例（118）引文受事 "芮賣，與朵別價地，且吏自別直" 是一個真性選擇問句，從句型角度而言，引文受事屬於複句。

（119）卅三年四月辛丑，☐具徒為陝尉，今為☐問何［縣］管，計［年為報］。（《里耶秦簡貳》9–2031）引文受事是單句。

（120）田廣八分步三，縱十二分步七，問田幾何？曰：九十六分步之廿一。（《北大秦簡·田書》4–212）引文受事是單句、特指問句。

楚簡中的 "問" 字句引文受事與傳世戰國古書見到的詢問類動詞 "問、曰" 後只用直接引語方式是一致的。例如：

（121）狗老問：三去其二，豈若已？彭祖曰：吁！汝孳孳數問，余告汝人倫。（《上博楚簡三·彭祖》2）

（122）莊公又問：為和於陳如何？（《上博楚簡四·曹沫之陳》23 下）引文受事是單句、特指問句。

（123）問：天孰高與？地孰遠與？孰為天？（《上博楚簡七·凡物流形》甲11）引文受事是特指問句。

第八，（施事）＋問＋（介詞）＋與事。

一是與事前不用介詞。這種不借助介詞引進的與事，直接進入核心動詞"問"的賓語位置的用例，在戰國時代還處於萌芽期，但在戰國早期楚簡至秦代的秦簡都有用例。例如：

（124）☐者已到矣。多問工昫、孟嫗、鈞、擇、夏須。（《里耶秦簡貳》9-768）

（125）布問使☐。（《里耶秦簡貳》9-2074）

二是與事前使用介詞"於（于）"。這種句式目前僅見於上博、清華兩種楚簡。例如：

（126）殷高宗問於三壽。（《清華楚簡伍·殷高宗問於三壽》28）

（127）唯多兵、無兵者是察，問于左右。（《清華楚簡柒·越公其事》52）

第九，（施事）＋問。

"施事＋問"這種句式是由動詞"問"帶受事賓語的格式省略而來的。在通常情況下，動詞"問"的施事可蒙前文省略。例如：

（128）九月丙辰，隸臣哀詣隸臣喜，告盜殺人。問，喜辭如告。（《嶽麓秦簡叁·識、妸刑殺人等案》141）

（129）☐一曰下五旅多一旅少五札定當坐者訾☐☐。問，庫武佐當坐，武上造居旬陽☐。（《里耶秦簡貳》9-1887A）

2. 多中心謂語句

多中心謂語句包括三種形態：連謂句、兼語句、並列句。其中以連謂句最為常見，兼語句、並列句都可見到用例，但不常見。

第一，連謂句。

一般而言，由連動短語充當謂語的句子，稱為連謂句。出土戰國文獻及出土西漢簡帛中的戰國古書中，核心謂語動詞"問"所在的連謂句一般分為兩類：

一是動詞"問"與其他動詞使用連詞構成謂語連動的短語。例如：

（130）〔莊公〕還年而問於曹沫曰：吾欲與齊戰，問陳奚如？（《上博楚簡四·曹沫之陳》12）

李零認為例中 "還年" 義為 "又過了一年"，類似古書常說的 "期年"。廖名春疑 "還年" 即 "來年"，也就是下一年、次年，即魯莊公七年。單育辰認為二者對 "還年" 意義的理解其實並無區別。①

(131) 武王齋七日，太〔公〕望奉丹書以朝，太公南面，<u>武王北面而復問</u>。(《上博楚簡七·武王踐阼》12) 連詞：而。

(132) 秦公乃召<u>子犯而問</u>焉，曰：子若公子之良庶子，胡晉邦有禍，公子不能止焉? (《清華楚簡柒·子犯子餘》1) 連詞：而。

(133) 書廿八年六月乙未到，丙申起，留一日，<u>具問而留</u>。(《里耶秦簡貳》9－748) 連詞：而。

二是動詞 "問" 與其他動詞不用連詞直接構成聯動短語，這種情況比較少見。例如：

(134) 如此者，焉與之處而<u>察問</u>其所學。(《上博楚簡六·孔子見季桓子》16)

(135) 莊公又<u>問</u>曰：<u>吾有所聞之：一出言三軍皆勸，一出言三軍皆往，有之乎?</u> 答曰：有。(《上博楚簡四·曹沫之陳》59)

(136) 將軍忌子召孫子<u>問</u>曰：<u>吾攻平陵不得而亡齊城、高唐，當術而蹶。事將何為?</u> 孫子曰：請遣輕車西馳梁郊，以怒其氣。(《銀雀山漢簡孫臏兵法·擒龐涓》10)

上引例 (135) 和例 (136) 詢問動詞 "問" 與言說動詞 "曰" 共同構成複雜謂語句，動詞 "問" 的語義角色之一 "所問之事" 由動詞 "曰" 引導，那麼動詞 "曰" 及 "曰" 的賓語應該如何分析? 本文採用殷國光的意見，將動詞 "曰" 及 "曰" 後 "所問之事" 看成受事的一種複雜形式，本文稱之為 "引文受事"，因為這種受事一般由直接引語構成，也可以是間接引語。這類引語在語用上非常靈活自由，可以是單句，也可以是複句，而最常見的引文受事以複句形式存在。②

(137) 二月辛巳，黑夫、驚敢再拜<u>問</u>中、母：毋羔也? 黑夫、驚毋羔也。(《睡虎地秦牘·11 號木牘》Ⅰ)

第二，兼語句。

一般而言，由兼語短語充當謂語核心的句子稱為兼語句。兼語謂語句一般認為是謂詞

---

① 單育辰：《〈曹沫之陳〉文本集釋及相關問題研究》，吉林大學碩士學位論文，2007 年，第 41－42 頁。
② 殷國光：《動詞 "問" 的語法功能的歷史演變》，中國語言學會《中國語言學報》編委會編：《中國語言學報》(第 12 期)，北京：商務印書館 2006 年版，第 156 頁。

性謂語句的一種句型。兼語句是指由兼語短語充當謂語構成的主謂句。大主語的謂語動詞表"使令"義，如"命""令""遣"等。這類兼語謂語句是典型的兼語句，在戰國楚簡較為多見，秦簡有一例。例如：

（138）鄬宔大夫<u>命少宰尹鄥訾察問</u>大梁之截舊之客苛坦。苛坦言謂：……（《包山楚簡·文書》157）

（139）魯司寇寄言游於逡楚，曰：除乎！司寇將見我。門人既除，而司寇不至，言游去。司寇<u>遣人問</u>之將焉往？言游曰：食而弗與為禮，是獸工畜之也。（《上博楚簡八·子道餓》4+5+3）

（140）〔屈〕木為成於宋，王<u>命屈木問</u>：范武子之行焉？文子答曰：……（《上博楚簡六·競公瘧》3）

第三，並列句。

並列句也屬於複句中的一種類型。在傳世戰國文獻中，"而"是並列句式的常見連詞，例如：

（141）彼陷溺其民，王往<u>而</u>征之，夫誰與王敵？（《孟子·梁惠王上》）

在出土戰國文獻中，並列句式動詞"問"前也常常使用連詞"而"。目前這種用例僅見於楚簡語料。例如：

（142）孔子退，告子貢曰：吾見於君，<u>不問有邦之道</u>，<u>而問相邦之道</u>，不亦惄乎？（《上博楚簡四·相邦之道》4）

3. 動詞"問"的名詞化

動詞"問"的名詞化主要指動詞"問"與"所""之"構成的"所"字結構與"之"字結構短語，我們把它看成名詞化的短語。秦簡與漢簡中有零星幾處。例如：

（143）□潛謂同：同和不首一事者，而意無坐也？同曰：無坐也，不知<u>所問</u>。（《嶽麓秦簡叁·同、顯盜殺人案》145）

（144）威王曰：我強敵弱，我眾敵寡，用之奈何？孫子再拜曰：<u>明王之問</u>。夫眾且強，猶問用之，則安國之道也。（《銀雀山漢簡孫臏兵法·威王問》3）

（145）孫子出而弟子問曰：威王、田忌，<u>臣主之問</u>何如？孫子曰：威王問九，田忌問七，幾知兵矣，而未達於道也。（《銀雀山漢簡孫臏兵法·威王問》27）

例（143）是動詞 "問" 與 "所" 构成 "所" 字短语，將動詞 "問" 名詞化。例（144）和例（145）中的 "明王" "臣主" 分別修飾 "問"，並且以結構助詞 "之" 為定中標記，與例（143）不同的是，例（144）和例（145）中 "問" 所在的整個短語被名詞化。

四、出土戰國文獻 "問" 字句與疑問句的關係

出土戰國文獻及出土西漢簡帛中的戰國古書中，"問" 字句的賓語與疑問句的關係主要表現為動詞 "問" 的兩類受事賓語與疑問句的關係。本節首先嘗試回答 "問" 字句的不同類型賓語與疑問句的關係。其次，回答動詞 "問" 的受事賓語標點符號的使用問題。最後，嘗試為古籍整理標點問題提供語法學的理論建議。結合目前掌握的出土語料來看，關於 "問" 字句中的受事情況可以分為兩類：

第一，動詞 "問" 賓語是體詞性或謂詞性的受事（不含直接引語或間接引語），這類 "問" 字句須滿足的句法格式為 "施事（可省）+ 問 + 受事 + 介詞（可省）+ 與事（可省）—引文受事①"（下文稱 "E 式"）。

第二，動詞 "問" 賓語是直接引語或間接引語的受事（也稱 "引文受事"），這類 "問" 字句須滿足的句法格式為 "施事（可省）+ 問 + 受事（可省）+ 介詞（可省）+ 與事（可省）+ 引文受事"（下文稱 "G 式"）。上述兩類是我們釐清 "問" 字句與疑問句的關鍵。

關於賓語的分類與理解，傳統的語法專著都已論及，賓語是用來表示客體事物的。客體事物的範圍較大，不僅涵蓋了物體本身的性質狀態、空間與時間二維狀態，還涵蓋了核心謂語動詞所關聯的行為活動或對外界事物的性質狀態。從這個角度看，賓語可以分為 "體詞性賓語" 和 "謂詞性賓語"，關於體詞性賓語，以及謂詞性賓語與動詞關係的問題，楊成凱、陳昌來、殷國光等都有專門研究。②

（一）受事賓語與疑問句的關係

在出土戰國文獻及西漢簡帛戰國古書的 "施事 + 問 + 與事" 句式中，與事成分由於常涉及的詢問對象一般屬於體詞性賓語，而當 "施事 + 問 + 受事" 句式中的受事成分由體詞性或謂詞性的詞語或短語充任時，這種受事賓語不帶有直接引語形式出現在句法層面。據統計，這類受事成分及與事成分在出土戰國文獻中有 149 例，佔 "問" 字句總數的41.5%。由於 "施事 + 問 + 與事 + 受事" "施事 + 問 + 受事" "施事 + 問 + 受事 + 介詞 + 與事" 等式的受事都表指稱事物③，這類受事既不含疑問語氣詞，也不含由疑問語調、疑問代詞等疑問手段構成的疑問句。因此，當 "E 式" 中的受事成分屬於陳述語氣，且動詞 "問" 帶體詞性或謂詞性的受事，也沒有出現直接引語時，我們認為這類 E 式 "問" 字句與疑問句沒有任何關聯。

---

① "+" 表示必有的句法成分，"－" 表示必無的句法成分。

② 楊成凱：《廣義謂詞性賓語的類型研究》，《中國語文》1992 年第 1 期，第 26－36 頁；陳昌來：《現代漢語動詞的句法語義屬性研究》，上海：學林出版社 2002 年版，第 137－140 頁；殷國光：《〈莊子〉動詞配價研究》，北京：商務印書館 2009 年版，第 472－473 頁。

③ 在傳統語言形態學的範疇中，我們一般認為名詞指稱事物、動詞指稱動作。

　　帶着這個認識，可發現下述用例句末的標點都應該標為句號，而不能標問號。例如：

　　（146）顏淵曰：君子之內教也，回既聞矣已。敢問<u>致名</u>。孔子曰：德成則名至矣，名至必倬任……（《上博楚簡八·顏淵問於孔子》9－10）

　　（147）狗老曰：眊眊余朕孿，未則於天，敢問<u>為人</u>。彭祖曰：……言：天地與人，若經與緯，若表與裏。（《上博楚簡三·彭祖》3）

　　（148）成王曰：請問<u>天子之正道</u>。周公曰：……天子之正道，弗朝而自至，弗審而自周，弗會而自團。（《上博楚簡八·成王既邦》6－7）

　　（149）公曰：敢問<u>民事</u>。孔子［曰：農夫勸于耕，以］實官倉，百工勸於事，以實府庫。（《上博楚簡四·相邦之道》2）

　　（150）成王曰：請問<u>其方</u>。周公曰□。（《上博簡八·成王既邦》10－11）

　　這類 E 式“問”字句，在出土戰國文獻及出土西漢簡帛中的戰國古書中佔總數的41.5％。例（146）至例（150）的語義格式屬於“施事（可省）＋問＋受事”。動詞“問”的受事不論是名詞性還是謂詞性短語，都沒有疑問的語氣或語調，這些句子在句類上是陳述句。許多學者將 E 式“問”字句理解為疑問句。一個重要的原因是 E 式“問”字句在語義層面上被包含在動詞“曰”的賓語內部，發問者即動詞“曰”的施事，所以許多學者將動詞“曰”理解為“發問、請教”意義。其實動詞“曰”的受事成分在形式上是不具備疑問句條件的，應該看成陳述語氣，雖然動詞“曰”的受事所陳述的內容都包含了問話人的疑問信息。例（146）至例（150）中的疑問信息分別是“致名”“為人”“天子正道”“民事”“其方”等。這類句子是典型的“有疑而不問”的陳述句，而非疑問句。因此，在標點 E 式“問”字句時，受事賓語末尾都應該標句號，不應該標問號。

（二）引文受事賓語與疑問句的關係

　　在出土戰國文獻及出土西漢簡帛中的戰國古書中，當動詞“問”的受事是直接引語時，也就是傳統學人指出的在動詞“問”的直接賓語是直接引語的情況下，包含了命題式的引文受事，即屬於 G 式“問”字句。G 式“問”字句在交際上通常作為傳遞疑問信息的最佳手段。在出土戰國文獻及出土西漢簡帛中的戰國古書中，G 式“問”字句在數量上比 E 式“問”字句要多一倍左右。即問話者在獲取未知信息，即採用“問”字句與詢問對象言語交際時，G 式“問”字句與 E 式“問”字句的數量比是 2∶1。

　　下面從句法的層面給 G 式“問”字句中的引文受事進行下位歸類。對引文受事的再分類標準，我們參考常見疑問句的格式，有學者詳細考察了單謂語中心的“問”字句與連謂語句的“問”字句，主要是“施事＋問＋（受事）＋曰＋引文受事”式句中“曰”的脫落等問題，由於這對我們考察發現這兩類句式的理論借鑒價值不大，因此未深入論述。在動詞“問”的引文受事賓語中，我們按引文受事賓語是否使用了疑問手段或疑問語調將其分為以下幾種：

1. 引文受事賓語屬於單句

在出土戰國文獻及出土西漢簡帛中的戰國古書中，引文受事賓語屬於單句的用例數量不如複句的用例數量。引文受事賓語包括真性詢問句、中性測問句及陳述句。在這種受事賓語中沒有發現反問句。具體分類如下：

第一，直接引語用真性詢問單句。

（151）莊公又問曰：善攻者奚如？（《上博楚簡四·曹沫之陳》55）按，直接引語含有特指問句。

（152）桓公又問於管仲曰：仲父，起事之本奚從？管仲答曰：從人。（《清華楚簡陸·管仲》2）按，直接引語含有特指問句。

（153）甲盜不盈一錢，行乙室，乙弗覺，問乙論何也？毋論。其見知之而弗捕，當貲一盾。（《睡虎地秦簡·法律答問》10）按，直接引語含有特指問句。

（154）景公問於晏子曰：明王之教民何若？晏子答曰：明其教令，先之以行。（《銀雀山漢簡晏子》9）按，直接引語含有特指問句。

（155）莊公又問曰：三軍散裏有忌乎？答曰：有。（《上博楚簡四·曹沫之陳》42）按，直接引語含有非問句。

（156）顏淵問于孔子曰：敢問君子之入事也有道乎？孔子曰：有。（《上博楚簡八·顏淵問於孔子》1+2）按，直接引語含有是非問句。

（157）甲告乙盜值百一十，問乙盜卅，甲誣加乙五十，其卅不審，問甲當論不當？廷行事貲二甲。（《睡虎地秦簡·法律答問》42）按，直接引語含有是正反問句。

第二，直接引語用中性測問單句。

（158）連多問商、柏：得毋恙［也］？☐連敢謁之。柏連言☐。（《里耶秦簡貳》9-1899A）按，直接引語含有測問句。

第三，直接引語用陳述單句。

（159）問遷陵所請不遣者廿人錄。（《里耶秦簡壹》8-2217）
（160）司空不明計，問何縣管、計付署、計年為報。（《里博秦簡》9-11A）
（161）☐道衛有端不端。問何［縣管，計年為報］。（《里耶秦簡貳》9-2110）

例（159）中的動詞 "問" 受事賓語是直接引語，屬於陳述句。例（160）和例（161）中的動詞 "問" 受事賓語是直接引語，雖含有疑問代詞，但不表疑問，而是表虛指，也屬於陳述句。

2. 引文受事賓語屬於複句

在出土戰國文獻及西漢簡帛戰國古書中，複句形式的引文受事賓語使用數量大，並且形式繁多，尤其是古書類的楚簡、西漢簡帛戰國語料，複句中的單句語氣類型具有多樣性，出現了很多不同樣式的疑問句疊加使用的情況。這類複句的引文受事賓語包括：包含真性詢問複句、反問複句、測問複句以及陳述語氣複句的引文受事。分類如下：

第一，直接引語用真性詢問複句。

（162）桓公又問於管仲曰：仲父，亦微是，其次君孰彰也？（《清華楚簡陸·管仲》20）按，直接引語含有特指問句。

（163）將軍忌子召孫子問曰：吾攻平陵不得而亡齊城、高唐，當術而蹶。事將何為？孫子曰：請遣輕車西馳梁郊，以怒其氣。（《銀雀山漢簡孫臏兵法·擒龐涓》10）按，直接引語含有特指問句。

（164）武王問于師尚父，曰：不知黃帝、顓頊、堯、舜之道在乎？抑豈喪不可得而睹乎？師尚父曰：……於丹書，王如欲觀之，盍齋乎？將以書示。（《上博楚簡七·武王踐阼》1-2）按，直接引語含有選擇問句。

（165）高子問晏［曰：子事靈公、莊公、景公，皆敬子，三君之］心壹與？夫子之心三與？晏子曰：善哉！問事君。（《銀雀山漢簡晏子》14）按，直接引語含有疑問語氣詞，沒有使用選擇連詞、選擇問句。

（166）武王問於太公望曰：亦有不盈於十言，而百世不失之道，有之乎？太公望答曰：有。（《上博楚簡七·武王踐阼》11）按，直接引語含有疑問語氣詞、是非問句。

第二，直接引語用反問複句。

（167）寒叔答曰：☐亦備在公子之心已，奚勞問焉？（《清華楚簡柒·子犯子餘》15）按，直接引語含有特指反問句。

第三，直接引語用測問複句。

（168）少公乃召子餘而問焉，曰：子若公子之良庶子，晉邦有禍，公☐☐☐止焉，而走去之，毋乃無良左右也乎？（《清華楚簡柒·子犯子餘》3）按，直接引語含有測問句。

第四，直接引語用陳述語氣複句。

動詞"問"的直接引語受事使用陳述語氣，目前還未在出土戰國文獻中見到典型用例。

例如:

(169) 視癸私書, 曰: 五大夫馮毋擇敢多問胡陽丞主, 聞南陽地利田, 令為<u>公產</u>。(《嶽麓秦簡叁·學為偽書案》215-216)

上引例 (169), 整理者理解為陳述句, 我們將其列為直接引語用陳述語氣複句的疑似用例。其實例 (169) 中在 "聞南陽地利田, 令為公產" 句後標問號, 理解為是非問複句也未嘗不可。

3. 引文受事賓語屬於句群

目前可見含直接引語受事, 包含了多層疑問句的句群。這種 "問" 字句的引文受事能自由擴展表達問話者複雜的疑問信息與思想內容, 在楚簡、西漢簡帛戰國古書中皆可以見到不少典型用例。例如:

(170) 公乃問於蹇叔曰: <u>叔, 昔之舊聖哲人之敷政命刑罰, 事眾若事一人, 不穀余敢聞其道奚如? 猷叔是聞遺老之言, 必當語我哉。寧孤是勿能用? 譬若從雄然, 吾當觀其風</u>。蹇叔答曰: 凡君之所問莫可聞。(《清華楚簡柒·子犯子餘》9-10) 按, 直接引語含有特指反問句、是非反問句

(171) 秦公乃召子犯而問焉, 曰: <u>子若公子之良庶子, 胡晉邦有禍, 公子不能止焉? 而走去之, 毋乃猷心是不足也乎?</u> 子犯答曰: 誠如主君之言。(《清華楚簡柒·子犯子餘》1) 按, 直接引語含有反詰問句、測問句。

(172) 田忌問孫子曰: <u>患兵者何也? 困敵者何也? 壁延不得者何也? 失天者何也? 失地者何也? 失人者何也? 請問此六者有道乎?</u> 孫子曰: 有。(《銀雀山漢簡孫臏兵法·威王問》12-13) 按, 直接引語前六個單句是特指問句, 最後一問是是非問句。

(173) 蓋盧問申胥曰: <u>凡有天下, 何毀何舉, 何上何下? 治民之道, 何慎何守? 使民之方, 何短何長? 循天之則, 何去何服? 行地之德, 何致何極? 用兵之[謀, 何] 極何服?</u> 申胥曰: 凡有天下, 無道則毀, 有道則舉。(《張家山漢簡·蓋盧》1-2) 按, 直接引語前十三個單句都是特指問句。

例 (171) 是一個轉折疑問句句群。我們認為秦公問的第一個疑問句, 屬於 "假設句 + 轉折句", 具體格式為 "若 A, 胡 B 焉", 語譯: "如果 A, 為甚麼有 B 呢?" 其中句中 "胡" 多用於反面論證, 即反問句, 問話者使假設分句 "若 A" 的根據令人懷疑。秦公問的第一個問句的後半句 "胡晉邦有禍, 公子不能止焉", 呂叔湘指出: 否定 "可" 字, 文言用 "不可", 白話卻仍用 "不能"。在疑問句中, 真正詢問用 "可以", 反詰句用 "能"。①

---

① 呂叔湘:《中國文法要略》, 北京: 商務印書館 1982 年版, 第 247-248 頁。

並舉“為甚麼平常我們不能講”，用“不能”表否定，即意在否定。可見將秦公問的第一個問句看成特指反問句是沒問題的。

（三）受事賓語與疑問句的關係及標點問題

上述單句、複句的引文受事，如果使用了疑問手段或疑問語調，那麼它們皆應被納入疑問句的範疇。從疑問程度的角度來分析，疑問程度最高的是真性詢問句，常用特指疑問詞“問”，特指疑問詞一般用“何”。疑問程度最低的是反詰問句，屬於無疑而問，在語義上屬於否定語義，在語用上是為了強化問話者本人的觀點或主張。疑問程度居中的是中性測問句，疑問程度居於半信半疑之間，它是問話者對某種客觀現實情況作出的判斷或對某種行為事件作出某種情感上的估量，但還不能完全肯定，故通常用“毋乃……乎”來表示測度，要求聽話人予以證實。G 式“問”字句引文受事由於包含了單一的或多層的疑問手段①，使受事成分具備了疑問語氣或疑問語調，因此這類 G 式“問”字句在語氣類型上基本屬於疑問語氣，只是疑問程度高低不同而已。現代漢語語法學界對包含反問語氣的受事標點的看法很不統一。有人認為，反問句屬於修辭的範疇，屬於無疑而問，不要求對方回答，因此採用疑問句標點方式，常標問號。當遇到語氣強烈時，也可以使用嘆號，強調感嘆的語氣。此外，還有人主張採用問號和嘆號並用的形式。為了區分疑問語氣、陳述語氣、感嘆語氣，尤其是出土文獻語料，我們認為應該將反問句標成問號。反問句中不可避免地帶有較強烈的感嘆的語氣，我們通過疑問語氣詞、疑問副詞等疑問標記信息，一般能讀懂這些句子的意思。

所以我們主張：對於 G 式“問”字句中的引文受事，當引文受事賓語包含了疑問語氣或疑問語調時，應該統一在受事成分末尾標問號。②

當引文受事賓語只含陳述語氣時，它與前述的 E 式“問”字句語氣類型是一致的，都應該標句號。表陳述的句子即便有疑問代詞，也不表疑問，此時的疑問代詞具有虛指的功能。例如，在傳世戰國文獻中有一處典型用例：

（174）南宮适問於孔子曰：羿善射，奡盪舟，俱不得其死然。禹、稷躬稼而有天下。夫子不答。（《論語·憲問》）

其中動詞“問”的引文受事成分是陳述語氣的複句，南宮适的問話內容“羿善射，奡盪舟，俱不得其死然。禹、稷躬稼而有天下”，句子語氣肯定是陳述的。這個話裏頭是未包含疑問信息，還是暗含了疑問信息？如果它屬於不用疑問形式的詢問，即有疑而不問，那麼它詢問的內容是甚麼？說話者想提出甚麼問題？唐啟運認為，需要了解這些信息，只能

---

① 最多層的問句，我們在漢簡《張家山漢墓竹簡·蓋廬》中見到了共計有 13 個單句都是特指問句的遞進式疑問句類複句，其疑問信息量之大前所未有。例句參見前引文。

② 一般語法學者認為：每個句子都有統貫全句的語氣。書面表達中分別用句號、問號、嘆號來表示陳述語氣、疑問語氣、感嘆語氣。祈使語氣則根據語氣強弱分別用嘆號或句號表示。參考張斌主編：《現代漢語描寫語法》，北京：商務印書館 2010 年版，第 1115－1116 頁。

通過上下文語境去理解。① 這個問題沒有明確用疑問句提問，卻也委婉含蓄地傳遞了問話者的疑問信息，達到了交際雙方委婉含蓄的溝通效果。此外，我們也可以把例（174）看成沒有疑問形式的陳述句。因為整個句子既沒有疑問語氣又不具備疑問語調，這類句子在語氣類型上屬於陳述。

所以這種特殊的複句形式，其引文受事是不含疑問句的，我們認為在這類受事成分的末尾也不能標問號。基於以上的分析，我們再回顧王力對傳世戰國文獻的 G 式"問"字句引文受事句末標點的處理原則，下面選錄其《漢語語法史》常見的兩種處理方式，以作分析②：

第一，在引文受事句末直接標句號。例如：

（175）孟武伯問子路仁乎。（《論語·公冶長》）

（176）陳司敗問昭公知禮乎。（《論語·述而》）

（177）季康子問弟子孰為好學。（《論語·先進》）

（178）子貢問師與商也孰賢。（《論語·先進》）

（179）老聃曰："敢問何謂仁義。"（《莊子·天道》）

（180）子列子問關尹曰："至人潛行不窒，蹈火不熱，行乎萬物之上而不慄，請問何以至於此。"（《莊子·達生》）

（181）寡人問舜冠於子，何以不言也。（《荀子·哀公》）按，受事是"舜冠"，"子"是與事。引文受事是"何以不言也"。

第二，在引文受事句末直接標問號。③ 例如：

（182）子張問："十世可知也？"（《論語·為政》）

（183）季子然問："仲由、冉求可謂大臣與？"（《論語·先進》）

（184）敢問治身奈何而可以長久？（《莊子·在宥》）

（185）問桓公曰："敢問公之所讀者何言耶？"（《莊子·天道》）

（186）顏淵問仲尼曰："……敢問何謂也？"（《莊子·達生》）

（187）齊景公問晏子曰："孔子為人何如？"晏子不對。（《墨子·非儒下》）

從以上轉引的例句可知王力對"問"字句的引文受事賓語句末標點的兩種處理方式自相矛盾，其中第二種標點是正確的，而第一種標點則明顯有誤。在處理含直接引語的 G 式"問"字句時，目前許多研究出土文獻的學者仍襲王力的第一種標點方式進行整理。如果我

---

① 唐啟運：《論〈論語〉的"問"字句》，《華南師範大學學報》（社會科學版）1987 年第 1 期，第 80 頁。
② 下引例（30）至例（42）的標點摘自王力：《漢語語法史》，北京：中華書局 2014 年版，第 129－139 頁。
③ 王力此書在動詞"問"字後加或不加冒號。王力：《漢語語法史》，北京：中華書局 2014 年版，第 129－139 頁。

們不加以釐清、糾正這種錯誤認識，就會影響讀懂古書的程度，甚至會誤解古人說話的語氣及表達的思想。故考察出土文獻語言中對話體的語氣類型，深入認識"問"字句語義結構與句法層級，尤其是揣摩古人在使用疑問語氣的表達方面，準確的句讀更有助於理解古人的言語交際意圖與思想。

五、結語

通過運用計量統計的方法，分析出土戰國文獻及出土西漢簡帛中的戰國古書"問"字句的語義結構與重要句法結構，可知動詞"問"屬於傳統語法學意義上的雙賓動詞。① 在語義上，動詞"問"的動作方向很有意思，問話者也即動詞"問"的施事主語，將疑問信息（疑問點）傳遞給與事（通常是答話人），從發問者發出信息的方向來看，功能類似"給予"類動詞；動詞"問"的施事，最終目的卻是要獲得新信息（答話人提供的未知信息）。從回話者答復問話人的層面來看，又與"取得"類動詞類似，但是又跟"給予"或"取得"類動詞有區別。這個重要的差異是由動詞"問"本身的語義性質特徵所決定的。動詞"問"的與事必須是指人的詞語或人稱代詞。出土文獻"問"字句的辭例顯示，受事往往是抽象的名詞或名詞性短語，它作為"問"字句的受事賓語，不管是由名詞及其名詞性詞組充當，還是由動詞以及動詞性詞組充當，都是指稱事物的。而引文受事通常為一個命題，相對於受事而言，行文時使用引文受事的頻率要更高，這表現出在戰國時期，問話者詢問對方以獲取對方較多的未知信息時，在動詞"問"的受事賓語中較傾向於使用一個命題作為疑問信息而傳遞給與事，而且在引文受事中若使用了疑問詞或其他疑問手段，那麼通常可起到強化疑問點的作用，目的是達到"得體"這一最佳的交際效果。

參考文獻

[1] 陳昌來：《現代漢語動詞的句法語義屬性研究》，上海：學林出版社 2002 年版。

[2] 呂叔湘：《中國文法要略》，北京：商務印書館 1982 年版。

[3] 王力：《漢語語法史》，北京：中華書局 2014 年版。

[4] 殷國光：《動詞"問"的語法功能的歷史演變》，中國語言學會《中國語言學報》編委會編：《中國語言學報》（第 12 期），北京：商務印書館 2006 年版。

[5] 張斌主編：《現代漢語描寫語法》，北京：商務印書館 2010 年版。

[6] 張玉金：《出土戰國文獻動詞研究》，廣州：暨南大學出版社 2018 年版。

---

① 從語義上看，直接賓語以受事居多，間接賓語以與事居多。

A Study on the Evolution of the Character "*Wen*" (問) in Unearthed Documents

Peng Weiming

Abstract：This paper uses the valence grammar theory to study the evolution of the object semantics and syntactic format of the verb "*wen*" (問) in the unearthed Warring States documents. Firstly, the semantic structure and syntactic format of the "*wen*" (問) sentence in Chinese before the Warring States Period are sorted out. Secondly, it analyzes the three arguments and the semantic roles and situations of the appearance of the word "*wen*" (問) in the unearthed Warring States documents and ancient books on bamboo and silk in the Western Han Dynasty, and fully describes the object semantic category of the verb "*wen*" (問), summarizes the sentence pattern type of the verb "*wen*" (問) in detail, and sorts out the development track of the verb "*wen*" (問) evolving from the bivalent bidirectional verb in the Western Zhou to the trivalent bidirectional verb in the Warring States Period. Finally, it briefly discusses the question of the use of punctuation marks for the object of the verb "*wen*" (問) and the relationship between the object of the "*wen*" (問) sentence and the interrogative sentence.

Key words：unearthed documents, "*wen*" (問) sentence, semantics, syntax

（廣東技術師範大學文學與傳媒學院）

戰國金文中介詞"以"的初步研究*

孫志豪

提　要　本文對戰國金文中的介詞"以"進行全面考察，包括統計方法、語義功能、賓語類型、賓語省略類型、介賓短語作補語情況，在戰國出土文獻和傳世戰國文獻的比較下，分析金文中介詞"以"反映出的共性與個性特點。

關鍵詞　戰國金文　介詞　以　語法特點

對於上古漢語的介詞"以"，以往多有學者論及。郭錫良（1998）主要討論"以"字從動詞虛化為介詞、連詞，引用的金文文獻僅為《商周青銅器銘文選》，春秋戰國選取的語料來自傳世文獻。羅端（2009）從甲骨文、金文看"以"字的語法化過程，也主要討論"以"字從動詞到介詞、連詞的語法化演變，重在演繹推理，認為介詞詞組的位置是由介詞詞組的語義地位決定的。麥梅翹（1983）、潘玉坤（2000）、何樂士（2004）討論"以"的前置賓語問題，麥文、何文以《左傳》中的"以"為研究對象，潘文也依據傳世文獻進行討論。武振玉（2005）在討論兩周金文介詞時，講了介詞"以"的不同用法，採用統計數據進行論證。

對於出土戰國文獻中的介詞"以"，張玉金（2011）的斷代研究最為系統全面，張先生對戰國各種出土文獻進行窮盡性統計，分門別類，揭示規律。

本文借鑒張先生的理論框架，着眼於介詞的語義分類，根據陳昌來（2002）介詞介引的詞語在語義上是主事、客事、與事、憑事、境事、因事、關事、比事等語義成分進行分類、逐個分析和窮盡性統計，以期了解戰國金文中的介詞"以"的語法特點。

之所以繼續對其中戰國金文的介詞"以"進行討論，是因為張先生依據的金文資料是《殷周金文集成》和《新收殷周青銅器銘文暨器影彙編》中的金文材料。我們所依據的金文範圍有所擴大，金文出處有中國社會科學院考古研究所編《殷周金文集成》（修訂增補本，以下簡稱《集成》），劉雨、盧岩編著《近出殷周金文集錄》，劉雨、嚴志斌編著《近出殷周金文集錄二編》，張亞初編著《殷周金文集成引得》，彭裕商《戰國青銅器年代綜合研究》，吳鎮烽編著《商周青銅器銘文暨圖像集成》（以下簡稱《銘圖》），銘文來自上列文獻收錄的共計 2 127 件青銅器皿的銘文。銅器銘文的增加，自然帶來統計數據的差異。另外，通過縮小研究範圍，對戰國金文進行窮盡性統計分析，便於在整個戰國出土文獻、傳世文獻的背景下體會金文的介詞"以"的特點。

---

*　本文是廣東省中小學教師發展中心 2022 年度中小學幼兒園教師教育發展專項課題 "幼兒園教師中優秀傳統文化項目教學語言研究"（項目編號：22GDJSJYYB04）、2022 年粵職繼續教育與職業培訓委立項教改項目 "基於幼師培訓的傳統文化項目教學研究"（項目編號：2022YJZW040）的研究成果。

一、戰國金文中介詞 "以" 的統計排除

（一）殘缺句和疑難句的處理

在統計過程中，遇到句子殘缺和意思不清的銘文 4 例，現列於此，逐例說明我們的處理方式。

（1）楚王酓（熊）璋乍（作）輆戈，吕（以）。（《銘圖》第 33 卷第 333 頁）

吳鎮烽備注 "此劍銘文系節錄戈銘，或以為偽作"。從吳氏收錄此銘文來看，至少他是信其真的。我們從吳氏信其真。

楚王酓璋戈（楚王熊璋戈）在《集成》中釋作："楚王酓璋嚴犹南戉用☐，乍輆戈台卲瞖文武之☐。"

《銘圖》釋作："楚王酓（熊）璋嚴（嚴）龏（恭）寅，乍（作）帕輆戈，台（以）卲（昭）瞖（揚）文武之戉（茂）用（庸）。"

楚王酓璋劍與楚王酓璋劍戈體例相似，對照可據補劍之殘缺銘文，即台（以）卲（昭）瞖（揚）文武之☐。李家浩先生認為楚王酓璋是楚威王熊商。戈銘的意思是楚威王熊商佔有了南越後，將作戰車用的戈用來宣揚文德武功。以，可以確定為介詞，作工具介詞，省略介詞賓語之，指代劍。

（2）未吕（以）金，自用命。（《集成》11610、《銘圖》第 33 卷第 199 頁）

《集成》釋作："未吕（貽）金，自用命。"
《銘圖》釋作："未吕（以）金，自用命。"

戰國金文中，"以" 已經沒有作動詞的用例，完全虛化了。可能《集成》編者覺得 "未" 否定副詞後面沒有否定的謂語，於是覺得 "吕" 字通 "貽"，表贈送。整句的意思是，（別人）沒有贈送青銅，就用自己的原料做了一把劍給自己用。這樣，這個 "以" 就不是介詞了，應該剔除。吳鎮烽仍認為是 "以" 字，可以理解為謂語動詞的省略，比如 "來"。"以" 仍是介詞，"以＋金" 為介賓短語，（別人）沒有帶着青銅來，就用自己的原料做了一把劍給自己用。從句意來看，吳說沒有《集成》理解的妥貼。我們按《集成》的釋文，不把這個 "以" 當作介詞看。

（3）永台（以）馬母☐☐司乘，安毋聿（肆）載（屠）。（《集成》10583、《銘圖》第 11 卷第 70 頁）

該句來自《燕侯載簋（郾侯𢎶簋、燕侯𢎶器）》，此器銘文是戰國時代燕國最重要的青銅器銘文之一，由於器形亡佚，僅剩摹本，且文字殘泐不清，難以通讀，爭議頗大。

釋文為："郾（燕）侯𢎶（羞載）思（夙）夜忿（淑）人，哉教丩（糾）〔俗〕，祗敬禱祀，休台馬醬皇母，□□庤（庨、饙），匜賓允□，□焦金壴（鼓），永台（以）馬母□□司乘，安毋聿（肆）敊（屠）。"

從殘缺的句子看，這個"以"似應為介詞，但難以分析句子，故也不納入統計。

（4）以☒船其☒，□□□大川。（《集成》00428）

該句來自《冄鉦鍼》（又名《南疆鉦》《鉦鐵》），《集成》前兩句釋作："唯正月初吉丁亥，余□□之子〔余冄〕〔擇厥〕吉金，〔用自〕乍（作）鉦（征）鍼，以☒船其☒，□□□大川。□□□陰其陽，□□盄。"

《銘圖》前兩句釋作："唯正月初吉丁亥，余□□之孫冄（冉）棗（擇）其吉金，自乍（作）鉦鍼，呂（以）□□船其朕（朕），□□□大川。□□其陰其陽，□□盄（盂）。"

上述句子字數及斷句都有不同，難以理解確切意思，也不統計在內。

（二）去掉"以"作語素使用情況

統計介詞時要除去"以"作語素的情況。戰國金文中"以"作語素使用情況不多，只有方位名詞"以上"（2例）、處所介詞"以至"（8例）、連詞"是以"（5例）。具體情況見表1。

表1　戰國金文中"以"作語素的使用情況

包含語素"以"的詞	詞性	數量	例句
以上	方位名詞	2	用兵五十人以上（《杜虎符》，《集成》12109） 用兵五十人以上（《新郪虎符》，《集成》12108）
以至	處所介詞	8	從丘趴以至內宮六步，從丘趴以至內宮六步，從丘趴以至內宮六步，從丘趴以至內宮六步，從丘趴以至內宮六步，從丘趴以至內宮六步，從內宮以至中宮卅步，從內宮以至中宮卅步（《兆域圖銅版銘》，《集成》10478）
是以	連詞	5	氏（是）以寡人匹（委）賃（任）之邦 氏（是）以賜之厥命 氏（是）以寡人許之，愳（謀）慮（慮）皆從（《中山王𩵓鼎》，《集成》02840） 氏（是）以遊夕（閒）飲飤 氏（是）以身蒙幸（皋）胄〔《中山王𩵓壺（中山王𩵓方壺）》，《集成》09735〕

二、戰國金文中介詞 "以" 的語義功能分析

據我們統計，戰國金文中有介詞 "以" 71 例，連詞 "以" 54 例。介詞 "以" 主要是作客事介詞、與事介詞、憑事介詞、境事介詞。

(一) 用作客事介詞

客事介詞在句子中介引並標誌、顯化各種客事。戰國金文中客事主要是受事，就是動作行為直接涉及的對象，可將這種用法的 "以" 譯為 "把" "將"。

(5) 二十九年，霖（秦）攻睿（吾），王吕（以）子橫質拁（于）齊。[《二十九年弩機（楚）》，《銘圖》第 34 卷第 164 頁]

(6) 竝（並）令尹乍（作）弩五千，矢卌萬與之。重丘左司工辰乍（作）三（四）千又卅五。戊午，吕（以）重刃朏與霖（秦）。[《二十九年弩機（楚）》，《銘圖》第 34 卷第 164 頁]

(7) 者（諸）侯享（獻）台（以）吉金，用乍（作）平壽适器。[《十年墜（陳）侯午敦》，《集成》04648]

例（5）和例（6）均出自楚《二十九年弩機》，子橫是楚懷王的太子橫，是說把子橫作為人質，抵押在齊國。子橫是質的對象。傳世文獻中質用作動詞也很常見，如《戰國策·燕策三》："燕太子丹質於秦。" 例（6）以重刃朏與秦。吳鎮烽、朱艷玲（2013）認為重刃、朏是兩個地名，把這兩地給予秦國。孫合肥（2017）認為原釋的刃朏實為一字，即 "則" 字，假為 "財"，以重財與秦，就是將大量的物質財物給予秦國。這兩種觀點有異，一個是財，一個是地，但 "以" 介引的受事賓語的性質不變。例（7）諸侯向墜（陳）侯獻的對象就是吉金。

(二) 用作與事介詞

與事介詞可分為兩類，一類是共事介詞，另一類是當事介詞。共事介詞表示介引動作行為的協同參與者。當事介詞表示交接對象或針對對象，可將這種用法的 "以" 譯為 "率領" "與" "同"。戰國金文中 "以" 作共事介詞有 1 例，沒有作當事介詞的。

(8) 亡匀兊昔奎（皇）趄（桓）身（信）君兊保之女竝（並）吕（以）子孫子孫。(《兊保之女鼎》，《銘圖》第 4 卷第 358 頁)

兊保之女和子孫子孫是並列關係。

(三) 用作憑事介詞

憑事指介引動作行為發生進行時所依憑的工作、所耗費的材料、所採用的方式、所參

照的依據，憑事介詞包括工具、材料、方式、依據四類。戰國金文中介詞"義"包括工具、材料、依據三類。

1. 工具介詞（51 例）

（9）冰月丁亥，墜（陳）屯（純）裔孫逆，乍（作）為坒（皇）祼（祖）大宗殷，以賚（既）兼（永）令（命）、頴（眉）壽，子孫是保。[《墜（陳）逆簋》，《集成》04096]

（10）曾季芉臣繁（鑄）甘（其）盥盤，呂（以）征呂（以）行，永用之。（《曾季芉臣盤》，《通鑒》14496）

（11）載之牀（簡）齍（策），以戒（誡）嗣王，唯德置（附）民，唯宜（義）可絉（長）。[《中山王嚳壺（中山王嚳方壺）》，《集成》09735]

例（9）墜（陳）逆為其祖墜（陳）純作了一個殷，"以"後的賓語就是殷，用這個殷祈求其祖萬壽無疆，保祐子孫。例（10）的盥盤，作為工具，既可以在征伐戰爭時使用，也可以在出行時使用，"以"後省略盥盤的代詞。例（11）用簡策告誡繼承的新王，只有德才能聚民，只有義才能長久，"以"的賓語是寫字的簡策。

2. 材料介詞（7 例）

（12）墜（陳）侯午台（以）群者（諸）侯獻金，乍（作）皇妣孝大妃祭器鋀（鈦）鐏台（敦）。[《墜（陳）侯午簋銘》，《集成》04145]

（13）正月季春，元日己丑，余畜孫書也，擇其吉金，以攼（作）鑄鉌（缶）。[《䜌書缶(原稱樂書缶、樂盈缶、書巳缶、書也缶)》，《集成》10008]

（14）戉（越）王磨（差）郐（徐），呂（以）其鐘金，鑒（鑄）其戕（拱）戲（戟）。[《越王差徐戟（戉王差郐戟)》，《通鑒》17363]

例（12）以群諸侯所獻的青銅器作為原材料，做了一個祭祀用的敦。例（13）的原材料是吉金，即堅硬的青銅。例（14）也是用熔化了的鐘金，用來作戟。

3. 依據介詞（8 例）

（15）大攻（工）尹雕台（以）王命，命集尹悆（恕）糕（精）、裁（織）尹逆，裁（織）毅（令）阢，為鄝（鄂）君啟之府賕（觥、就）鑄金節。[《鄂君啟車節（噩君啟車節)》，《集成》12110]

（16）五年，司壴（馬）成公朏（影）躲事，命代會彗與下庫工帀（師）孟閗三人，台（以）秙，石尚（當）占（變）平石。[《司馬成公權（司馬禾石

權)》,《集成》10385]

　　(17) 戉 (越) 邦之先王未遑 (得) 居乍 (胥、蘇) 金 (陰),亭砮 (差)
邾 (徐) 之為王,司 (始) 遑 (得) 居乍 (胥、蘇) 金 (陰)。砮 (差) 邾
(徐) 呂 (以) 盥 (鑄) 其元甬 (用) 戈。[《越王差徐戈 (戉王差邾戈)》,《通
鑒》17362]

　　例 (15) 容易理解,依據的是 "王命" 鑄金節。例 (16),用這件稱禾的石權的重量
一石作為標準重量。例 (17),據彭裕商 (2018),以 + 省略賓語等作 "據此"。

(四) 用作境事介詞

境事包括處所、時間。在戰國金文中,境事介詞中只有時間介詞一類。

　　(18) 鄲 (單) 孝子台 (以) 庚寅之日,命 (令) 盥 (鑄) 飤鼎兩。(《鄲孝
子鼎》,《集成》02574)

以庚寅之日就是在庚寅這一天,介引時間。

戰國金文中介詞 "以" 的語義功能及頻率,可以用表 2 表示:

表 2　戰國金文中介詞 "以" 語義功能統計表

用法		數量	所佔百分比
客事介詞	受事介詞	3	4.2%
與事介詞	共事介詞	1	1.4%
	當事介詞	0	0
憑事介詞	工具介詞	51	71.8%
	材料介詞	7	9.9%
	方式介詞	0	0
	依據介詞	8	11.3%
境事介詞	時間介詞	1	1.4%
因事介詞	原因介詞	0	0

三、戰國金文中介詞 "以" 的賓語結構類型

　　張玉金 (2011) 認為介詞 "以" 的賓語有兩大類,一類是名詞性詞語,另一類是謂詞
性詞語。名詞性詞語包括名詞、代詞、定中短語、同位短語、名詞性聯合短語。

　　據我們調查,戰國金文中介詞 "以" 沒有謂詞性詞語。名詞性賓語共有 17 例,其中同
位短語 1 例,名詞性聯合短語 1 例,量詞 1 例,偏正短語 14 例。短語的類型劃分參考了張

斌（2000，2010）。

（19）二十九年，𨈖（秦）攻𦣻（吾），王㠯（以）子橫質𢌿（于）齊。[《二十九年弩機（楚）》，《通鑑》18586]

子橫為太子橫。賓語“子橫”為同位短語。

（20）亡匌宄昔𡔲（皇）𧼥（桓）身（信）君宄保之女竝（並）㠯（以）子孫子孫。(《宄保之女鼎》，《通鑑》02164)

賓語“子孫子孫”為名詞性聯合短語。

（21）台（以）䄷，石尚（當）𠧟（變）平石。[《司馬成公權（司馬禾石權）》，《集成》10385]

黃盛璋（1980）：以䄷，半石𠭯平石。賓語從黃說合文“䄷”為量詞。

（22）竝（並）令尹乍（作）弩五千，矢卌萬與之。重丘左司工㫳乍（作）亖（四）千又卅五。戊午，㠯（以）重刃肊與𨈖（秦）。[《二十九年弩機（楚）》，《通鑑》18586]

吳鎮烽、朱艷玲（2013）將其翻譯為：將重刃、肊兩地割讓給秦國，於是秦國退還了擄去的青銅、絲帛、奴隸和城池。

孫合肥（2017）將其翻譯為：楚國將青銅、絲、帛、奴隸和城池等大量的物資財物給予秦國。孫氏認為後二字應為一字“則”，銘文中假為“財”。

孫說於文義為勝，此處從孫說將賓語“重財”定為偏正短語。

（23）者（諸）侯享（獻）台（以）吉金，用乍（作）平壽适器。[《十年墜（陳）侯午敦》，《集成》04648]

賓語“吉金”為偏正短語。

（24）墜（陳）侯午台（以）群者（諸）侯獻金，乍（作）皇妣孝大妃祭器鈛（釴）錞台（敦）。[《墜（陳）侯午簋》，《集成》04145]

（25）墜（陳）侯午台（以）群者（諸）侯獻金，乍（作）皇姑孝大妃祭器
鋘（鈇）鐈（敦）。[《十四年墜（陳）侯午敦》，《集成》04646]

（26）墜（陳）侯午台（以）群者（諸）侯獻金，乍（作）皇姑孝大妃祭器
鋘（鈇）鐈（敦）。[《十四年墜（陳）侯午敦》，《集成》04647]

以上 3 例，賓語"群者（諸）侯獻金"為偏正短語。

（27）戉（越）王碁（差）郐（徐），呂（以）其鐘金，鑒（鑄）其栈
（拱）戲（戟）。[《越王差徐戟（戉王差郐戟）》，《銘圖》17363]

賓語"鐘金"為偏正短語。

（28）大攻（工）尹脽台（以）王命，命集尹悆（怨）糒（精），栽（織）
尹逆，栽（織）敿（令）凧，為鄙（鄂）君啟之府賦（儆、就）鑄金節。[《鄂
君啟舟節（噩君啟舟節）》，《集成》12113]

同樣內容的銘文有 5 例，賓語"王命"為偏正短語。

（29）鄆（單）孝子台（以）庚寅之日，命（令）鑒（鑄）飤鼎兩。（《鄆孝
子鼎》，《集成》02574）

賓語"庚寅之日"為偏正短語。

（30）贖台（以）金半鈞……贖台（以）□犀。（《子禾子釜》，《集成》
10374）

有 2 例偏正短語。一是"贖台（以）金半鈞"，鈞是衡制單位量詞，包山楚簡和秦簡
均有使用，指三十斤；"金半鈞"是"名數量"結構，意指"半鈞金"，數量結構修飾名
詞，屬偏正短語。二是"贖台（以）□犀"。依文例，"犀"前為修飾語，介詞"以"的賓
語為偏正短語。

表3　戰國金文介詞"以"賓語類型統計表

賓語		數量	所佔百分比
名詞性詞語	同位短語	1	23.9%
	名詞性聯合短語	1	
	量詞	1	
	偏正短語	14	
謂詞性詞語		0	0
賓語省略		54	76.1%

四、戰國金文中介詞"以"的賓語省略現象

介詞"以"的賓語省略只出現在憑事介詞一類中，其中工具介詞51例，100%全部省略，如例（9）至例（11）；材料介詞7例中，3例省略，佔42.9%，如例（13）；依據介詞8例中，1例省略，佔12.5%，如例（17）。

張玉金（2011）指出："按理說，'以'所介引的詞語在上文中已出現，那麼應在'以'後用一個'之'複指一下。可是在出土戰國文獻中，基本上見不到這樣用法的'之'……由於很少用代詞，只好省略，用語法空位表示。"從戰國金文"以"來看，確實如此。

表4　戰國金文中含"以"介賓短語賓語省略類型統計表

介詞類型		總數	賓語省略數	所佔百分比
客事介詞		3	0	0
與事介詞		1	0	0
憑事介詞	工具介詞	51	51	100%
	材料介詞	7	3	42.9%
	依據介詞	8	1	12.5%
境事介詞		1	0	0

五、戰國金文中"以"字介賓短語的位置

"以＋O"介賓短語前置屬絕大多數，正如張玉金（2011）所言，這是由以字虛化的來源"以＋O＋VP"決定的。戰國金文中，只有4.2%的"以＋O"置於"VP"之後。

根據張玉金（2011），介詞"以"賓語前置有三種情況。首先，"是以"已經凝固成詞，所以不再以介賓視之，故不能統計在內。其次，疑問代詞"何"以及"何＋名詞"作賓語而前置。戰國金文沒有疑問句，所以就不會有疑問代詞"何"。最後，成對或成組使用在論說文中多見，金文少有。所以文體特點決定了金文沒有這種類型。

(一) 以＋O＋VP (7 例)

（31）墜（陳）侯午台（以）群者（諸）侯獻金，乍（作）皇妣孝大妃祭器錁（鈦）鐔台（敦）。[《墜（陳）侯午簋銘》，《集成》04145]

(二) VP＋以＋O 類型（3 例）

（32）者（諸）侯享（獻）台（以）吉金，用乍（作）平壽适器。[《十年墜（陳）侯午敦》，《集成》04648]

介賓短語 "台（以）吉金" 在謂詞語後，作補語。

（33）贖台（以）金半鈞……贖台（以）□犀。（《子禾子釜》，《集成》10374）

介賓短語 "金半鈞" 在謂詞語後，作補語。
介賓短語 "□犀" 在謂詞語後，作補語。

(三) O＋以＋VP 類型（無）

從語用上看，"以＋O" 由 "VP" 前移到 "VP" 後，放在了句子的末尾，根據尾焦的特點，就突出強調了 "以＋O"，這種句式是語用凸顯焦點的需要。

六、戰國金文中介詞 "以" 的坐標考察

(一) 在整個戰國出土文獻中的比較

根據張玉金（2011），出土戰國文獻介詞 "以" 以時間介詞佔比最高，有556例，佔總數的37.7%；其次是工具介詞，有377例，佔總數的25.6%。從分類來看，秦簡中時間介詞比例最高，而楚簡、曾簡、金文、玉石文字中，比例最高的仍然是工具介詞。這和我們的結論是一致的，秦簡時間介詞比例較高，當是內容方面與日期相關度高所致。

武振玉（2005）對兩周金文介詞的分類如下：

第一，引進動作、行為的工具、手段等，表示憑藉義（115例）。按，"以" 相當於憑事介詞。

第二，引進動作行為偕同的對象（16例）。按，"以" 相當於共事介詞。

第三，引進動作行為的直接對象，相當於後世的 "把"（16例）。按，"以" 相當於受事介詞。

第四，表示原因（7 例）。按，"以"相當於原因介詞。

第五，以 + 方位詞（9 例）。按，"以"是語素。

第六，引進時間、處所（2 例）。按，"以"相當於境事介詞。

武文的分類不夠細，把工具、手段等歸在一起，他的調查也說明，兩周金文中這一類一直是介詞"以"類數量最多的。"從出現頻率看，'以'有 69 例，'台'有 46 例；從出現時間看，兩者均主要見於春秋時期，用法亦完全相同。"從我們的統計來看，戰國時期也不少。

武文把"以 + 方位詞"和其他方式並列，是不妥的。這就把語素的用法和詞的用法混淆了。張玉金（2011）認為，戰國時期，"是以""氏（是）以"是結果連詞，已經凝固成詞。這既有頻率的證據，又有"此以"類化的旁證，所以張先生在統計時沒有把"是以""此以"統計在內。我們按照張先生的做法，也沒有把"是以"的"以"歸在原因介詞之列。原因介詞的統計為零。

戰國金文中介詞"以"作為工具介詞，佔比達到 70.4%，遠高於佔比 12.7%、居第二名的依據介詞。工具介詞"以"的使用率最高，這和金文的特點有關。製作的各種器皿工具性突出，在交代作器用途時，往往需要介引其工具性。

（二）和戰國傳世文獻的介詞"以"比較

高連聯（2012）選取了《論語》《國語》《墨子》《左傳》《孟子》《莊子》《呂氏春秋》《荀子》《韓非子》《老子》《楚辭》十一本傳世戰國文獻作為語料，對 17 個介詞的語義功能進行了窮盡性的考察和統計，其他方面是舉例性質。她統計的結果是：①客事介詞：933 例；②憑事介詞：依據 1 068 例，方式 983 例，工具 867 例；③與事介詞：當事 26 例，共事 27 例；④境事介詞：時間 113 例；⑤關事介詞：對象 22 例；⑥因事介詞：原因 779 例。

可以看出，傳世戰國文獻和戰國金文一致的地方體現在：憑事介詞整體佔第一位，工具介詞佔比都比較高，境事介詞都是介引時間。

傳世戰國文獻也有不一致的地方，介詞的類型比較豐富，多了關事介詞、因事介詞、當事介詞，客事介詞用例較多，主要是文獻多、語料多，反映的社會生活面比較廣。傳世戰國文獻的依據介詞和方式介詞多於工具介詞，說明傳世戰國文獻內容精神層面的語句增多，內容說理性更為突出。而戰國金文工具介詞一枝獨秀，反映出戰國金文的器皿載體特點和文本寫實的特點。

七、結語

本文選取目前所見的 2 127 篇戰國銅器銘文，剔除銘文殘缺不能理解意思者，統計出戰國金文中介詞"以" 71 例，連詞"以" 54 例。針對 71 例介詞"以"從六個維度進行考察：

第一，出土戰國文獻介詞"以"以時間介詞佔比最高，有 556 例，佔總數的 37.7%，其次是工具介詞，有 377 例，佔總數的 25.6%。戰國金文中介詞 "以" 作為工具介詞，佔比達到 70.4%，遠高於佔比 12.7%、居第二名的依據介詞。時間介詞 "以" 使用率最高，這和金文的特點有關。

第二，戰國金文中沒有謂詞性詞語。名詞性賓語共有 17 例，其中同位短語 1 例，名詞性聯合短語 1 例，量詞 1 例，偏正短語 14 例。

第三，戰國金文介詞 "以" 賓語省略現象。介詞 "以" 賓語省略只出現在憑事介詞一類中，其中工具介詞 51 例，100% 全部省略；材料介詞 7 例中，3 例省略，佔 42.9%；依據介詞 8 例中，1 例省略，佔 12.5%。

第四，戰國金文中 "以" 作語素使用的情況不多，只有方位名詞 "以上"（2 例）、處所介詞 "以至"（8 例）、連詞 "是以"（5 例）。

第五，戰國金文中 "以" 字介賓短語的位置，以前置為絕大多數。戰國金文中，只有 4.2% 的 "以 + O" 置於 "VP" 之後。

第六，通過與十一本傳世戰國文獻介詞 "以" 語言功能的對比，反映出戰國金文的器皿載體特點和文本寫實的特點。

參考文獻

[1] 陳昌來：《漢語介詞的發展歷程和虛化機制》，《柳州職業技術學院學報》2002 年第 3 期。

[2] 董珊：《曾侯丙方缶銘文解釋》，復旦大學出土文獻與古文字研究中心網站，http://www.fdgwz.org.cn/Web/Show/2412，2014 年 12 月 31 日。

[3] 高連聯：《傳世戰國文獻介詞研究》，華南師範大學碩士學位論文，2012 年。

[4] 郭錫良：《介詞 "以" 的起源和發展》，《古漢語研究》1998 年第 1 期。

[5] 何家興：《〈燕侯載簋〉考釋二則》，《考古與文物》2015 年第 4 期。

[6] 何樂士：《左傳虛詞研究》（修訂本），北京：商務印書館 2004 年版。

[7] 黃盛璋：《司馬成公權的國別、年代與衡制問題》，《中國歷史博物館館刊》1980 年第 2 期。

[8] 李淑萍：《燕、趙銅器銘文整理與研究》，河北大學碩士學位論文，2019 年。

[9] 羅端：《從甲骨、金文看 "以" 字語法化的過程》，《中國語文》2009 年第 1 期。

[10] 麥梅翹：《〈左傳〉中介詞 "以" 的前置賓語》，《中國語文》1983 年第 5 期。

[11] 潘玉坤：《古漢語中 "以" 的賓語前置問題》，《殷都學刊》2000 年第 4 期。

[12] 彭裕商：《戰國青銅器年代綜合研究》，成都：巴蜀書社 2018 年版。

[13] 孫合肥：《二十九年弩機銘文補釋》，《考古與文物》2017 年第 3 期。

[14] 唐友波：《"大市" 量淺議》，安徽大學古文字研究室編：《古文字研究》（第二十二輯），北京：中華書局 2000 年版。

[15] 吳鎮烽、朱艷玲：《二十九年弩機考》，《考古與文物》2013 年第 1 期。

[16] 武振玉：《金文 "以" 字用法初探》，《北方論叢》2005 年第 3 期。

[17] 張斌主編：《現代漢語短語》，上海：華東師範大學出版社 2000 年版。

[18] 張斌主編：《現代漢語描寫語法》，北京：商務印書館 2010 年版。

[19] 張玉金：《出土戰國文獻虛詞研究》，北京：人民出版社 2011 年版。

A Preliminary Study on the Preposition "*Yi*"（以）in the Bronze Inscription of the Warring States Period

Sun Zhihao

Abstract：This paper conducts a thorough survey of the preposition "*yi*"（以）in the Bronze Inscription of the Warring States Period, including the following situations：statistical methods, semantic functions, object types, object omission types, and prepositional objective phrases as complements. People compare unearthed documents and handed down documents of the Warring States Period to analyze the characteristics of commonness and individuality reflected by the preposition "*yi*"（以）in the Bronze Inscription.

Key words：The Bronze Inscription of the Warring States Period, preposition, *yi*（以）, grammatical characteristics

（廣東省外語藝術職業學院）

包山文書簡札記三則

徐曉娜

提　要　包山文書簡中尚有部分簡文的釋讀存在爭議，可以作進一步研究，本文就其中的三個問題進行補說。120～123 號簡中的"伇"應該讀為"孥"，指妻子和兒女；154 號簡的"執疆"可讀為"至疆"，表示"到界"的意思；141～144 號簡黃欽自傷案中，周瘛告官以及黃欽自傷的原因都可以再作討論。

關鍵詞　包山楚簡　孥　執　自傷

一、說"孒收邦倢之伇"之"伇"

包山 120～123 號簡記錄了一樁竊馬殺人的案子，其中 122 號簡是官署根據被告邦倢提供的證詞抓捕應女返、唐賈和景不害三個共犯。對簡文"孒收邦倢之伇"中"伇"字的釋讀，學者們有不同看法①，主要有兩種意見：一是釋為"奴"，簡文作🔠，李天虹指出"伇"正與《說文》女部"奴"字的古文字形🔠相合，張光裕、李守奎等信從這個觀點。② 二是"伇"讀如"孥"，孥即妻子、兒女。周鳳五認為此正反映連坐法③，之後陳偉、劉信芳、張顯成等也從此說。④ 以上兩種意見，我們認為第二種更合理，下面試作補充。

從字形上看，包山 20 號簡有"不貞周焜之奴以致命"，其中"奴"字作🔠，從女從又，與本簡從人從女的🔠有別，二者可能並非一字。

傳世文獻中"孥"也可寫作"帑"，其義主要有兩種解釋：其一解釋為"子"，如《尚書·甘誓》："弗用命，戮於社，予則孥戮汝。"孔安國傳："孥，子也。非但止汝身，辱及汝子，言恥累也。"《左傳·襄公十四年》："並帑於戚。"杜預注："帑，子也。"其二解釋為"妻和子"，如《左傳·文公六年》："宣子使臾駢送其帑。"孔穎達疏："帑者，細弱之號，妻、子俱得稱之。"《一切經音義》卷八十："妻孥，下音奴。《考聲》云：孥，妻子之惣稱也。"我們認為包山簡中"收孥"之"孥"應該兼稱妻子和兒女。

————————

　　① 包山簡文據朱曉雪：《包山楚簡綜述》，福州：福建人民出版社 2013 年版。除特別情況外，不再一一另注。

　　② 李天虹：《〈包山楚簡〉釋文補正》，《江漢考古》1993 年第 3 期，第 84－89 頁；張光裕主編，袁國華合編：《包山楚簡文字編》，臺北：藝文印書館 1992 年版，第 44 頁；李守奎、賈連翔、馬楠編著：《包山楚墓文字全編》，上海：上海古籍出版社 2012 年版，第 436 頁。

　　③ 周鳳五：《〈舍罪命案文書〉箋釋：包山楚簡司法文書研究之一》，《"國立"臺灣大學文史哲學報》1994 年第 41 期，第 1－18 頁。

　　④ 陳偉：《包山楚簡初探》，武漢：武漢大學出版社 1996 年版，第 145 頁；劉信芳：《包山楚簡近似之字辨析》，《考古與文物》1996 年第 2 期，第 70、79－87 頁；張顯成主編：《楚簡帛逐字索引：附原文及校釋》，成都：四川大學出版社 2013 年版，第 727 頁。

據簡文記載，應女返、唐賈和景不害三人出現在郏倈的供詞中，屬於涉案人員，官府發佈"了"去拘捕他們合乎情理，三人用的都是"執"。郏倈的供詞中並未提过"仗"，可能"仗"根本沒有參與這個案件，所以官府發佈"了"時用的是"收"字，應該是特意要與"執"區別開，這可能和古代的"收孥"制度有關。

"收孥"一詞見於傳世文獻，《史記·商君列傳》："事末利及怠而貧者，舉以為收孥。"司馬貞索隱："以言懈怠不事事之人而貧者，則糾舉而收錄其妻子，沒為官奴婢。"《後漢書》："太宗至仁，除去收孥。"王先謙集解："除去收孥相坐之律也。"由此看來，"收孥"應該是與連坐相關的一種制度，可能就是一些文獻中記載的男子犯罪累及妻和子，如《呂氏春秋·季秋紀》："臣之父不幸而殺人，不得生；臣之母得生，而為公家為酒；臣之身得生，而為公家擊磬。"《隋書·刑法志》："舊獄法，夫有罪，逮妻子；子有罪，逮父母。"

出土文獻也有與"收孥"相關的例子，睡虎地秦簡《法律答問》116 號簡云："隸臣將城旦，亡之，完為城旦，收其外妻、子。"整理者指出此"收"即"收孥"，隸臣完監管不力獲罪，原為自由人與此事無關的妻、子也要被收孥。[1] 張家山漢簡《二年律令·收律》174 號簡有："罪人完城旦舂、鬼薪以上，及坐奸府（腐）者，皆收其妻、子、財、田宅。"整理者："子，指子女。"[2] 皆是其佐證。

綜上所述，我們認為"了收郏倈之仗"中的"仗"應讀為"孥"，指郏倈的妻子和兒女。當時楚國可能有"收孥"制度，所以郏倈犯罪，官府還要抓他的妻子兒女。

二、"執疆"補說

包山 154 號簡文作（釋文採用寬式隸定，下同）：

> 王所舍新大廄以當苴之田，南與郊君執疆，東與陵君執疆，北與鄧陽執疆，西與鄱君執疆。

此簡難點在於對"執疆"一詞的解釋上。聯繫上下文，這裏的"執疆"應該表示"接壤"一類的意思，但傳世文獻中並未發現相關辭例。何琳儀、劉信芳、湯餘惠都認為"執""接"音近義通，"執疆"可直接讀為"接疆"。[3] 劉樂賢則認為"執"應讀為音近的"至"字，"至疆"相當於今天所說的"到界"。[4]

---

① 睡虎地秦墓竹簡整理小組編：《睡虎地秦墓竹簡》，北京：文物出版社 1990 年版，釋文注釋第 121 頁。
② 張家山二四七號漢墓竹簡整理小組編著：《張家山漢墓竹簡〔二四七號墓〕：釋文修訂本》，北京：文物出版社 2006 年版，第 32 頁。
③ 何琳儀：《戰國古文字典：戰國文字聲系》，北京：中華書局 1998 年版，第 1381 頁；劉信芳：《包山楚簡解詁》，臺北：藝文印書館 2003 年版，第 158 頁；湯餘惠：《包山楚簡讀後記》，《考古與文物》1993 年第 2 期，第 69－80 頁。
④ 劉樂賢：《楚文字雜識（七則）》，張光裕等編：《第三屆國際中國古文字學研討會論文集》，香港：問學社有限公司 1997 年版，第 613－636 頁。

“執”的上古音是緝部、章母，“接”的上古音是葉部、精母，二者的韻部雖可通轉，但是聲母並不相近，並且出土文獻和傳世文獻中均未發現二字通假的直接例證。我們雖然贊同劉樂賢將“執”讀為“至”的意見，但他說“執”“至”音近，還可以作進一步討論，因為“至”的上古音是質部章母，質部與緝部相隔較遠。然而通過文獻中的例證，可以發現“執”和“至”存在通假的可能性。

典籍中有“摯”用作“至”或“致”的例子，如《尚書・西伯戡黎》：“天曷不降威？大命不摯？”孔安國傳：“摯，至也。”孔穎達疏：“摯、至同音，故摯為至也。”《史記・殷本紀》該句作：“天曷不降威，大命胡不至？”“摯”與“至”為異文。《禮記・曲禮上》有云：“凡摯，天子鬯。”鄭玄注：“摯之言至也。天子無客禮，以鬯為摯者，所以唯用告神以至也。”又《周禮・冬官考工記》：“凡甲，鍛不摯則不堅。”鄭玄注：“玄謂摯之言致。”陸德明音義：“摯，音至。”賈公彥疏：“致謂熟之至極也。”“摯”从“執”得聲，這可作為“執”“至”相通的旁證。

此外，從“執”“至”均可與“質”相通來看，“執”“至”也是可以相通的。清華大學藏戰國竹簡《繫年》35號簡簡文作“惠公焉以其子懷公為執于秦”，整理者認為“執”通“質”，並引《左傳・僖公十七年》文：“夏，晉大子圉為質於秦，秦歸河東而妻之。”① 簡文與《左傳》的內容對應，“執”讀為“質”應當可信。《嶽麓秦簡》屢見“質日”一詞，如“二十七年質日”“三十四年質日”等。整理者認為此為標題簡，書於簡背。“質日”即“執日”，主要內容為政事記錄。②《說文通訓定聲・履部》也指出：“質……叚借又為執。《曲禮》：疑事無質。《少儀》：毋身質言語。注：成也。《楚辭・怨思》：北斗為我質中兮。注：正也。”由此看來，“執”“質”二字是可以互相通假的。

“質”與“至”互通在傳世文獻中多見，如《莊子・刻意》“此天地之平而道德之質也”，該句在《莊子・天道》中作“天地之平而道德之至”；《史記・蘇秦列傳》有“至公子延”，《史記索隱》云：“至當為質，謂以公子延為質也。”

上古音在音理上不能通假，而在出土文獻中卻存在很多相通的例子，如“執”和“爾”。西周晚期的大克鼎有銘文“擾遠能𤞷”，學者們多認為“𤞷”即“執”，假為“邇”，銘文即《尚書》中的“柔遠能邇”。③ 但“執”是月部疑母字，“爾”是脂部日母字，上古音聲母相隔較遠。又如上博簡《昔者君老》3號簡“舉媺灋（廢）惡”，整理者認為“灋”通“廢”，並引《大戴禮記・誥志》：“民咸廢惡如進良。”④“灋”是葉部幫母字，“廢”是月部幫母字，按上古音韻部相隔較遠。

綜上所述，雖然“執”和“至”從音理上看不能通假，但從文獻中的用例來看，二者可以互通，“執疆”應讀為“至疆”，表示“到界”的意思。

---

① 清華大學出土文獻研究與保護中心編，李學勤主編：《清華大學藏戰國竹簡》（貳），上海：中西書局2011年版，第150、152頁。

② 朱漢民、陳松長主編：《嶽麓書院藏秦簡》（壹），上海：上海辭書出版社2010年版，第47頁。

③ 王國維：《克鼎銘考釋》，《海甯王忠愨公遺書初集》，丁卯秋季校印；郭沫若：《兩周金文辭大系圖錄考釋》（七），北京：科學出版社1957年版，第121－122頁；裘錫圭：《釋殷墟甲骨文裏的“遠”“𤞷”（邇）及有關諸字》，《裘錫圭學術文集》（第一卷　甲骨文卷），上海：復旦大學出版社2012年版，第173頁。

④ 馬承源主編：《上海博物館藏戰國楚竹書》（二），上海：上海古籍出版社2002年版，第244－245頁。

三、黃欽"自傷"補說

包山 141～144 號簡記載，秦大夫怠之州人君夫人敀愴中的犯人黃欽逃跑，該州里公周瘀追捕，兩人到了州巷的時候，黃欽自傷，周瘀便告了官。二人的證詞如下：

瘀言曰：甲辰之日，小人₁₄₁之州人君夫人之敀愴之宵，一夫失，趣至州巷。小人將捕之，夫自傷。小人安（焉）獸（守）之以告。……₁₄₂

欽言曰：鄙路尹憍執小人於君夫人之敀愴，甲辰之₁₄₃日，小人取愴之刀以解小人之桎，小人逃至州巷，州人將捕小人，小人信以刀自傷，州人安（焉）以小人告。₁₄₄

此案有几個問題值得注意。首先，根據雙方證詞，周瘀報官是在看到黃欽自傷後。按理說周瘀的目的是抓捕黃欽，黃欽自傷，對於周瘀來說抓捕他應該是更容易了，選擇告官令人疑惑。我們認為，周瘀告官可能是因為楚國對"自傷"有特殊規定。

睡虎地秦簡《法律答問》77 號簡：

或自殺，其室人弗言吏，即葬貍（薶）之，問死者有妻、子當收，弗言而葬，當貲一甲。①

"貲一甲"指罰繳一副鎧甲，此乃秦律貲刑的一種，甲和盾都是秦當時為進行戰爭所迫切需要的物資。②《國語·齊語》："管子對曰：制重罪贖以犀甲一戟，輕罪贖以鞼盾一戟，小罪讁以金分，宥間罪。"睡虎地秦墓的年代定於戰國末至秦③，可知當時秦國已有法律規定自殺事件必須告知官府，不然就要受罰，懲罰力度可能還不輕。除此之外，官府還會派專人去驗尸以及詢問自殺的原因。《封診式》63～72 號簡文就詳細記載了查驗疑似自殺人員尸體的過程，爰書末尾還強調：

自殺者必先有故，問其同居，以合（答）其故。④

可見官府對自殺事件的重視。包山楚墓同樣屬於戰國中晚期⑤，雖然楚法在刑罰制度的

---

① 睡虎地秦墓竹簡整理小組編：《睡虎地秦墓竹簡》，北京：文物出版社 1990 年版，釋文注釋第 111 頁。
② 栗勁：《秦律通論》，濟南：山東人民出版社 1985 年版，第 288 頁。
③ 睡虎地秦墓竹簡整理小組編：《睡虎地秦墓竹簡》，北京：文物出版社 1990 年版，出版說明第 1 頁。
④ 睡虎地秦墓竹簡整理小組編：《睡虎地秦墓竹簡》，北京：文物出版社 1990 年版，釋文注釋第 158－160 頁。
⑤ 湖北省荊沙鐵路考古隊編：《包山楚簡》，北京：文物出版社 1991 年版，第 1 頁。

設計和建構上不及秦律①，但其刑罰仍有與春秋戰國時期中原各國大致相同的特點。② 所以我們推測楚國當時也有類似的規定，即發現自殺或自傷必須上報官府，否則就要受處罰。這樣一來，周瘕在看到黃欽自傷後告官就合理了。

其次是黃欽自傷的原因。在那種情況下，黃欽自傷可能搞不好就成了自殺，即便不死，自傷只會耽誤自己逃跑，最後還是被抓回去，那他自傷有甚麼意義？目前所見的法律文獻中記載的自傷或自殺往往是為了逃避職事，例如張家山漢簡《二年律令·賊律》25 號簡："賊傷人，及自賊傷以避事者，皆黥為城旦舂。"③《唐律·詐疾病有所避》："諸詐疾病有所避者，杖一百；若故自傷殘者，徒一年半。"④ 從簡文內容來看，黃欽自傷應該與避事無關。況且為避事自傷將會受到懲處，黃欽也沒有必要讓自己罪上加罪。我們猜測，黃欽可能想通過自傷行為改變自己的處境。

前面提過的郏倀竊馬殺人案中，捕捉共犯的負責人裏都有里公：

> 子執唐賈，里公郏省、士尹紬慎返子……子執應女返，加公莊申、里公利堅返子……子執景不害，里公呈拘、亞大夫宛乘返子……₁₂₂

黃欽自傷案中追捕黃欽的周瘕也是里公。可能當時楚國的里公承擔着實際辦理案件的職責，但他們未必有庭審疑犯的司法處理權，這種權力可能在上一級機關。⑤ 如果沒有自傷，黃欽大概率會被抓回去繼續關着，但是自傷行為改變了案件的性質，周瘕為了免罰不得不告官，案情審理過程中官府也勢必要對整個案子進行調查，鄙路尹憍抓黃欽並把他關在君夫人敀愴的事情也會被知曉。對於黃欽來說，也許可以借此暫時擺脫被關在敀愴的困局。

最後，我們可以仔細比對一下二人的證詞。黃欽在稱述中兩次提及"刀"，並且特地說明刀來自敀愴，自己便是用敀愴的刀逃脫和自傷的。張伯元指出，黃欽強調"敀愴之刀"，意在證明自己並沒有故意行兇的動機。⑥ 黃欽可能想通過強調刀來自敀愴來為自己減罪。

漢律、唐律皆有規定，若給囚犯兇器使其逃脫、自傷殺或傷殺人，那給兇器的人就要受處罰。如：

> 以兵刃索繩它物可以自殺者予囚，囚以自殺、殺人，若自傷、傷人而以辜二旬中死，予者髡為城旦舂。(《居延新簡》EPS4T2：100)⑦

---

① 陳紹輝：《楚國法律制度研究》，武漢：湖北教育出版社 2017 年版，第 106 頁。

② 吳永章：《論楚刑法》，湖北省社會科學院歷史研究所編：《楚文化新探》，武漢：湖北人民出版社 1981 年版，第 185 頁。

③ 張家山二四七號漢墓竹簡整理小組編著：《張家山漢墓竹簡〔二四七號墓〕：釋文修訂本》，北京：文物出版社 2006 年版，第 12 頁。

④ 岳純之點校：《唐律疏議》，上海：上海古籍出版社 2013 年版，第 404 頁。

⑤ 張信通：《楚簡所載"加公、里公、士尹、亞大夫"不是里吏》，《凱里學院學報》2020 年第 2 期，第 51－58 頁。

⑥ 張伯元：《包山楚簡案例舉隅》，上海：上海人民出版社 2014 年版，第 195 頁。

⑦ 張德芳：《居延新簡集釋》(七)，蘭州：甘肅文化出版社 2016 年版，第 705 頁。

　　諸以金刃及他物可以自殺及解脱而與囚者，杖一百。若因以故逃亡及自傷、傷人者，徒一年；自殺、殺人者，徒二年。若囚本犯流罪以上，因得逃亡，雖無傷殺，亦準此。（《唐律·與囚金刃解脱》）①

　　雖然上舉例子與包山簡在時間上相距甚遠，但這也許可以提供一個新的解釋角度。如果當時楚國有類似的規定，那麽刀源於故憪，故憪的主人君夫人也就成了事實上的予（與）者，黃欽利用刀逃亡和自傷，君夫人等人可能也因此要受到處分，黃欽在證詞中強調刀也就說得通了。除此之外，黃欽在證詞中提到"桎"可能也出於同樣的目的，側面向庭審官員說明君夫人等人私用刑具，從而為自己減罪。

參考文獻

［1］陳紹輝：《楚國法律制度研究》，武漢：湖北教育出版社 2017 年版。

［2］陳偉：《包山楚簡初探》，武漢：武漢大學出版社 1996 年版。

［3］郭沫若：《兩周金文辭大系圖錄考釋》（七），北京：科學出版社 1957 年版。

［4］何琳儀：《戰國古文字典：戰國文字聲系》，北京：中華書局 1998 年版。

［5］湖北省荆沙鐵路考古隊編：《包山楚簡》，北京：文物出版社 1991 年版。

［6］李守奎、賈連翔、馬楠編著：《包山楚墓文字全編》，上海：上海古籍出版社 2012 年版。

［7］李天虹：《〈包山楚簡〉釋文補正》，《江漢考古》1993 年第 3 期。

［8］栗勁：《秦律通論》，濟南：山東人民出版社 1985 年版。

［9］劉信芳：《包山楚簡解詁》，臺北：藝文印書館 2003 年版。

［10］劉信芳：《包山楚簡近似之字辨析》，《考古與文物》1996 年第 2 期。

［11］劉樂賢：《楚文字雜識（七則)》，張光裕等編：《第三屆國際中國古文字學研討會論文集》，香港：問學社有限公司 1997 年版。

［12］馬承源主編：《上海博物館藏戰國楚竹書》（二），上海：上海古籍出版社 2002 年版。

［13］清華大學出土文獻研究與保護中心編，李學勤主編：《清華大學藏戰國竹簡》（貳），上海：中西書局 2011 年版。

［14］裘錫圭：《釋殷墟甲骨文裏的"遠""狀"（邇）及有關諸字》，《裘錫圭學術文集》（第一卷甲骨文卷），上海：復旦大學出版社 2012 年版。

［15］睡虎地秦墓竹簡整理小組編：《睡虎地秦墓竹簡》，北京：文物出版社 1990 年版。

［16］湯餘惠：《包山楚簡讀後記》，《考古與文物》1993 年第 2 期。

［17］王國維：《克鼎銘考釋》，《海甯王忠慤公遺書初集》，丁卯秋季校印。

［18］吳永章：《論楚刑法》，湖北省社會科學院歷史研究所編：《楚文化新探》，武漢：湖北人民出版社 1981 年版。

［19］岳純之點校：《唐律疏議》，上海：上海古籍出版社 2013 年版。

［20］張伯元：《包山楚簡案例舉隅》，上海：上海人民出版社 2014 年版。

――――――
① 岳純之點校：《唐律疏議》，上海：上海古籍出版社 2013 版，第 464 頁。

［21］張德芳：《居延新簡集釋》（七），蘭州：甘肅文化出版社 2016 年版。

［22］張光裕主編，袁國華合編：《包山楚簡文字編》，臺北：藝文印書館 1992 年版。

［23］張家山二四七號漢墓竹簡整理小組編著：《張家山漢墓竹簡〔二四七號墓〕：釋文修訂本》，北京：文物出版社 2006 年版。

［24］張顯成主編：《楚簡帛逐字索引：附原文及校釋》，成都：四川大學出版社 2013 年版。

［25］張信通：《楚簡所載“加公、里公、士尹、亞大夫”不是里吏》，《凱里學院學報》2020 年第 2 期。

［26］周鳳五：《〈舍罪命案文書〉箋釋：包山楚簡司法文書研究之一》，《“國立”臺灣大學文史哲學報》1994 年第 41 期。

［27］朱漢民、陳松長主編：《嶽麓書院藏秦簡》（壹），上海：上海辭書出版社 2010 年版。

［28］朱曉雪：《包山楚簡綜述》，福州：福建人民出版社 2013 年版。

Three Notes on the Document of Chu Bamboo Strips from Baoshan

Xu Xiaona

Abstract：There are some controversies in the interpretation of the document of Chu Bamboo Strips from Baoshan, which can be further studied. This article makes supplementary explanations on three of the issues. The character "*nu*"（仗）recorded in the 120th to 123rd stripshould be interpreted as "*nu*"（孥），referring to wife and children；the word "*zhijiang*"（執疆）recorded in the 154th strip can be read as "*zhijiang*"（至疆），which means to reach the boundary；in the case of Huang Qin self-wounding of 141st to 144th strip, the cause of Zhou Zi sued and Huang Qin self-wounding can be discussed again.

Key words：Chu Bamboo Strips from Baoshan, *nu*（孥），*zhi*（執），self-wounding

（北京語言大學文學院）

戰國文字辭書綜述*

朱學斌

提　要　戰國文字辭書是戰國文字隸定研究成果的總結與應用，集中收錄了隸定成果，因此需要專門加以分析。本文主要按分域討論戰國文字不同子系統的辭書，同時也兼顧了按不同功能劃分的辭書。本文通過回顧與反思戰國文字辭書的發展歷程，對今後相關辭書的編纂和理論建設作進一步展望。

關鍵詞　戰國文字　出土文獻　古文字　辭書　文字編

戰國文字辭書相關論著是戰國文字隸定研究成果的總結與應用，集中地收錄了隸定結果，因此需要專門加以綜述。戰國文字辭書可分為三類：第一類是專題材料字書，第二類是綜合性字書（有的與詞典相融合），第三類是其他廣義辭書乃至工具書，例如詁林、引得等。

雖然中國古代的辭書很早就收錄了戰國文字乃至其傳抄字形（例如《說文》所收古文），但戰國文字原先長期被掩蓋在三代古文字的範圍之內，例如鳥蟲書在古代長期被傳說在虞夏時期使用。到了近代，王國維通過《〈史籀篇證〉序》[①]《戰國時秦用籀文六國用古文說》[②] 將戰國文字大體分為東土文字和西土文字。東土文字又稱六國文字，不同國家各自發展出變化多樣的構形，大膽簡化聲化，包括三晉、燕、齊、楚等系的文字；而西土文字則以秦文字為代表，秦國繼承了關中原來的周文化傳統，因此文字構形亦繼承其面貌，相對保守穩定。因此，直到王國維通過明確判定古文、籀文的年代從而將戰國文字從三代文字區別出來，以至於後來戰國文字學科方向的誕生，戰國文字共時層面的辭書編撰才具備了自覺性。可以說，戰國文字辭書的發展歷程與戰國文字學科的發展一直相伴而行。

對於戰國文字內部子系統的分類，李學勤在王國維"東土""西土"兩系說的基礎上，根據字形風格的不同將戰國文字劃分為"齊""燕""三晉兩周""楚""秦"五個系統。[③] 何琳儀將戰國文字的時間範圍擴大到春秋中晚期，並將戰國文字按地區而非國家分類為"齊""燕""晉""楚""秦"五個系統。[④] 因為戰國文字的系統之間存在明顯的差異，所

---

* 本文是國家博士後第 73 批面上資助項目（項目編號：2023M731118）和上海市哲學社會科學規劃課題青年項目（項目編號：2023EYY001）的階段性成果。

① 王國維：《觀堂集林（外二種）》（卷五），石家莊：河北教育出版社 2003 年版，第 122 – 125 頁。

② 王國維：《觀堂集林（外二種）》（卷七），石家莊：河北教育出版社 2003 年版，第 151 – 152 頁。

③ 李學勤：《戰國題銘概述（上）》，《文物》1959 年第 7 期，第 50 – 54 頁；李學勤：《戰國題銘概述（中）》，《文物》1959 年第 8 期，第 60 – 63 頁；李學勤：《戰國題銘概述（下）》，《文物》1959 年第 9 期，第 58 – 61 頁。

④ 何琳儀：《戰國文字通論（訂補）》，上海：上海古籍出版社 2017 年版，第 93 頁。

以本文對戰國文字辭書主要按其內部的不同子系統分別展開論述，材料收錄的截止時間為
2023 年 12 月。

一、戰國文字綜合類辭書綜述

戰國文字綜合類辭書有兩層含義：一是歷時性、共時性和泛時性辭書的區分；二是字典、詞典乃至其他類型辭書的綜合。

收錄包括戰國文字在內的古文字的辭書也有很多，早在吳大澂《說文古籀補》就有較為全面的字形收集。近期以來有高明《古文字類編》①　及其增訂本②，徐中舒《漢語古文字字形表》③，徐無聞《甲金篆隸大字典》④，黃德寬等《古文字譜系疏證》⑤，李學勤《字源》⑥　等。這些跨越時代的綜合類辭書的優點在於廣泛收集了各個時期漢字的異體字形。而黃德寬等的“古汉字字形表”系列較好地解決了收集字形共時和歷時之間的需求差異。

漢語大字典編輯委員會所編纂的《漢語大字典》⑦　收錄了大量古文字字形，其中包括不少戰國文字字形。而其附錄有異體字表，有的字頭異體字較多，例如“殺”字有26個異體，“遷”字有23個異體。這些異體字當中包含了大量依樣隸定。王寧對《漢語大字典》的評價是“收錄了大量古文字隸定字並附有古文字原形；所以既非共時，也不是同一形制，在提供查檢上是有成就的；但難以見到構形系統之端倪，是不宜進行構形系統描寫的”⑧。其後的《漢語大字典》縮印本⑨對隸定明顯有誤的字頭進行了訂正。可惜《漢語大字典》第二版⑩因為字頭選取的標準不一，加之泛時語料來源成分複雜之類的爭議，取消了附錄的異體字表。

戰國文字的共時類辭書，例如何琳儀《戰國古文字典：戰國文字聲系》⑪　的優點在於以聲系形，“以韻部為經，以聲紐為緯”突破了自《說文》以來傳統字書因為部首編排體例對同源字繫聯的不足。《戰國古文字典：戰國文字聲系》收錄了1998年以前出土的各種不同材質的戰國文獻材料，將材料與分域相聯繫，共分為齊、燕、晉、楚、秦和分域待考共六類，並引甲骨文或金文聯繫字形演變進行詞義考釋。通過聲系排列字系，以戰國文字為主，有利於探索文字源流、貫通文字歷時發展脈絡和文字之間共時層面的比較，對往後的古文字辭書體例有深遠的影響。

①　高明編：《古文字類編》，北京：中華書局1980年版。
②　高明、涂白奎編著：《古文字類編》（增訂本），上海：上海古籍出版社2008年版。
③　徐中舒主編，漢語古文字字形表編寫組編：《漢語古文字字形表》，成都：四川人民出版社1981年版。
④　徐無聞主編：《甲金篆隸大字典》，成都：四川辭書出版社1991年版。
⑤　黃德寬、何琳儀、徐在國等：《古文字譜系疏證》，北京：商務印書館2007年版。
⑥　李學勤主編：《字源》，天津：天津古籍出版社；瀋陽：遼寧人民出版社2012年版。
⑦　漢語大字典編輯委員會編纂：《漢語大字典》，武漢：湖北辭書出版社；成都：四川辭書出版社1986—1990年版。
⑧　王寧：《漢字構形學講座》，臺北：三民書局2013年版，第185頁。
⑨　漢語大字典編輯委員會編纂：《漢語大字典》（縮印本），成都：四川辭書出版社；武漢：湖北辭書出版社1992年版。
⑩　漢語大字典編輯委員會編纂：《漢語大字典》（第二版），武漢：崇文書局；成都：四川辭書出版社2010年版。
⑪　何琳儀：《戰國古文字典：戰國文字聲系》，北京：中華書局1998年版。

　　難能可貴的是，在意識到"戰國文字向無綜合字典"後，何琳儀以個人之力承擔起這個艱巨的學術任務，為後世戰國文字的研究工作奠定了堅實的基礎。《戰國古文字典：戰國文字聲系》的遺憾，在於受當時條件所限制，全書均為手寫的影印本。而以上古聲系編排對於一般讀者而言閱讀門檻較高。

　　湯餘惠主編《戰國文字編》① 與何琳儀《戰國古文字典：戰國文字聲系》堪稱 20 世紀戰國文字辭書的雙璧。《戰國文字編》的字形以戰國時期文字為主，同時為了完整地反映戰國文字的全貌，酌情收錄了少量春秋晚期和秦代文字。其收錄的出土文獻材料以 2000 年為限，按照秦、楚、三晉、齊、燕五系文字分法對所收字形加以甄別分類。《戰國文字編》雖無具體說解，但勝在字形多取自影本、拓本而非摹本，相對更保真。劉釗《喜讀〈戰國文字編〉》② 指出《戰國文字編》留心採用了大陸學界不易見到的書籍，特別是收錄了許多罕見的戰國璽印，如《珍秦齋古印展》《平庵考藏古璽印選》等。《戰國文字編》的缺點在於引用上存在諸多不便，未收錄整句辭例。而且其中仍存在字形分域疏誤及字形隸定有誤等問題，曹銀晶《談〈戰國文字編〉在釋字方面存在的問題》③ 和侯家慶《〈戰國文字編〉校訂》④ 對此多有訂正。而其修訂本⑤並未收錄原書出版後新出的戰國文字材料，主要是對出處標注進行了訂正。

　　李圃主編、古文字詁林編纂委員會編纂《古文字詁林》⑥ 共十二冊，彙錄了歷代學者關於古文字形、音、義的考釋成果，使後來研究者可以快速查閱古文字學早期論述。李圃、鄭明主編的《古文字釋要》⑦ 相當於《古文字詁林》的簡注。

　　黃德寬等《古文字譜系疏證》延續了《戰國古文字典：戰國文字聲系》按聲符歸納的編纂體例，將收錄範圍擴大到整個古文字階段。

　　季旭昇《說文新證》⑧ 及其修訂本⑨以二重證據法追本溯源而施用於《說文》。裘錫圭在序言中評價其"作為一部帶有工具書性質的著作，既客觀嚴謹、有學術前沿性，又深入淺出，有較強的可讀性"。

　　李學勤主編《字源》⑩ 收錄了比較常見的字頭六千餘個，並按《說文》順序排列。如其書名所示，《字源》以探究字源為宗旨，綜合了出土和傳世文獻，梳理從甲骨文到楷書的字形演變脈絡，並對所選取的字樣標注出時代，由此出發說明字的本義、引申義和假借義。此書在探索漢字源流方面起到較為積極的作用。

---

①　湯餘惠主編：《戰國文字編》，福州：福建人民出版社 2001 年版。

②　劉釗：《喜讀〈戰國文字編〉》，《中華讀書報》，2003 年 4 月 9 日。

③　曹銀晶：《談〈戰國文字編〉在釋字方面存在的問題》，北京大學碩士學位論文，2007 年。

④　侯家慶：《〈戰國文字編〉校訂》，吉林大學碩士學位論文，2007 年。

⑤　湯餘惠主編：《戰國文字編》（修訂本），福州：福建人民出版社 2015 年版。

⑥　李圃主編，古文字詁林編纂委員會編纂：《古文字詁林》，上海：上海教育出版社 1999—2004 年版。

⑦　李圃、鄭明主編：《古文字釋要》，上海：上海教育出版社 2010 年版。

⑧　季旭昇：《說文新證》，福州：福建人民出版社 2010 年版。

⑨　季旭昇：《說文新證》，臺北：藝文印書館 2014 年版。

⑩　李學勤主編：《字源》，天津：天津古籍出版社；瀋陽：遼寧人民出版社 2012 年版。

黃德寬主編，徐在國、程燕、張振謙編著《戰國文字字形表》①收錄的出土文獻材料以 2015 年為限，基本涵納了當時考古所見新材料和學界的新研究成果，繼承了《戰國文字編》（修訂本）以來主要的體例格式並有所進步，如為每個字頭加注字號，異體字專設一欄，分域標記專設一欄，將戰國文字五大區域的標記由字母改為漢字，為簡牘材料加注了簡號，為金文材料加注了出處編號，便於讀者進一步核對出處。

曾憲通、陳偉武主編《出土戰國文獻字詞集釋》②將字形表和字典結合起來，方便讀者對其形義進行立體考察。例如其中收錄了不少歷史地理和職官的考證材料，有利於相關學科研究參照。

劉志基等主編《古文字考釋提要總覽》③以提要的形式彙集各家考釋，主要突出考釋結果和主要論證材料，並以表格的形式串聯。編者注意到漢字的不同材料和不同時期的不同特徵，用獨立表格對此進行分別考釋，尤其是添加了較新的出土戰國文字，細化了隸定成果的彙編工作。

戰國文字不同的分域之間存在許多用字習慣的不同，接下來將按劃分戰國文字的“五系說”，對戰國文字材料主要的五個分支的對應辭書進行相應的綜述。

二、秦系文字辭書綜述

單批材料的秦文字辭書，例如潘飛《〈關沮秦簡〉文字編》④，方勇、郝洋編著《天水放馬灘秦簡文字編》⑤等。睡虎地秦簡相關的文字編較多，張世超，陳振裕、劉信芳，張守中各自分別編著有《睡虎地秦簡文字編》⑥。其中，張守中撰集《睡虎地秦簡文字編》按《說文》排布摹本放大字形 1 763 字，異體字及通假字據《睡虎地秦墓竹簡》釋文作注並選錄相關辭例。後來亦有專門論文校訂⑦。將摹本替換為照片的是孟良《新編〈睡虎地秦簡牘〉文字編》⑧。

許雄志主編《秦印文字彙編》⑨以秦印文字為輯錄對象，所錄數據截至 2000 年。因為編撰時着眼點在於藝術特徵，所以雖然它收錄的秦印數量多，但是每個印文的具體時代卻沒有定論，全書亦未標明材料的具體來源書目，也沒有指明印文類別是印章、封泥或印陶，不利於讀者對同一類型的璽印文字進行比較研究。有不少問題在其增訂本⑩中得到了解決。

---

① 黃德寬主編：徐在國、程燕、張振謙編著：《戰國文字字形表》，上海：上海古籍出版社 2017 年版。
② 曾憲通、陳偉武主編：《出土戰國文獻字詞集釋》，北京：中華書局 2019 年版。
③ 劉志基等主編：《古文字考釋提要總覽》，上海：上海書店出版社 2020 年版。
④ 潘飛：《〈關沮秦簡〉文字編》，安徽大學碩士學位論文，2010 年。
⑤ 方勇、郝洋編著：《天水放馬灘秦簡文字編》，北京：社會科學文獻出版社 2023 年版。
⑥ 張世超：《睡虎地秦簡文字編》，京都：中文出版社 1990 年版；陳振裕、劉信芳編著：《睡虎地秦簡文字編》，武漢：湖北人民出版社 1993 年版；張守中撰集：《睡虎地秦簡文字編》，北京：文物出版社 1994 年版。
⑦ 汪穎：《〈睡虎地秦簡文字編〉勘補》，西南大學碩士學位論文，2013 年。
⑧ 孟良：《新編〈睡虎地秦簡牘〉文字編》，安徽大學碩士學位論文，2017 年。
⑨ 許雄志主編：《秦印文字彙編》，鄭州：河南美術出版社 2001 年版。因為此書“以形式特徵也即藝術學為第一性，而年代界定、也即在考古學上的界定為第二性”，所以所選取材料的斷代尚可斟酌。
⑩ 許雄志編著：《秦印文字彙編》（增訂本），鄭州：河南美術出版社 2021 年版。

　　方勇編著《秦簡牘文字編》① 收錄材料的截止時間為 2011 年 12 月，該編收錄的材料豐富，而且圖片很清晰，在字形考釋上吸收了學術界大量的研究成果，對爭議較大的字進行了研究論述。他對學術界已取得一致性意見的直接在字編中注明，若有多種隸定則在《釋字輯要》中論述，有助於讀者判斷和研究。

　　劉孝霞《秦文字編》是其博士學位論文《秦文字整理與研究》的附錄②，作者將秦文字與《說文》小篆、籀文及古文進行對比分析，認為籀文對戰國秦代文字的影響力有所下降，《說文》中的部分古文是來源於秦文字。

　　王輝主編《秦文字編》③ 收錄材料的時代範圍上起秦莊公未即位前的數年，下迄秦漢之際，前後 600 餘年，包括春秋、戰國時的秦國和統一後的秦代。其收集、著錄各類傳世、出土文字材料截至 2007 年，共 2 900 餘條，比較全面地描述了秦系文字的整體面貌。

　　秦簡分卷的文字編主要針對嶽麓秦簡和里耶秦簡。嶽麓秦簡文字編，例如葉湄《〈嶽麓書院藏秦簡（壹）〉文字編》④，劉玨《〈嶽麓書院藏秦簡〉（壹）文字研究與文字編》⑤，賀曉朦《〈嶽麓書院藏秦簡〉（貳）文字編》⑥，李玲《嶽麓書院藏秦簡（貳）文字編》⑦，吳星星《嶽麓書院藏秦簡（叁）文字編》⑧；跨批次的文字編，例如陳松長等編《嶽麓書院藏秦簡（壹—叁）文字編》⑨《嶽麓書院藏秦簡（肆—柒）文字編》⑩ 等。里耶秦簡文字編，例如蔣偉男《〈里耶秦簡（壹）〉文字編》⑪，朱璟依和鄧亞欣《〈里耶秦簡（貳）〉文字編》⑫ 等。這些碩士學位論文輯錄文字編的圖版往往不比整理者的更清晰，但整理者很多時候並未充分利用其圖像字源。隨着技術水平的進步，整理者應該在公佈新出著錄時附上相應的文字編，或者在出版幾卷大宗材料之後通過整理跨批次的文字編的方式，對原字形及其隸定都加以修訂。

三、楚系文字辭書綜述

　　因為目前出土戰國楚系材料總量更大，比例更高，所以楚系文字辭書數量相對更多。楚系文字辭書也可以分為兩類，一類是綜合性字書，一類是專題材料字書。早前出土的楚系文字材料字數較少，分佈零散，因此以綜合性辭書為主。後來因為大宗材料的成批出現，

---

① 方勇編著：《秦簡牘文字編》，福州：福建人民出版社 2012 年版。
② 劉孝霞：《秦文字整理與研究》，華東師範大學博士學位論文，2013 年。
③ 王輝主編，楊宗兵、彭文、蔣文孝編著：《秦文字編》，北京：中華書局 2015 年版。
④ 葉湄：《〈嶽麓書院藏秦簡（壹）〉文字編》，中山大學碩士學位論文，2012 年。
⑤ 劉玨：《〈嶽麓書院藏秦簡〉（壹）文字研究與文字編》，湖南大學碩士學位論文，2013 年。
⑥ 賀曉朦：《〈嶽麓書院藏秦簡〉（貳）文字編》，湖南大學碩士學位論文，2013 年。
⑦ 李玲：《嶽麓書院藏秦簡（貳）文字編》，安徽大學碩士學位論文，2013 年。
⑧ 吳星星：《嶽麓書院藏秦簡（叁）文字編》，安徽大學碩士學位論文，2015 年。
⑨ 陳松長等編：《嶽麓書院藏秦簡（壹—叁）文字編》，上海：上海辭書出版社 2017 年版。
⑩ 陳松長等編：《嶽麓書院藏秦簡（肆—柒）文字編》，上海：上海辭書出版社 2023 年版。
⑪ 蔣偉男：《〈里耶秦簡（壹）〉文字編》，安徽大學碩士學位論文，2015 年。
⑫ 朱璟依：《〈里耶秦簡（貳）〉文字編》，復旦大學本科學位論文，2019 年；鄧亞欣：《〈里耶秦簡（貳）〉文字編》，東北師範大學碩士學位論文，2021 年。

專題材料辭書也不斷出現。

楚系綜合性字書不斷更新迭代。葛英會、彭浩《楚簡帛文字編》① 收錄早期出土的楚系簡牘帛書字形。郭若愚編著《戰國楚簡文字編》② 收錄了信陽長臺關、長沙仰天湖兩批楚簡材料。滕壬生編著《楚系簡帛文字編》③ 的優點在於收錄了大量楚系簡帛材料，特別是那些至今仍然未能完整公佈的楚系出土文獻，例如天星觀楚簡、秦家嘴楚簡、藤店楚簡等。此書由於收錄的簡帛材料全面周詳，編排釋讀合理，所以具有較強的使用價值。比如 "楚" 字收錄 39 個單字，筆畫、結體、字形各有特色而分別出自包山、望山、天星觀楚墓和曾侯乙墓。滕壬生編著《楚系簡帛文字編》（增訂本）④ 在原書的基礎上新增了《上海博物館藏戰國楚簡竹書》（一）（二）的内容。作為戰國楚系簡帛的墨書摹本文字編，《楚系簡帛文字編》的摹本和隸定仍有可以改進之處。

李守奎編著《楚文字編》⑤ 相比《楚系簡帛文字編》多收錄了楚系青銅器、貨幣、古璽以及其他各種器物上的文字，由此可以窺見楚文字大體面貌。但是因其收錄材料的年限在 20 世紀，所以一些新出土、新公佈的楚系材料如上海博物館藏戰國簡並未被收入。

單批材料的文字編，曾侯乙簡文字編，例如張光裕、滕壬生、黃錫全主編《曾侯乙墓竹簡文字編》⑥ 因為原書照片不甚清晰，於是製作 215 支竹簡的摹本附於書後，按《康熙字典》順序排列部首。洪德榮、葉楠後有編著《曾侯乙墓竹簡字形合編》⑦。郭店簡文字編，例如張光裕主編、袁國華合編《郭店楚簡研究》第一卷《文字編》⑧ 根據原簡照片切字，書末附有處理過的原簡照片及釋文，其後亦有校正。張守中、張小滄、郝建文撰集《郭店楚簡文字編》及其校訂。⑨ 劉洪濤、李芳梅編著《郭店楚簡字形合編》⑩。包山簡文字編，例如張光裕主編、袁國華合編《包山楚簡文字編》⑪ 收錄《包山楚墓》和《包山楚簡》的圖版，在圖版旁直接附有釋文，便於相互對照。包山楚簡的照片首次公佈在《包山楚墓》一書中，同年出版的《包山楚簡》是簡牘著錄的單行本。從清晰度來看，二者圖像質量各有千秋，例如第 120～123 號簡在《包山楚墓》比較清晰，而《包山楚簡》第 22、23 號簡相對更清晰。張守中撰集《包山楚簡文字編》⑫ 的字例主要取自《包山楚簡》。李守奎、賈

---

① 葛英會、彭浩：《楚簡帛文字編》，東京：東方書店 1992 年版。
② 郭若愚編著：《戰國楚簡文字編》，上海：上海書畫出版社 1994 年版。
③ 滕壬生編著：《楚系簡帛文字編》，武漢：湖北教育出版社 1995 年版。
④ 滕壬生編著：《楚系簡帛文字編》（增訂本），武漢：湖北教育出版社 2008 年版。
⑤ 李守奎編著：《楚文字編》，上海：華東師範大學出版社 2003 年版。
⑥ 張光裕、黃錫全、滕壬生主編：《曾侯乙墓竹簡文字編》，臺北：藝文印書館 1997 年版。
⑦ 洪德榮、葉楠編著：《曾侯乙墓竹簡字形合編》，上海：上海古籍出版社 2023 年版。
⑧ 張光裕主編，袁國華合編：《郭店楚簡研究》第一卷《文字編》，臺北：藝文印書館 1999 年版；張光裕：《〈郭店楚簡研究〉第一卷〈文字編〉校補》，長沙市文物考古研究所編：《長沙三國吳簡暨百年來簡帛發現與研究國際學術研討會論文集》，北京：中華書局 2005 年版，第 262－268 頁。
⑨ 張守中、張小滄、郝建文撰集：《郭店楚簡文字編》，北京：文物出版社 2000 年版；陳鳳：《〈郭店楚簡文字編〉校訂》，安徽大學碩士學位論文，2010 年。
⑩ 劉洪濤、李芳梅編著：《郭店楚簡字形合編》，上海：上海古籍出版社 2023 年版。
⑪ 張光裕主編，袁國華合編：《包山楚簡文字編》，臺北：藝文印書館 1992 年版。
⑫ 張守中撰集：《包山楚簡文字編》，北京：文物出版社 1996 年版。

連翔、馬楠編著《包山楚墓文字全編》① 字形大部分採自《包山楚墓》圖版，部分選擇《包山楚簡》中更清晰者，按語或採用眾家之說或出己意，附錄還包含了包山楚墓題銘釋文。朱曉雪《包山楚簡綜述》② 在對釋文系統校注之外還附有相關文字編。

其他單批楚簡文字編還有程燕編著《望山楚簡文字編》及其評介③，張新俊、張勝波《新蔡葛陵楚簡文字編》④，楊媛媛《九店楚簡文字編》⑤ 等。

上博簡單批次的文字編，目前所見有陳瓊《〈上海博物館藏戰國楚竹書（一）〉研究概況及文字編》⑥，牛淑娟《〈上海博物館藏戰國楚竹書（二）〉研究概況及文字編》⑦，曲冰《〈上海博物館藏戰國楚竹書（三）〉研究概況及文字編》⑧，姚琳《〈上博竹書（四）〉文字研究及文字編》⑨，於智博《〈上海博物館藏戰國楚竹書（四）〉研究概況及文字編》⑩，鍾明《〈上海博物館藏戰國楚竹書（五）〉研究概況及文字編》⑪，蔣文《〈上海博物館藏戰國楚竹書（六）〉文字編》⑫，郭蕾蕾《〈上海博物館藏戰國楚竹書（六）〉研究概況及文字編》⑬，雷金方《〈上海博物館藏戰國楚竹書（七）〉文字編》⑭，韓義剛《〈上海博物館藏戰國楚竹書（七）〉研究概況及文字編》⑮，盧海波《〈上海博物館藏戰國楚竹書（七）〉研究情況及文字編》⑯，李展鵬《〈上海博物館藏戰國楚竹書（八）〉文字編》⑰，陳茜《〈上海博物館藏戰國楚竹書（九）〉文字編》⑱，李敏《〈上海博物館藏戰國楚竹書（九）〉文字編》⑲ 等。

對上博簡字形進行跨批次輯錄的有李守奎、曲冰、孫偉龍《上海博物館藏戰國楚竹書（一—五）文字編》⑳，樂志海（2010）《上海博物館藏戰國楚竹書（六、七）文字編》㉑。饒宗頤主編《上博藏戰國楚竹書字彙》㉒ 將上海博物館藏戰國楚竹書前七冊的字形依《漢

① 李守奎、賈連翔、馬楠編著：《包山楚墓文字全編》，上海：上海古籍出版社 2012 年版。
② 朱曉雪：《包山楚簡綜述》，福州：福建人民出版社 2013 年版。
③ 程燕編著：《望山楚簡文字編》，北京：中华书局 2007 年版。全書收錄單字凡 500 字，合文 11 例，存疑字 59 字。相關校注如許道勝：《讀〈望山楚簡文字編〉札記》，《湖南大學學報》（社會科學版）2009 年第 2 期，第 20–24 頁。
④ 張新俊、張勝波編著：《新蔡葛陵楚簡文字編》，成都：巴蜀書社 2008 年版。
⑤ 楊媛媛：《九店楚簡文字編》，安徽大學碩士學位論文，2009 年。
⑥ 陳瓊：《〈上海博物館藏戰國楚竹書（一）〉研究概況及文字編》，吉林大學碩士學位論文，2005 年。
⑦ 牛淑娟：《〈上海博物館藏戰國楚竹書（二）〉研究概況及文字編》，吉林大學碩士學位論文，2005 年。
⑧ 曲冰：《〈上海博物館藏戰國楚竹書（三）〉研究概況及文字編》，吉林大學碩士學位論文，2006 年。
⑨ 姚琳：《〈上博竹書（四）〉文字研究及文字編》，中國人民大學碩士學位論文，2007 年。
⑩ 於智博：《〈上海博物館藏戰國楚竹書（四）〉研究概況及文字編》，吉林大學碩士學位論文，2007 年。
⑪ 鍾明：《〈上海博物館藏戰國楚竹書（五）〉研究概況及文字編》，吉林大學碩士學位論文，2007 年。
⑫ 蔣文：《〈上海博物館藏戰國楚竹書（六）〉文字編》，復旦大學本科學年論文，2008 年。
⑬ 郭蕾蕾：《〈上海博物館藏戰國楚竹書（六）〉研究概況及文字編》，吉林大學碩士學位論文，2008 年。
⑭ 雷金方：《〈上海博物館藏戰國楚竹書（七）〉文字編》，安徽大學碩士學位論文，2010 年。
⑮ 韓義剛：《〈上海博物館藏戰國楚竹書（七）〉研究概況及文字編》，吉林大學碩士學位論文，2011 年。
⑯ 盧海波：《〈上海博物館藏戰國楚竹書（七）〉研究情況及文字編》，東北師範大學碩士學位論文，2011 年。
⑰ 李展鵬：《〈上海博物館藏戰國楚竹書（八）〉文字編》，中山大學碩士學位論文，2012 年。
⑱ 陳茜：《〈上海博物館藏戰國楚竹書（九）〉文字編》，東北師範大學碩士學位論文，2014 年。
⑲ 李敏：《〈上海博物館藏戰國楚竹書（九）〉文字編》，安徽大學碩士學位論文，2014 年。
⑳ 李守奎、曲冰、孫偉龍編著：《上海博物館藏戰國楚竹書（一—五）文字編》，北京：作家出版社 2007 年版。字頭按《說文》排序，字形依上博簡冊序、篇序、簡序排列。字下間出按語對其形音義簡略說明。
㉑ 樂志海：《上海博物館藏戰國楚竹書（六、七）文字編》，華南師範大學碩士學位論文，2010 年。
㉒ 饒宗頤主編：《上博藏戰國楚竹書字彙》，合肥：安徽大學出版社 2012 年版。

語大字典》部首的順序進行排列。徐在國《上博楚簡文字聲系（一—八）》①韻部採用王力 30 部，聲紐沿用《戰國古文字典：戰國文字聲系》6 類 19 紐。另外，沈奇石《上海博物館 藏戰國楚竹書（1—9）文字編》②也即將出版為《上博簡文字編》。徐加躍、賀一平亦編著 有《上海博物館藏楚簡字形合編》③。

　　因為《清華大學藏戰國竹簡》每輯之後附有相應文字編，所以並未像上博簡那樣每輯 都有專門的文字編學位論文。而清華簡整理者每出三輯會再整理出版相應的文字編，例如 李學勤主編，沈建華、賈連翔編《清華大學藏戰國竹簡（壹—叁）文字編》④，李學勤主 編，賈連翔、沈建華編《清華大學藏戰國竹簡（肆—陸）文字編》⑤，李學勤主編，賈連 翔、沈建華編《清華大學藏戰國竹簡（柒—玖）文字編》⑥等。這些輯錄收錄了影本處理 後的清晰字形，相對原書的隸定字頭有了不少改進。馬繼《清華大學藏戰國竹簡 1—8 文字 編》⑦收集了清華簡前八輯的字形，便於橫向對比分析。

　　隨着大批出土文獻不斷公佈，對應大宗材料的文字編也應運而生。例如俞紹宏主編 《楚系簡帛字形合編系列五種》有兩種按省份排列，即宋麗璇編著《豫出楚簡字形合編》⑧， 劉雲、袁瑩、洪德榮編著《湘鄂所出楚系簡帛字形合編（二十五種）》⑨。

　　總結而言，文字編形式的演變反映了出土文獻整理工作的進步。以楚簡為例，早期楚 簡內容零碎稀少，所以不同來源的字形合在一起輯錄文字編。到包山楚簡、郭店楚簡這些 大宗材料公佈後，單批材料的文字編具備了足夠規模。但當時出土文獻公佈的時候並未附 有文字編，所以往往會根據圖版另行編撰文字編。例如上博簡公佈之後，幾乎每一輯的文 字編都有被不同學校的碩士學位論文所輯錄。而最近大宗材料的公佈往往會自帶文字編， 例如清華簡、安大簡等，整理者因為掌握更清晰的圖像資料，專門製作的文字編往往更貼 合材料原始面貌。

四、三晉系文字辭書綜述

　　三晉文字單批材料的文字編，例如張守中《中山王𗥃器文字編》及其重訂版⑩收字採 自河北省平山縣戰國中山王𗥃墓出土文獻的銘文，字形皆為摹寫。盟書文字編，例如山西

---

①　徐在國：《上博楚簡文字聲系（一—八）》，合肥：安徽大學出版社 2013 年版。
②　沈奇石：《上海博物館藏戰國楚竹書（1—9）文字編》，華東師範大學碩士學位論文，2019 年。
③　徐加躍、賀一平編著：《上海博物館藏楚簡字形合編》，上海：上海古籍出版社 2023 年版。
④　李學勤主編，沈建華、賈連翔編：《清華大學藏戰國竹簡（壹—叁）文字編》，上海：中西書局 2014 年版。
⑤　李學勤主編，賈連翔、沈建華編：《清華大學藏戰國竹簡（肆—陸）文字編》，上海：中西書局 2017 年版。
⑥　李學勤主編，賈連翔、沈建華編：《清華大學藏戰國竹簡（柒—玖）文字編》，上海：中西書局 2020 年版。
⑦　馬繼：《清華大學藏戰國竹簡 1—8 文字編》，華東師範大學碩士學位論文，2019 年。
⑧　宋麗璇：《豫出楚簡字形合編》，上海：上海古籍出版社 2023 年版。
⑨　劉雲、袁瑩、洪德榮編著：《湘鄂所出楚系簡帛字形合編（二十五種）》，上海：上海古籍出版社 2023 年版。
⑩　張守中撰集：《中山王𗥃器文字編》，北京：中華書局 1981 年版；張守中編著：《中山王𗥃器文字編》，北京：人民美術出版社 2011 年版。

省文物工作委員會編《侯馬盟書》① 書後所附字表，張守中《侯馬盟書字表新編》②，張道升《侯馬盟書文字編》③。

　　三晉文字的分域文字編，例如沈之傑《戰國三晉文字編》④ 是其博士學位論文，分為上下兩編。湯志彪編著《三晉文字編》⑤ 在其畢業論文的基礎上增補而成，收錄語料截至2012年12月；所收材料的國別（族氏）包括趙、魏、韓、中山、兩周（東周和西周）、鄭、衛；時間範圍自春秋晚期到戰國末年；材料類別包括石器、銅器、兵器、璽印、陶文、貨幣以及雜器等；字頭按《說文》排序，同一字頭下字形按材料、國別（族氏）、時代排列，並附出處辭例。

五、齊系文字辭書綜述

　　齊文字的文字編基本是分域文字編。孫剛編纂《齊文字編》⑥ 專收春秋戰國時期齊系文字，收錄材料截至2009年4月。書後附有"材料來源表"，對兵器、銅器作了國別和時代上的詳盡標注，但可惜的是貨幣、璽印、陶文未能標注時代。另外，有些收錄的字形圖像質量不是很高，字形沒有標注年代。

　　張振謙編著《齊魯文字編》⑦ 是由張振謙的博士學位論文《齊系文字研究》⑧ 下編《齊系文字編》擴展而來，收錄材料時間下限延伸至2012年。該書改進了原先《齊系文字編》常用字頭只用小篆書寫的問題，字形按照銅器、兵器、貨幣、璽印、陶文、石刻等材料類別排序，同類別的字按照西周、春秋、戰國的時代排序，同時期的金文按照魯、邾、郳、滕、薛、費、曹、郜、杞、齊、逢、邿、鑄、戴、鄩、過、萊、紀、曩、諸、莒等國別順序排列。後來，張振謙《齊系文字研究》⑨ 對齊系文字不同載體的特徵展開了進一步論述。

六、燕系文字辭書綜述

　　系統研究燕系文字的有馮勝君《戰國燕系古文字資料綜述》⑩ 和蘇建洲《戰國燕系文字研究》⑪，對比其他各系文字的著錄和研究，彌補了燕系文字的專題研究較少的空白。王

① 山西省文物工作委員會編：《侯馬盟書》，北京：文物出版社1976年版。
② 張守中：《侯馬盟書字表新編》，北京：文物出版社2017年版。
③ 張道升：《侯馬盟書文字編》，合肥：黃山書社2017年版。
④ 沈之傑：《戰國三晉文字編》，北京師範大學博士學位論文，2009年。
⑤ 湯志彪編著：《三晉文字編》，北京：作家出版社2013年版。
⑥ 孫剛編纂：《齊文字編》，福州：福建人民出版社2010年版。
⑦ 張振謙編著：《齊魯文字編》，北京：學苑出版社2014年版。
⑧ 張振謙：《齊系文字研究》，安徽大學博士學位論文，2008年。
⑨ 張振謙：《齊系文字研究》，北京：科學出版社2019年版。
⑩ 馮勝君：《戰國燕系古文字資料綜述》，吉林大學碩士學位論文，1997年。
⑪ 蘇建洲：《戰國燕系文字研究》，臺灣師範大學碩士學位論文，2000年。

愛民《燕文字編》① 收錄字形儘量採用原拓影本錄入。張振謙編著《燕文字編》② 字形收錄範圍更廣，是目前燕文字的研究中較新的成果。

　　另外，其他分域文字辭書還有施謝捷編著《吳越文字彙編》③，上編是文字編，中下編是圖版著錄，文字編按《說文》排序，可識或可隸定單字 432 字，合文 4 例，附錄存疑字 143 字，重文及部分殘字歸入相應字欄，殘闕過甚者不予收錄。司曉娜《越國文字編》④ 來源于施謝捷《吳越文字集釋》所收錄的 110 件越國器及其後十年新出的材料，截止時間為 2008 年 12 月 31 日。孫啟燦《曾文字編》（上）⑤ 收錄材料截至 2016 年 4 月，正編部分按《說文》排序，收錄曾國文字字頭 879 個，另收有合文 23 個、重文 9 個、未識字 39 個，字形下不列辭例而在文末附有曾國文字材料的釋文。

七、其他專題類辭書綜述

　　戰國文字的文字編除了前文論述的各種辭書之外，還可以按不同角度分為以下九類不同的專題類辭書。

　　第一類是特定文字載體的辭書。這裏的“特定文字載體”指的是簡牘之外其他文字載體。跨類收集文字載體的文字編，例如白於藍主編，段凱、馬繼編纂《先秦璽印陶文貨幣石玉文字匯纂》⑥。

　　（1）戰國金文辭書。例如容庚編著，張振林、馬國權摹補《金文編》⑦ 是繼吳大澂輯《說文古籀補》⑧ 之後首部金文字編。相關的金文辭書還有陳漢平和董蓮池的《金文編校補》⑨，張世超等《金文形義通解》⑩，戴家祥主編《金文大字典》⑪，陳初生編《金文常用字典》（修訂本）⑫，董蓮池編著《新金文編》⑬，陳斯鵬、石小力、蘇清芳編纂《新見金文字編》⑭，鞠煥文《〈金文形義通解〉訂補》（上編）⑮，廖焈汝《新見商周金文字形編（2010—2016）》⑯ 等。但這些金文辭書歷時性強，涉及戰國金文的內容並不太多。

　　（2）戰國帛書辭書。例如曾憲通撰集《長沙楚帛書文字編》及其增訂版按筆畫多少排

①　王愛民：《燕文字編》，吉林大學碩士學位論文，2010 年。
②　張振謙編著：《燕文字編》，北京：文物出版社，2023 年。
③　施謝捷編著：《吳越文字彙編》，南京：江蘇教育出版社 1998 年版。
④　司曉娜：《越國文字編》，安徽大學碩士學位論文，2009 年。
⑤　孫啟燦：《曾文字編》（上），吉林大學碩士學位論文，2016 年。
⑥　白於藍主編，段凱、馬繼編纂：《先秦璽印陶文貨幣石玉文字匯纂》，福州：福建人民出版社 2021 年版。
⑦　容庚編著，張振林、馬國權摹補：《金文編》（第四版），北京：中華書局 1985 年版。
⑧　吳大澂輯：《說文古籀補》（影印本），北京：中華書局 1988 年版。
⑨　陳漢平：《金文編訂補》，北京：中國社會科學出版社 1993 年版；董蓮池：《金文編校補》，長春：東北師範大學出版社 1995 年版。
⑩　張世超等：《金文形義通解》，京都：中文出版社 1996 年版。
⑪　戴家祥主編：《金文大字典》，上海：學林出版社 1995 年版。
⑫　陳初生編纂；曾憲通審校：《金文常用字典》，西安：陝西人民出版社 2004 年版。
⑬　董蓮池編著：《新金文編》，北京：作家出版社 2011 年版。
⑭　陳斯鵬、石小力、蘇清芳編纂：《新見金文字編》，福州：福建人民出版社 2012 年版。
⑮　鞠煥文：《〈金文形義通解〉訂補》（上編），東北師範大學 2014 年博士學位論文。
⑯　廖焈汝：《新見商周金文字形編（2010—2016）》，臺灣暨南國際大學碩士學位論文，2020 年。

列字形①，徐在國編著《楚帛書詁林》②，李零《子彈庫帛書》附錄王月前編《子彈庫帛書文字編》③ 等。

（3）戰國陶文辭書。例如高明、葛英會編著《古陶文字徵》④ 取自《古陶文彙編》，共收陶文 1 823 字，根據筆畫多少編排字頭。雖然無法直接獲取材料分域信息，但與《古陶文彙編》對照之後，即可清楚原件出自何種陶器以及哪個出土地。後有高明、涂白奎編著《古陶字錄》⑤ 作為增補本，收錄字頭超過 1 580 個（另有合文 34 種，不識字 521 個），按照《康熙字典》部首排序，其下有標注出土地域及著錄出處。徐谷甫、王延林《古陶字彙》⑥ 取自收錄自藏陶文及金祥恒《陶文編》、顧廷龍《古陶文舂錄》乃至《書法雜誌》《中國書法全集》等處。王恩田編著《陶文字典》⑦ 取自《陶文圖錄》，收錄字頭 1 279 個。陶文分域文字編，例如孫寧《〈新出齊陶文圖錄〉文字編》⑧，張夢楠《〈新出古陶文圖錄〉文字編》⑨，余競穎《〈秦陶文新編〉文字編》⑩，徐在國編著《新出古陶文文字編》⑪ 等取自新出齊系陶文。

（4）戰國璽印文字辭書。例如故宮博物院編《古璽文編》⑫ 在《古璽文字徵》的基礎上編成，全書共收 2 773 字，其中正編 1 432 字，合文 31 字，附錄 1 310 字。所收戰國璽印文字以同文異體為主，按《說文》排序，材料皆出自《古璽彙編》，編號可相互對照。《古璽文編》相關訂補，例如吳振武《〈古璽彙編〉釋文訂補及分類修訂》⑬，施謝捷（2006）《古璽彙考》⑭，吳振武《〈古璽彙編〉校訂》⑮ 修訂了《古璽文編》不少隸定。小林斗盦編《中國璽印類編》⑯ 代表了日本戰國古璽辭書的水平。徐暢編著《古璽印圖典》⑰ 將璽印著錄與辭書相結合。趙平安、李婧、石小力編纂《秦漢印章封泥文字編》⑱ 則擴充了資料收

---

① 曾憲通撰集：《長沙楚帛書文字編》，北京：中華書局 1993 年版；曾憲通：《長沙楚帛書文字編》（增訂版），廣州：中山大學出版社 2019 年版。

② 徐在國編著：《楚帛書詁林》，合肥：安徽大學出版社 2010 年版。

③ 李零：《子彈庫帛書》（附《子彈庫帛書文字編》），北京：文物出版社 2017 年版。

④ 高明、葛英會編著：《古陶文字徵》，北京：中華書局 1991 年版。

⑤ 高明、塗白奎編著：《古陶字錄》，上海：上海古籍出版社 2014 年版。

⑥ 徐谷甫、王延林：《古陶字彙》，上海：上海書店 1994 年版。

⑦ 王恩田編著：《陶文字典》，濟南：齊魯書社 2007 年版。

⑧ 孫寧：《〈新出齊陶文圖錄〉文字編》，安徽大學碩士學位論文，2017 年。

⑨ 張夢楠：《〈新出古陶文圖錄〉文字編》，安徽大學碩士學位論文，2019 年。

⑩ 余競穎：《〈秦陶文新編〉文字編》，安徽大學碩士學位論文，2019 年。

⑪ 徐在國編著：《新出古陶文文字編》，合肥：安徽大學出版社 2021 年版。

⑫ 故宮博物院編：《古璽文編》，北京：文物出版社 1981 年版。

⑬ 吳振武：《〈古璽彙編〉釋文訂補及分類修訂》，常宗豪主編：《古文字論集初編》，香港，香港中文大學 1983 年版。

⑭ 施謝捷：《古璽彙考》，安徽大學博士學位論文，2006 年。

⑮ 吳振武：《〈古璽文編〉校訂》，吉林大學博士學位論文，1984 年；吳振武：《〈古璽文編〉校訂》，北京：人民美術出版社 2011 年版。

⑯ 小林斗盦編：《中國璽印類編》，東京：二玄社 1996 年版；小林斗盦編，周培彥譯：《中國璽印類編》，天津：天津人民美術出版社 2004 年版。

⑰ 徐暢編著：《古璽印圖典》，天津：天津人民美術出版社 2016 年版。

⑱ 李婧：《秦漢印章封泥文字編》，北京師範大學碩士學位論文，2008 年；趙平安、李婧、石小力編纂：《秦漢印章封泥文字編》，上海：中西書局 2019 年版。

集的範圍。莫小不、江吟編《鈢文印典》① 取自古璽 9 909 方，是璽印研究重要的語料輯錄。

（5）戰國封泥文字辭書。例如朱晨《秦封泥文字研究》② 主要收錄秦系的封泥文字，對材料的錄入截至 2009 年，收錄約 480 個已釋讀字頭。材料的時代從戰國一直到秦代。該編以《說文》為體例，小篆為字頭，每個字形圖片下都列了出處及釋文。另外還有趙梅娟《〈秦封泥集存〉文字編》③。

（6）戰國貨幣文字辭書。文字編，例如商承祚、王貴忱、譚棣華合編《先秦貨幣文編》④ 正編字收隸定字頭 313 個。張頷編纂《古幣文編》⑤ 正編字收隸定字頭 322 個，在其下補充貨幣類型、辭例和出土地，可以彌補前者的不足。吳良寶編纂《先秦貨幣文字編》⑥ 收集的貨幣文字到 2005 年為止，每一字頭下收錄的字形按照先春秋後戰國的時間順序排列，大致上先排列春秋時期的平肩、聳肩、斜肩空首布與早期尖首刀文字，戰國貨幣文字則先列尖足布、橋形布、尖首刀、齊刀幣等，後列方足小布、燕明刀、圜錢、楚布幣、齊明刀、直刀幣等。字形採用原拓掃描錄入，未得原拓時採用摹本。相關詞典，例如《中國錢幣大辭典》編纂委員會編《中國錢幣大辭典·先秦篇》⑦ 列有 974 個詞條，拓片選取有代表性及文字構形有差異的拓片 1 500 件。國外辭書，例如 Arthur Braddan Coole 的 *Encyclopedia of Chinese Coins*（《中国古今泉幣辭典》）⑧ 七冊有部分戰國貨幣。

第二類是對應特定書體的辭書。例如商承祚編著《石刻篆文編》⑨ 收篆文 2 921 字，按《說文》次序編排；其字形從拓本雙鈎而出，注明出自何種石刻並錄辭例；書前有《採用石刻目》，並附《偽石刻目》，書後有楷書筆畫檢字。鳥蟲書的辭書，例如張光裕、曹錦炎主編《東周鳥篆文字編》⑩，曹錦炎、吳毅強編著《鳥蟲書字彙》⑪。《鳥蟲書字彙》分上下兩編，上編是字彙，下編是圖版。收錄字形截至 2012 年，並附有圖版編號；先排玄鏐器，再按地域排列吳、越、蔡、楚、曾、宋、晉、許、陳、應、郳、齊、徐及國別待定器。字形用原拓處理，經過適當縮放，按《說文》排序。圖版部分收錄原器照片、拓片（或摹本），前附器目索引，後附器物說明（包括銘文、著錄、現藏三欄）。傳抄古文的辭書，例如徐在國編《傳抄古文字編》⑫，劉建民《傳抄古文新編字編》⑬ 等。李春桃《古文異體關

---

①　莫小不、江吟編：《鈢文印典》，杭州：西泠印社出版社 2020 年版。

②　朱晨：《秦封泥文字研究》，安徽大學博士學位論文，2011 年。

③　趙梅娟：《〈秦封泥集存〉文字編》，煙臺大學碩士學位論文，2022 年。

④　商承祚、王貴忱、譚棣華合編：《先秦貨幣文編》，北京：書目文獻出版社 1983 年版。

⑤　張頷編纂：《古幣文編》，北京：中華書局 1986 年版。

⑥　吳良寶編纂：《先秦貨幣文字編》，福州：福建人民出版社 2006 年版。相關評介見林沄：《〈先秦貨幣文字編〉評介》，《中國錢幣》2006 年第 4 期。

⑦　《中國錢幣大辭典》編纂委員會：《中國錢幣大辭典·先秦篇》，北京：中華書局 1995 年版。

⑧　COOLE A B（邱文明）. Encyclopedia of Chinese coins［M］. Lawrence：Quarterman Publications, Inc., 1967.

⑨　商承祚編著：《石刻篆文編》，北京：科學出版社 1957 年版。

⑩　張光裕、曹錦炎主編：《東周鳥篆文字編》，香港：翰墨軒出版有限公司 1994 年版。

⑪　曹錦炎、吳毅強編著：《鳥蟲書字彙》，上海：上海辭書出版社 2014 年版。

⑫　徐在國編：《傳抄古文字編》，北京：綫裝書局 2006 年版。

⑬　劉建民：《傳抄古文新編字編》，復旦大學博士學位論文，2013 年。

係整理與研究》《傳抄古文綜合研究》① 等相關研究也內附有字表。這類辭書對於特定書體字形進行了整理匯總，有利於特定書寫藝術風格的細緻考察。

第三類是對應專書用字的文字編。例如顧頡剛、顧廷龍輯《尚書文字合編》②，徐在國、黃德寬編著《古老子文字編》③，趙立偉編纂《〈尚書〉古文字編》④ 等。這類文字編收錄了許多傳抄古文和新公佈出土文獻的字形，其中有不少戰國文字內容。通過對比專書歷時字用的不同，可以校勘文例，各取所需，互補不足。

第四類是對應特定文獻類型的文字編。例如蔡麗利編著《楚卜筮簡文字編》⑤，張倩玉《放馬灘秦簡〈日書〉文字編》⑥，孔婷琰《戰國楚簡文字編（非古書類)》⑦，賴怡璇《戰國楚簡詞典（文書卷)》⑧ 等。這些日常實用的文書相對於典籍文獻往往較少受到其他地域系統抄本的影響，帶有相對更為純粹的本土化特徵。

第五類是集中收錄字詞通假/諧聲用例的辭書，收錄字頭辭例而不收錄原字形。例如王輝編著《古文字通假字典》⑨。劉信芳編著《楚簡帛通假彙釋》⑩ 韻部遵從朱駿聲《說文通訓定聲》十八部，聲紐依唐作藩編著《上古音手冊》。白於藍編著《簡牘帛書通假字字典》《戰國秦漢簡帛古書通假字彙纂》《簡帛古書通假字大系》歷經增補，韻部聲紐據陳復華、何九盈《古韻通曉》⑪。學位論文例如徐俊剛《非簡帛類戰國文字通假材料的整理與研究》⑫，葉磊《東周漢字諧聲譜》⑬ 等。

第六類是研究戰國文字構件的辭書，不能簡單地用文字編來概括。一般字書以字為辭書條目最基本的單位，但也有以組成字的構件作為辭書條目的辭書。有些辭書以"最小成文單位"字根"作為基本單位進行編撰。例如李佳信《〈說文〉小篆字根研究》⑭，季旭昇《甲骨文字根研究》⑮，董妍希《金文字根研究》⑯。除此之外，更多的是戰國文字體分域、材料、載體的專題辭書：書寫載體的字根研究，例如何麗香《戰國璽印字根研究》⑰；大宗

① 李春桃：《古文異體關系整理與研究》，北京：中華書局 2016 年版；李春桃：《傳抄古文綜合研究》，上海：上海古籍出版社 2017 年版。
② 顧頡剛、顧廷龍輯：《尚書文字合編》，上海：上海古籍出版社 1996 年版。
③ 徐在國、黃德寬編著：《古老子文字編》，合肥：安徽大學出版社 2007 年版。
④ 趙立偉編纂：《〈尚書〉古文字編》，北京：中國社會科學出版社 2015 年版。
⑤ 蔡麗利編著：《楚卜筮簡文字編》，北京：學苑出版社 2015 年版。
⑥ 張倩玉：《放馬灘秦簡〈日書〉文字編》，東北師範大學碩士學位論文，2018 年。
⑦ 孔婷琰：《戰國楚簡文字編（非古書類)》，華東師範大學碩士學位論文，2021 年。
⑧ 賴怡璇：《戰國楚簡詞典（文書卷)》，臺北：萬卷樓圖書公司 2022 年版。
⑨ 王輝編著：《古文字通假字典》，北京：中華書局 2008 年版。
⑩ 劉信芳編著：《楚簡帛通假彙釋》，北京：高等教育出版社 2011 年版。所用材料包括曾侯乙墓竹簡、信陽簡、葛陵簡、望山簡、楚帛書、仰天湖簡、九店簡、包山簡、郭店簡、上博簡（一—六)。
⑪ 白於藍編著：《簡牘帛書通假字字典》，福州：福建人民出版社 2008 年版；白於藍編著：《戰國秦漢簡帛古書通假字彙纂》，福州：福建人民出版社 2012 年版；白於藍編著：《簡帛古書通假字大系》，福州：福建人民出版社 2017 年版。
⑫ 徐俊剛：《非簡帛類戰國文字通假材料的整理與研究》，吉林大學博士學位論文，2018 年。
⑬ 葉磊：《東周漢字諧聲譜》，西南大學博士學位論文，2023 年。
⑭ 李佳信：《〈說文〉小篆字根研究》，臺灣師範大學碩士學位論文，1999 年。
⑮ 季旭昇：《甲骨文字根研究》，臺北：文史哲出版社 2003 年版。
⑯ 董妍希：《金文字根研究》，臺灣師範大學碩士學位論文，2000 年。
⑰ 何麗香：《戰國璽印字根研究》，臺灣師範大學碩士學位論文，2002 年。

材料的字根研究，例如王瑜楨《〈上海博物館藏戰國楚竹書（一）—（六）〉字根研究》①，駱珍伊《〈上海博物館藏戰國楚竹書（七）—（九）〉與〈清華大學藏戰國竹簡（壹）—（叁）〉字根研究》②，范天培《〈清華大學藏戰國竹簡（肆）—（玖）〉字根研究》③；分域字根研究，例如張鵬蕊《齊系文字字根研究》④ 等。這些字根研究從隸定出發，將原字形拆分為更小的構件，並將文字材料按義類劃分的字根排列，有利於橫向對比專門範圍內文字構件之間的相互聯繫。

　　第七類是根據字義（詞義）編排的辭書。其中的大宗是詁林類，窮盡關於某個字（詞）能搜集到的所有內容進行匯總。丁福保編纂《說文解字詁林》開創了詁林的編書體例，引書達一百八十二種，共成一千零三十六卷，計有七千六百餘頁，其後還增訂有《說文解字詁林補遺》⑤。李圃主編《古文字詁林》及其修訂本⑥收錄了甲骨文、金文、古陶文、貨幣文、簡牘文、帛書、璽印文和石刻文八類載體古文字，匯錄了歷代學者關於古文字形、音、義的考釋成果。李圃、鄭明主編《古文字釋要》⑦ 相當於《古文字詁林》的簡注，相對原書增加了注音。劉志基等主編《古文字考釋提要總覽》⑧，以提要的形式彙集各家考釋，主要突出考釋結果和主要論證材料，並以表格的形式串聯。作者注意到漢字的不同材料和不同時期的不同特徵，用獨立表格對此進行分別考釋，尤其是添加了較新的出土戰國文字，細化了隸定成果的彙編工作。

　　第八類是引得/索引/辭類纂。“引得”譯自英文 index，又名索引，舊稱通檢。通過“引得”能夠提高書籍的檢索速度，便於高效查找信息。這類辭書多以字頭為單位，便於查詢其在範圍內所有語料的使用情況。金文引得，例如張亞初編著《殷周金文集成引得》⑨，華東師大中國文字研究與應用中心編《金文引得·春秋戰國卷》⑩。簡牘引得，例如張顯成主編《秦簡逐字索引》⑪《楚簡帛逐字索引（附原文及校釋）》⑫。與引得/索引不同的是，辭類纂還會附上原字形，例如張桂光主編《商周金文辭類纂》⑬。戰國文字的引得/索引/辭類纂按字頭著錄了出土戰國文獻的釋文，其中就包含了大量相關隸定成果，可以作為研究的參照。不同索引檢索的類別並不相同，例如徐在國編《戰國文字論著目錄索引》⑭ 共收

---

① 王瑜楨：《〈上海博物館藏戰國楚竹書（一）—（六）〉字根研究》，淡江大學碩士學位論文，2011 年。
② 駱珍伊：《〈上海博物館藏戰國楚竹書（七）—（九）〉與〈清華大學藏戰國竹簡（壹）—（叁）〉字根研究》，臺灣師範大學碩士學位論文，2015 年。
③ 范天培：《〈清華大學藏戰國竹簡（肆）—（玖）〉字根研究》，臺灣師範大學碩士學位論文，2020 年。
④ 張鵬蕊：《齊系文字字根研究》，新北：花木蘭文化事業有限公司 2021 年版。
⑤ 丁福保編纂：《說文解字詁林》，上海：醫學書局 1928 年版；丁福保編纂：《說文解字詁林補遺》，上海：醫學書局 1931 年版。
⑥ 李圃主編：《古文字詁林》，上海：上海教育出版社 1999—2005 年版；李圃主編：《古文字詁林》（修訂本），上海：上海教育出版社 2019 年版。
⑦ 李圃、鄭明主編：《古文字釋要》，上海：上海教育出版社 2010 年版。
⑧ 劉志基等主編：《古文字考釋提要總覽》，上海：上海書店出版社 2020 年版。
⑨ 張亞初編著：《殷周金文集成引得》，北京：中華書局 2001 年版。
⑩ 華東師大中國文字研究與應用中心編：《金文引得·春秋戰國卷》，南寧：廣西教育出版社 2002 年版。
⑪ 張顯成主編：《秦簡逐字索引》，成都：四川大學出版社 2010 年版。
⑫ 張顯成主編：《楚簡帛逐字索引（附原文及校釋）》，成都：四川大學出版社 2013 年版。
⑬ 張桂光主編：《商周金文辭類纂》，北京：中華書局 2014 年版。
⑭ 徐在國編：《戰國文字論著目錄索引》，北京：綫裝書局 2006 年版。

錄國內外戰國文字研究專著和論文約一萬四千項著録，包含綜合、銅器銘文、兵器銘文、錢幣、古璽、陶文（含磚文、瓦文、封泥）、石器銘文（含玉器銘文）、簡牘（楚簡牘）、秦簡牘、帛書、巴蜀符號（巴蜀文字）、傳抄古文等門類。而吳鎮烽編著《商周青銅器銘文暨圖像集成索引》① 對於《商周青銅器銘文暨圖像集成》前兩編材料的地名、人名、出土地、現藏地等內容進行了分類索引以方便檢索。

　　第九類是其他相關辭書乃至工具書。至於其他戰國文字相關的年鑒、年譜、文摘、圖錄、研究綜述、百科全書等內容就屬於廣義辭書乃至工具書的範疇了。例如高至喜主編《楚文物圖典》② 在輯錄楚系文物時也收錄了不少戰國文字相關內容。何琳儀《戰國文字通論（訂補）》③ 書末附錄中國大陸、港澳、臺灣以及國外的論著目錄，以便於快速查找相關研究篇目。又如每年的《中國考古學年鑒》往往附錄有新出戰國文字的相關釋文，可供查閱。

　　綜上所述可知，適宜的戰國文字辭書對戰國文字的隸定裁斷審慎取捨得當，相對於以往辭書不僅補充了材料，拓寬了研究範圍，還修正了不少過去的誤釋乃至於增加新的可識字。標注地域和時代對於細化戰國文字內部特徵也是非常重要的，由此可以較好解決收錄字形共時和歷時之間的需求差異問題。至於原字形若略有缺失和模糊，應在保證字形準確的基礎上予以適當補描，以求字形結構的盡量清晰和完整。隨着整理和研究水平的不斷進步，戰國文字辭書的發展要與跨學科綜合應用相結合，進一步信息化、系統化、立體化，通過語料數據的不斷積纍從而為更大規模的數據量化分析奠定基礎。

參考文獻

［1］白於藍編著：《簡帛古書通假字大系》，福州：福建人民出版社 2017 年版。

［2］白於藍編著：《戰國秦漢簡帛古書通假字彙纂》，福州：福建人民出版社 2012 年版。

［3］蔡麗利編著：《楚卜筮簡文字編》，北京：學苑出版社 2015 年版。

［4］陳松長等編：《嶽麓書院藏秦簡（壹—叁）文字編》，上海：上海辭書出版社 2017 年版。

［5］方勇編著：《秦簡牘文字編》，福州：福建人民出版社 2012 年版。

［6］郭若愚編著：《戰國楚簡文字編》，上海：上海書畫出版社 1994 年版。

［7］何琳儀：《戰國古文字典：戰國文字聲系》，北京：中華書局 1998 年版。

［8］何琳儀：《戰國文字通論（訂補）》，上海：上海古籍出版社 2017 年版。

［9］黃德寬主編，徐在國、程燕、張振謙編著：《戰國文字字形表》，上海：上海古籍出版社 2017 年版。

［10］季旭昇：《甲骨文字根研究》，臺北：文史哲出版社 2003 年版。

［11］季旭昇：《說文新證》，福州：福建人民出版社 2010 年版。

［12］季旭昇：《說文新證》，臺北：藝文印書館 2014 年版。

---

① 吳鎮烽編著：《商周青銅器銘文暨圖像集成索引》，上海：上海古籍出版社 2019 年版。
② 高至喜主編：《楚文物圖典》，武漢：湖北教育出版社 2000 年版。
③ 何琳儀：《戰國文字通論（訂補）》，上海：上海古籍出版社 2021 年版。

［13］ 李圃主編，古文字詁林編纂委員會編纂：《古文字詁林》，上海：上海教育出版社1999—2004年版。

［14］ 李圃、鄭明主編：《古文字釋要》，上海：上海教育出版社2010年版。

［15］ 李守奎、賈連翔、馬楠編著：《包山楚墓文字全編》，上海：上海古籍出版社2012年版。

［16］ 李守奎編著：《楚文字編》，上海：華東師範大學出版社2003年版。

［17］ 李守奎、曲冰、孫偉龍編著：《上海博物館藏戰國楚竹書（一——五）文字編》，北京：作家出版社2007年版。

［18］ 李學勤：《戰國題銘概述（上)》，《文物》1959年第7期。

［19］ 李學勤：《戰國題銘概述（中)》，《文物》1959年第8期。

［20］ 李學勤：《戰國題銘概述（下)》，《文物》1959年第9期。

［21］ 李學勤主編：《字源》，天津：天津古籍出版社；瀋陽：遼寧人民出版社2012年版。

［22］ 劉孝霞：《秦文字整理與研究》，華東師範大學博士學位論文，2013年。

［23］ 劉信芳編著：《楚簡帛通假彙釋》，北京：高等教育出版社2011年版。

［24］ 劉志基等主編：《古文字考釋提要總覽》，上海：上海書店出版社2020年版。

［25］ 饒宗頤主編：《上博藏戰國楚竹書字彙》，合肥：安徽大學出版社2012年版。

［26］ 商承祚編著：《石刻篆文編》，北京：科學出版社1957年版。

［27］ 沈之傑：《戰國三晉文字編》，北京師範大學博士學位論文，2009年。

［28］ 施謝捷編著：《吳越文字彙編》，南京：江蘇教育出版社1998年版。

［29］ 孫剛編纂：《齊文字編》，福州：福建人民出版社2010年版。

［30］ 湯餘惠主編：《戰國文字編》，福州：福建人民出版社2001年版。

［31］ 湯餘惠主編：《戰國文字編》（修訂本），福州：福建人民出版社2015年版。

［32］ 湯志彪編著：《三晉文字編》，北京：作家出版社2013年版。

［33］ 滕壬生編著：《楚系簡帛文字編》，武漢：湖北教育出版社1995年版。

［34］ 滕壬生編著：《楚系簡帛文字編》（增訂本），武漢：湖北教育出版社2008年版。

［35］ 王輝編著：《古文字通假字典》，北京：中華書局2008年版。

［36］ 王輝主編，楊宗兵、彭文、蔣文孝編著：《秦文字編》，北京：中華書局2015年版。

［37］ 王寧：《漢字構形學講座》，臺北：三民書局2013年版。

［38］ 徐在國編：《傳抄古文字編》，北京：綫裝書局2006年版。

［39］ 徐在國、黃德寬編著：《古老子文字編》，合肥：安徽大學出版社2007年版。

［40］ 許雄志主編：《秦印文字彙編》，鄭州：河南美術出版社2001年版。

［41］ 許雄志編著：《秦印文字彙編》（增訂本），鄭州：河南美術出版社2021年版。

［42］ 袁仲一、劉鈺：《秦文字類編》，西安：陝西人民教育出版社1993年版。

［43］ 曾憲通、陳偉武主編：《出土戰國文獻字詞集釋》，北京：中華書局2019年版。

［44］ 張光裕、曹錦炎主編：《東周鳥篆文字編》，香港：翰墨軒出版有限公司1994年版。

［45］ 張光裕主編，袁國華合編：《包山楚簡文字編》，臺北：藝文印書館1992年版。

［46］ 張鵬蕊：《齊系文字字根研究》，新北：花木蘭文化事業有限公司2021年版。

［47］ 張振謙編著：《齊魯文字編》，北京：學苑出版社2014年版。

［48］ 張振謙編著：《燕文字編》，北京：文物出版社2023年版。

［49］趙立偉編纂：《〈尚書〉古文字編》，北京：中國社會科學出版社 2015 年版。

［50］周波：《戰國時代各系文字間的用字差異現象研究》，北京：綫裝書局 2012 年版。

An Overview of the Dictionaries on the Warring States Script

Zhu Xuebin

Abstract：Dictionaries of the Warring States script are the summary and application of the research results of the inscription of the Warring States script, and they contain the results of the inscription in a concentrated manner, so they need to be classified specifically for comparative study. This paper discusses the dictionaries of different sub-systems of the Warring States script by sub-domain, and also takes into account the dictionaries by different functions. By reviewing and reflecting on the development of the dictionaries of the Warring States periodicals, it is possible to make a further outlook on the compilation and theoretical construction of the relevant dictionaries in the future.

Key words：Warring States scripts, unearthed documents, Chinese ancient scripts, Chinese character dictionary, character compilation

（華東師範大學中國語言文學系）

基於簡帛文獻行、草書的漢語俗字研究

吳立業

提　要　作為輔用字體的行、草書在漢字歷時發展過程中對規範簡化字和俗字有重要影響，漢晉簡帛中的草寫漢字經過楷化，發展演變為後代的俗字，這些俗字在明清時期被大量記錄，有的又被現代漢字吸收為規範字形。目前學界對這類俗字的來源、發展演變脈絡、成因並未做過系統歸納，因此本文重點對簡帛文獻中草書楷化俗字的來源、發展演變脈絡、成因進行分析；對隸變與草化對俗字作用過程進行分析，總結草化方法。此外，因隸變和草化都對俗字形體形成產生影響，因此本文還對隸變與草化的聯繫與區別進行辨析。

關鍵詞　行、草書　俗字形成　草化方法　成因

一、引言

俗字相對於官方正體，在漢字發展演變史上處於支流地位，俗字的研究也長期未被充分重視。直到 20 世紀，楊寶忠、張湧泉、曾良、梁春勝等一批近代漢字研究專家開啓了對俗字的研究和考釋工作，從大型字書疑難字考釋到敦煌俗字研究，從明清小說俗字研究到敦煌草書研究，讓俗字在近代漢字研究中大放異彩。但學界對俗字中的草書楷化字關注不夠，對其發展演變過程未作細緻總結。事實上，有些草書楷化俗字由來可以追溯到漢晉時期，存在於各類漢簡帛書中，後世流傳的《宋元以來俗字譜》《明清小說俗字典》中的許多俗字實際上都是這些寫卷俗字的遺留。

這類俗字對漢字發展演變的影響一方面體現在正字上，一部分俗字在人們長期使用過程中逐漸發展為正字，在現代漢字中繼續發揮作用；另一部分則長期存在於民間俗寫中，以歷史古籍的形式留存下來。但不論是實用漢字還是歷史遺存，對草書楷化俗字進行來源、發展演變過程分析對認定和識別這些漢字都有重要意義；對草書楷化方法進行總結，有利於更好地鑒別和分析漢晉草書文獻；由於隸變與草化在簡化漢字上都起作用，因此進行隸變與草化的對比研究能對漢字簡化方法有更全面、具體的把握。

在進行草書楷化俗字分析之前，需要對隸書與草書的關係進行梳理，為後文進行隸變與草化的聯繫和區別作鋪墊，因此這是就隸書與草書的關係作簡單說明。狹義草書①興起於

---

① 狹義草書是指漢代形成、魏晉成熟的有嚴整草寫規則的草書。

西漢，隸書雖起於戰國中晚期①而成熟於東漢，但兩者不僅在時間上存在交叉，在簡化漢字的方法上也有共通之處並相互影響。蔣善國在《漢字形體學》一書中指出："不論漢字的本質或形體，都以秦末作轉折點，以古隸（即秦隸）作過渡形式。"② 正是隸書在形體、結構上的突破，為草書的形成創造了條件，通過進一步解散漢字形體，形成婉轉曲折的綫條組合。隸書變小篆婉轉曲折的綫條為筆畫的組合，為草書在漢隸基礎上進一步縮短筆程、簡省部件、解散封閉"類口形"構件、連筆書寫等一系列草寫過程提供基礎，促進漢代草書和今草的形成。③ 事實上，草書對主流字體的影響既體現在隸書上，也體現在楷書俗字上，尤以草書楷化俗字最甚，也即隸變與草化都對漢字簡化起到了重要推動作用。

另一個需要說明的問題即是草化，就本質而言，草化有兩大特點：一是簡省漢字結構，且這種簡省造成字形結構的變異和造字理據的缺失；二是大量運用婉轉曲折的綫條使不同結構的漢字勾連一體，從而造成結構本不同的字大量形近，詳參拙作《文字學視角下的草書形近字辨析》。④ 草書雖然採用簡省、連寫筆畫等方法簡化漢字，但本身有一定的系統性，這就為行、草書楷化俗字的大量出現奠定了基礎和提供了依據。

二、草書楷定俗字字例分析

按照字形變異發生的層級不同，筆者將受行、草書影響的俗字根據變異度大小分為筆畫組、部件、整字三大部分。採用此法的原因有二：一是俗字的層纍性，與歷代官方字書中所收字形時代各異，歷時的堆積上至秦漢、下至官書修繕時代的字形一樣，俗字的著錄時代與字形源出也存在偏差；二是行、草書本身有一定的傳承性，尤其是漢晉時期書法大家的字形多被後代臨摹、繼承。因此，筆者在分析行、草書對俗字字形的影響時按照漢字構形拆分理論，從分析俗字字形產生的源頭開始，對其如何發展為楷化俗字的過程進行分析和解說。本節所說的草寫是就繁體字形而言，在進行例證分析時將楷化的俗字在字頭上進行標注。

（一）筆畫組層面

1. 長·长

象形字。甲骨文像一位拄杖的長髮人形，或省掉手裹的拐杖，作 𐙀（商·甲骨文·合 27641）、𐙀（商·甲骨文·合 13545 正）等形。學界對其本義有兩種推測：一說指長者，從拄拐而來；一說頭髮長，從長頭髮形而來。該字後世異體較多，但多是從甲骨文中這兩種字形發展變化而來。西周金文將拐杖形與人形割裂。戰國文字字形進一步綫條化，象形程度進一步

---

① 趙平安：《隸變研究》，保定：河北大學出版社 2009 年版，第 6 頁。

② 蔣善國：《漢字形體學》，北京：文字改革出版社 1959 年版，第 10－11 頁。

③ 吳立業、陳雙新：《草書楷化字研究》，教育部人文社會科學重點研究基地華東師範大學中國文字研究與應用中心、華東師範語言文字工作委員會主辦：《中國文字研究》（第二十九輯），上海：上海書店出版社 2019 年版。

④ 吳立業、陳雙新：《文字學視角下的草書形近字辨析》，華學誠主編：《文獻語言學》（第六輯），北京：中華書局 2018 年版。

降低。小篆字形將甲骨文中的拐杖訛寫作"ヒ"形，楷書"長"是從含杖形的戰國隸書發展而來的。

秦代，"長"作 **長**（嶽壹編·夢0031）、**長**（里耶編·8—988）、**長**（睡編·日甲七四背）等形，在含杖形的字形基礎上筆畫整體趨直，**長**形中下部"ㄥ"出現簡省和連寫。漢代，"長"作 **長**（秦漢表·老子甲一〇三）、**長**（漢草編·流儁15）、**長**（漢草編·流烽11）、**長**（漢草編·流烽23）等形。**長**在"長"基礎上將"ㄥ"簡省和連寫，並將像長髮形的筆畫一再簡省，發展出 **長**（漢草編·流烽11）、**長**（漢草編·流烽23）等形，是簡化字"長"的雛形。

後草書 **長**（三國·皇象·急就章）、**长**（晉·王羲之·此事帖）是對漢代草書 **長**（漢草編·流烽23）的直接繼承。俗字 **长**（宋元以來俗字譜·元·古今雜劇）和簡化字"长"都在此類字形基礎上楷定而來。

2. 門·门·丁

象形字。始見於甲骨文，像兩扇對開門的形狀，作 **門**（商·甲骨文·合20770）形。古代"門""戶"有別，一扇為戶，兩扇為門。現代漢語中這種區別已經消弭，不管一扇還是兩扇，堂室還是宅區，統統稱之為"門"。西周金文、戰國文字和小篆均繼承甲骨文構形。《說文·門部》云："門，聞也。從二戶。象形。"

秦代"門"作 **門**（睡編·日甲一四三背）、**門**（嶽叄編·166.16）等形。漢代，"門"作 **門**（漢簡編·敦屯一八正3）、**門**（敦煌漢簡·玉門千秋隊·32A）、**門**（漢簡編·居圖二〇七139.4）、**门**（漢草編·居311.33A）、**门**（居舊編·20，137·1，55.19）、**丁**（漢簡編·居圖一七九325.14）等形。其中 **門** 到 **门** 的演變軌跡以"問"中構件"門"可以窺探，漢代"問"作 **問**（居舊編·72.39）、**問**（居舊編·433.22）、**問**（居舊編·193.30）、**問**（漢簡編·居圖四七三157.25A）、**問**（居舊編·176.1A，176.14A）、**問**（居舊編·103.12）、**問**（漢簡編·居圖一五一103.12）等形，"問"的字形演變清晰地展示了"門"解散形體、簡省以及連寫的過程。**门**形已為現代簡化字"門"的雛形，差別只在書寫風格上，其中 **丁** 形屬於極端草寫，簡化字"門"來源於草書楷化字。

對問 **問**（漢簡編·居圖一五一103.12）形中的部件"門"進行楷化就是俗字 **门**（宋元以來俗字譜·目連記·清刊）的由來。俗字 **一**（宋元以來俗字譜·古今雜劇·元刊）、**丁**（敦煌俗字典·M部）、**丁**（敦煌俗字典·M部）按照草寫規律，即是在 **丁**（漢簡編·居圖一七九325.14）類形體基礎上繼續連寫發展而來。

(二) 部件層面

1. 哭·哭

會意字。戰國文字作哭，從吅，從犬，本指犬噑，而移以言人之哀哭聲。篆文結構與戰國文字相同，本義為因悲傷痛苦或情緒激動而流淚、發聲。《論語·先進》"顏淵死，子哭之慟"，言人之哀哭聲。

秦代，"哭"作 **哭**（秦漢表補編·睡日乙簡一九一貳·5）、**哭**（秦漢表補編·睡日甲簡一五五背·19）等形，犬形的腿部趨直，象形性進一步減弱，為提高書寫速度，減少起筆次數，草寫時將吅形草寫為類似“三角形”的筆畫。漢代，“哭”作 （馬王堆編·周〇——哭豕之牙）、（漢簡編·武甲服4）等形，出現从類似“大”的寫法。

後代草書“哭”作 （三國·皇象·急就章）、（晉·王羲之）等形，是構件“吅”先後經歷簡省筆畫、解散封閉“類口形”構件、連筆書寫三個步驟發展而來，該字形為俗寫提供了字形基礎。（宋元以來俗字譜·古今雜劇·元）是由草寫楷定而來的俗字。

2. 定·史·㝎

會意兼形聲字。甲骨文从广，从正，正亦聲，表示安定。西周金文作 ，小篆作 ，構意與甲骨文同。《說文·宀部》：“定，安也。”本義為安定。例如《易·家人》：“正家而天下定矣。”

秦代作 （嶽壹編·為1532）、（睡編·封一三）、（睡編·法一二一）等形。漢代作 （漢簡編·居圖四一564.16）、（漢簡編·居圖二八10.29）、（漢簡編·居圖二五三55.13）、（漢簡編·居圖二五332.5）等形，從字形演變中可看出 形是在秦隸 （睡編·封一三）形基礎上縮短“正”的內部筆程而來，變為捺點和撇點，、是將筆畫進一步連寫的結果。

草書 （三國·皇象·急就章）、（晉·王羲之·遠近清和帖）都是繼承 形的草寫。俗字 （敦煌俗字典·D部）、（宋元以來俗字譜·元·太平樂府）是對草書的繼承，楷書 （漢唐表·南北朝·賀屯植墓誌）已經寫成上部从宀、下部从之的結構；俗字 （宋元以來俗字譜·宋·取經詩話）是在上形基礎上簡省點畫而來。

（三）整字層面

1. 樂·𣴑·禾

會意字。商代从𢆶，从木，一說會樂器之弦附於木上之意[1]；一說“樂”本為“櫟”，西周金文增 ，乃象其果實，“白”上頭亦常出短尾狀，其中一橫或指果帽[2]。《說文》：“五聲八音總名。”乃是引申義。

秦代“樂”作 （睡編·日甲·四二）、（嶽叁編·55.8）、（睡編·日乙·二四一）等形，字形承襲小篆，但將彎曲的綫條平直化，有一定的簡省和斷寫。漢代“樂”的形體朝兩個方向發展：一路是沿着秦隸進一步綫條化、平直化，如 （北大·貳文字編·老216.13）、（銀編·248）等形；另一路是對秦隸的上部構件進行簡省和連筆草寫，分別作：（漢簡編·居圖305·271.7）、（居新編·E.P.T59：361）、（居新編·E.P.T51：490）、（居新編·E.P.T56：97）、（漢簡編·斯三·68）、（漢簡編·居圖二五·332.14）、（漢簡編·居圖二五·332.5）、（漢簡編·居圖九四·117.17）、（居新編·E.P.T51：190A）、（居新編·ESC.13）、（居舊編·北鄣卒安～裏董憲口.393.11）等形。從 形開始，上部構件被大幅度簡省，將表示樂弦的兩個“幺”草寫成類似於“厶”的構件，只需提筆一次， 形將聲符“白”也簡省為“厶”形， 形與 形體相似但只需提筆一次，書寫更快速簡便， 將上部兩個“幺”和一個“白”變成中間

---

[1]　李學勤主編：《字源》（上、中、下），天津：天津古籍出版社；瀋陽：遼寧人民出版社2012年版，第530頁。

[2]　陳雙新：《“樂”義新探》，《故宮博物院院刊》2001年第3期。

一個豎筆，兩邊各兩個對稱的點畫，完全看不出其與原形的關係，⿰形則進一步將點畫變為五六個短豎或斜點，⿰在上一形體基礎上將其簡省為三個點畫，同時與下部"木"進一步連筆書寫。最後三個形體⿰、⿰、⿰，前兩者除將上部構件簡省為三點外，最右的點與下部"木"的橫畫相連，最後一形⿰又將上部的三點連為一橫畫並與木的起筆連寫。

草書作⿰（草字編·三國·皇象·急就章）、⿰（草字編·晉·王羲之·闊別帖）都是對⿰（居舊編·北郭卒安～裏董憲口.393.11）形的直接繼承，今天簡化漢字"樂"的形體即來源於此類形體。俗字⿰（宋元以來俗字譜·嶺南逸事·清刊）同樣來源於草書楷定字。

此外，漢代草寫還有一路作⿰（秦漢表·日有窓鏡）、⿰（秦漢表·尚方鏡六）、⿰（秦漢表·三羊鏡三）等形。第一形和第二形將表示樂弦的兩個"幺"草化為四點，分居左右兩邊，第三形省略四點。俗字⿰（宋元以來俗字譜·三國志平話·元刊）即在⿰形基礎上楷定而來，俗字⿰（敦煌俗字典·L部）則在⿰（秦漢表·三羊鏡三）形基礎上再簡省"白"字內部筆畫而來。

2. 為·為·为

會意字。從爪從象。甲骨文像一隻手牽着一頭象，會勞作意。"為"字變體繁多，到小篆時已看不出其像"大象"形。《說文》說解為像母猴，不確。秦代"為"已有極簡省的寫法，到漢代已有簡化作"为"者。

秦代，"為"有作⿰（睡編·雜·一九）、⿰（睡編·秦·四四）、⿰（嶽貳編·穀物·0974.2）、⿰（嶽壹編·為1580）、⿰（嶽貳編·衰分·0759.2）等形，其中前三形基本是在亞象形形體基礎上的進一步簡省和平直化，⿰形和⿰形則完全呈現出偽變的形體。更有甚者，已經將"為"簡省、草化為⿰（嶽壹編·夢0049）形。漢代，"為"的簡省更加劇烈。其一，在常規秦隸基礎上進一步縮短筆程，字形進一步平直化，作⿰（北大集釋·周馴·Z3·02）形，是繁體"為"的來源。其二，經過簡省作⿰（居舊編·178.30）、⿰（居舊編·20.8）、⿰（居舊編·7·7A）、⿰（居舊編·179.9）、⿰（漢簡編·流遺14）、⿰（漢簡編·居32.12A）等形，從⿰形開始經過大幅度的簡省，將象腿進一步符號化為一點，象鼻拉長為撇畫，構件爪也解散形體，⿰形在⿰形基礎上進一步將表象身的筆畫拉直，⿰形將訛變的爪形進一步縮短筆程，與拉直的象鼻連筆書寫，⿰形成為簡化字"为"的字形基礎。

後"為"草寫為⿰（草字編·漢·張芝·平善帖）、⿰（草字編·三國·皇象·急就章）、⿰（草字編·晉·王羲之·蜀都帖）都是對⿰形的直接繼承。俗字⿰（敦煌俗字譜·中32·274上3）、⿰（敦煌俗字譜·祕9·063左6）、⿰（宋元以來俗字譜·古今雜劇·元刊）是對草書字形的繼承，簡化字"为"來源於草書楷化字。

三、草书楷化俗字成因和影響

(一) 成因

1. 社會用字範圍的擴大，漢字書寫求簡、求快需求使然

與隸書適應官獄書寫，簡化篆書一樣，受行、草書影響的俗字與簡化字在功用上有相

通之處，都是為快速書寫提供方便，差别在於：一是為日常交際的方便；一是為規範現代漢字書寫，實現大陸範圍内的"書同文"。

2. 權威書家的字體對實用領域漢字書寫的影響

行、草書雖然是輔用字體，但其對主流字體的影響從產生之日起就一直存在，尤其是漢晉書法名家的書法對漢字的影響更是不容小覷。在我們所測查的受行、草書影響的俗字中，漢晉時期已經定型，經後代楷定而來的俗字多達120例，詳見附表1。表中清晰地反映了受漢晉行、草書影響而成的俗字和簡化字數量最多，造成這種情況的一個重要原因是草書自戰國興起，經秦汉發展，在魏晉成熟，自成嚴整體系，為後代提供字形規範，隋唐以至現代，即使是書法名家也多學"二王"書法。因此，後代俗字字形結構整體遵循漢晉草寫是符合草書發展演變規律的。一部分隋唐和宋以後出現的俗字，其草寫有深刻的社會原因，如市民文化的興起、隋唐佛教興盛、梵文經書大量抄録，都促進了民間手寫字量的增加。為追求快捷簡便，必然要更多地使用草寫方法，且這些後起的草字多遵從前代草寫方法和規律。

3. 辭彙化尤其是詞的雙音化對漢字形體簡化的推動作用

漢語辭彙雙音化發展歷程中的重要階段是春秋戰國、東漢，與漢字簡化中的隸變、草化在時間上存在比較嚴整的對應性，這種對應應該不是偶然發生的。由於實用交際需求的增加，新事物不斷產生，新詞不斷出現，秦漢以後漢字形體的簡化和漢語詞義表達的複雜化、準確化呈負相關。從語言交際的經濟性原則來說，詞的雙音化加劇了字形的草化，因為雙音詞由兩個字組合為一個整體，它與前後其他詞的區別特徵就顯著多了，對每一個語素的形體區別特徵的要求也就降低了（這就類似於甲骨文中的象形字添加了表音的聲符，增加了區別項，原象形字的象形性就逐漸減弱以致完全不象形，甚至變成與原象形字無關的其他構件），給漢字簡化甚至脫形草化提供了可能。

（二）影響

行、草書對漢字形體結構的影響主要體現在書寫難易度、理據存留度、字形可辨識度幾大方面。

1. 書寫難易度的改變

隸變和草化都是漢字簡化的重要方法，受行、草書影響而成的俗字字形的簡化，在筆畫數上大大減少，呈現書寫簡易化趨勢。這種書寫簡易與隸書改變篆書的簡易不同，隸書的簡易表現在逆筆消失，不描摹篆書那種粗細相同的婉轉綫條，縮短書寫時間。而草書楷定俗字的簡易主要體現在筆畫乃至結構的簡省上，這種簡省使所用時間更短，書寫更快，更能適應世俗社會抄寫經書和日常交際需要。但受行、草書影響的俗字字形也有反例，有極少數筆畫大大減少的俗字書寫難度反而增加了，這主要是由於出現了逆書寫生理習慣的筆畫，例如高作"**€**"，因為楷書字形是要一筆一畫寫成，與草書的圓轉連寫不同，這種楷定俗字反而增加了書寫難度。

2. 理據存留度的變化

行、草書影響下的俗字字形構形理據的缺失使其備受詬病。如"豐"，王羲之將其草寫作🖋、🖋二形，是延續漢代草書草化規律而來：草書🖋是通過縮短筆程、簡省構件、類化為三點，作🖋形；草書🖋則是黏合構件，形成封閉字形，但"丰"的出現不但破壞了這種普遍規律性，草寫構件"豆"的流動美也完全無法體現。又如"壽"作壽 (三國·皇象)、🖋 (晉·王羲之)，這些字形中草書牽絲勾連的形式美一覽無遺，還能清晰看到"壽"字中下部"吋"的筆畫，"壽"的草書上部多細窄，下部多寬肥，字形看起來穩重，楷化後草書間架結構的空間美消失了，"吋"的筆畫也完全消失了，不利於字形辨認。

3. 字形可辨識度的變化

有些草寫楷定字形的選取不是在常見的行、草書寫法的基礎上進行的。例如"高"作🖋 (唐·懷素·草書) 形是常見草寫法，字形中的"亠"與下部"口"形一定是截然分開的，即使有個別連帶也是極細的牽絲勾連，如🖋 (現代·鄧散木)，且"冂"形一定寫得寬肥，呈現出"高"的輪廓，因為"高"的形體是"象臺觀高之形"，而草書楷化字作🖋形則使這種聯繫完全看不出來。又如"要"作🖋形，通常"要"草寫作🖋 (晉·王羲之)、🖋 (隋·智永)、🖋 (唐·懷素) 等形，從第一形和第二形中能夠看出楷書"要"的輪廓，而🖋形是由🖋 (標準草書字典·千字文) 楷化而來，該形離原字本形偏離太遠，不便於記憶。

四、草寫方法的界定

行、草書楷化法簡稱草化，是行、草書楷定俗字和簡化字由來的基礎，要對受行、草書影響的俗字字形成因進行分析就必須對草化方法有清晰的認識和辨別，以往學界對草化方法的解說多是書法界意象美的說解，筆者從文字學的視角對草化方法進行重新界定，力圖客觀展現草化方法的規律性。本文指出草書草化方法主要包括：縮短筆程、解散封閉"類口形"構件、連筆書寫、省減、省變五大類。

(一) 縮短筆程

涉及橫、豎、撇、捺、折等幾方面，且這幾種筆畫縮短筆程的現象在漢代草書中多見，捺畫在草書中也有縮短筆程的情況，但較少，成熟今草多縮短或省略左部撇畫。縮短筆程在一定程度上改變平面佈局，兩者存在一定程度上的因果關係。如🖋 (漢簡編·敦屯一八正 3)、🖋 (漢簡編·居圖二〇七 139.4)；馬 (漢·史晨碑)、馬 (漢簡編·居圖二一三 78.36)。

(二) 解散封閉"類口形"構件

這類構件的草寫對漢字簡化有重要影響，是漢字草化必用的方法之一，因"類口形"構件多數可草寫為大致描摹"口"形筆畫的🖋和🖋的組合或類三角形的筆畫，故而可根據字形結構進一步縮短筆程、簡省、趨直、連寫，有些"類口形"構件雖然只呈現出右部🖋

形，或者 **𠃌** 形已經與字形的其他構件連寫，但其實都存在 **乚** 和 **𠃌** 組合的過渡字形。如 **高** （秦漢表·定縣竹簡·三三）、**㐱** （漢草編·居95.75）、**會** （秦漢表·漢·史晨碑）、**㑹** （居新編·73EJT8：16）、**糸** （漢草編·居188.4）。

（三）連筆書寫

按照連筆所發生層次不同，可分為筆形連寫、部件連寫、字間連寫，同時存在順序連寫和逆序連寫兩種情況。字間連寫屬於不同字之間的連寫，不在我們進行字形分析考察的範圍內。筆形連寫：**末** （秦漢表·老子甲七九）、**本** （漢草編·居255.24B），部件連寫：**恐** （秦漢表·孔龢碑）、**㞢** （漢草編·流薄20）。

（四）省減

省減是省減掉原字形的一部分，不再有其他草寫方法的介入。省減可分為省減筆畫組和省減部件兩大類。省減筆畫組：**長** （秦漢表·一號墓竹簡二四四）、**镸** （漢草編·流簿15）、**長** （漢草編·流烽11），省減部件：**時** （漢簡編·居圖八九77.62）、**㫃** （漢簡編·居圖一九六67.18）。

（五）省變

省變是在省減原字形的同時進行諸如連筆書寫、解散"類口形"構件、簡省筆畫等系列簡化的方法，實際上是各種草寫方法綜合作用的結果。省變可分為省變筆畫組、省變部件、省變整字三類。省變筆畫組：**卒** （漢簡編·居圖九五163.15）、**卒** （居新編·ESC：50卒橋霸），省變部件：**盡** （秦漢表·尹宙碑）、**盡** （漢簡編·居圖一四O26.13），省變整字：**畫** （漢簡編·斯三1B1）、**畫** （漢草編·居312.6），但實際上省變只是我們最終看到漢字簡化的結果，這中間還有發展演變的過程。

值得注意的是，草書草寫方法的分類其實是相對而言的，在兩漢時期，一字字形的草寫有多種方法，這是草書發展演變過程中的多途探索，不同於魏晉之後穩定的草法。因此，我們所作的分類實際上是就草寫方法中的大類而言，且同在漢代，具體時期不同，一字草化程度不同，就會分屬不同草寫方法，漢代草化一字中多綜合運用幾個草寫方法。魏晉以後的草寫方法是經過名家選擇和梳理的，故而相對固定。

五、隸變和草化的區別與聯繫

隸變和草化均對漢字形體演變有重要影響，是漢字由古文字到今文字过渡簡化漢字的重要方法，但學界未曾對"隸變"和"草化"的聯繫和區別作分析，對二者進行分析，能夠對"俗字"成因進行更好的總結和辨析，也能對漢字簡化方法和結體取勢有更清晰的認識。我們以趙平安總結的隸變方法為參照，與筆者總結的草化方法進行對比，對二者的聯繫與區別進行分析。

　　隸變方法有直、減、連、拆、添、移、曲、延、縮 9 種。① 其中，減、連、添、移、曲、延這 6 種方法也是草化常用方法，二者的差別在於使用部位以及使用順序先後的不同。

　　第一，隸變中的"連""延"與草書中的"連筆書寫"相對，隸變的"連"多發生在筆畫之間，如□（石）—□（簡）、□（金）—□（石），草化的"連筆書寫"以部件連寫為重要步驟，如"時"作□ （漢簡編·居圖一九六 67.18）、"壽"作□ （三國·皇象·急就章）。

　　第二，隸變中的"減"與草化中的"省減"和解散封閉"類口形"構件相對，如隸變中"屈"作□（簡）—□（簡）、"宜"作□（陶）—□（陶），草化中"壽"作□ （居舊編·513.23）—□ （居舊編·10.34B），隸變的"減"法主要是減少字形結構中繁複重疊的部分，而草化"省減"的目標是解散形體，草書簡省的可以是筆畫或整個部件，不論是否有重疊部分，目的都是要將字形筆畫簡省，用綫條大致描摹漢字形體。

　　第三，隸變中的"移"與草化中的"連筆書寫"相對，隸變中的"移"主要有□（簡）—□（簡）、□（簡）—□（碑）、□（陶）—□（簡）三種，雖然表現形式不同，但本質上都是旋轉字形角度，以上三形大致可以看成逆時針旋轉 45 度、順時針旋轉 90 度、逆時針旋轉 180 度而來，都不改變漢字結構。草化的"移"則完全不同，草書的移動往往造成字形結體取勢的變化，如□ （漢草編·流烽 2）、□ （近代·潘伯鷹·《臨書譜》）。前者的"移"多發生在單一構件內部（獨體字則是一字之內），後者則多發生在構件之間，造成整字空間佈局的變化，從而造成字形理據的嚴重缺失。

　　第四，隸變中的"添"與草化中的"羨餘"相對。如□（金）—□（金簡陶）、□（陶）—□（簡），而草化中的"羨餘"是點畫類，如"列"作□ （秦漢表·武威簡·有司九）—□ （晉·王羲之），為填充空間佈局而加，目的是使字形美觀。

　　第五，隸變中的"曲"與草寫中的"曲"相對。隸變中"曲"作□（簡）—□（漢簡）、□（簡）—□（簡），草寫中則作□ （漢簡編·居圖二〇九 24.3）—□ （漢簡編·居圖七四 183.6），草化中的"曲"是草化最外顯也是最本質的特徵，不僅筆畫彎曲，構意缺失更是屬害。

　　總的來說，隸變與草化的聯繫是均採用相同或相近的簡化方法，不同之處則在於簡化的層級上，隸變多在部件內部，或者在筆畫組內進行，而草化則多發生在部件內部或部件之間。隸變多數情況下不會改變字形結構，只是將篆書的均勻弧綫拆解成筆畫寫就，草化則在很大程度上改變字形結構，讓漢字構意缺失。隸變與草化是近代漢字形體簡化發展的重要階段性變化，這個時期也是中國書法藝術領域燦爛輝煌的時期，隸變與草化二者之間的聯繫與區別共同構築了今天漢字的形體和間架結構。隸變與草化的聯繫既體現在時間上又體現在空間上，體現在漢字學上又體現在書法學上。隸變與草書的區別既體現在作用字體不同上，又體現在具體方法不同上，更體現在時間差別和空間差異上。

---

　　① 趙平安：《隸變研究》，保定：河北大學出版社 2009 年版，第 42－48 頁。

附表 1　受行、草書影響的俗字字表（共計 120 例）

序號	正字	俗字	出處	來源	序號	正字	俗字	出處	來源
1	門	门	敦煌俗字典·M部	▪️（漢簡編·居圖一七九 325.14）	7	詣	詣詣	敦煌俗字典·Y部	詣（居新編·E. P. T59：56 持詣官）詣（居新編·E. P. F22：21 以延所移甲渠候書召恩詣鄉）
2	老	老	敦煌俗字典·L部	老（漢草編·武73）	8	棄	棄	敦煌俗字典·Q部	棄（草書大字典·三國·皇象）
3	歲	歩	宋元以來俗字譜·元·太平樂府	歩（居新編·ESC：11A～行）	9	博	愽	明清小說俗字典·《集成》清刊本《前明正德白牡丹傳》	愽（三國·皇象·急就章）愽（唐·孫過庭·書譜）
4	喪	喪	宋元以來俗字譜·元·古今雜劇	喪（居新編·E. P. T61：6 有兄弟～）喪（中國書法大字典·行書卷·晉·王羲之）	10	單	单	宋元以來俗字譜·清·通俗小說	单（居新編·ESC：20 經～一）
5	夾	夾	敦煌俗字典·J部	夾（东漢·曹全碑）夾（三國·皇象·急就章）	11	婁	娄	宋元以來俗字譜·列女傳·宋刊	娄（漢草編·居253.1）
6	來	来	敦煌俗字典·L部	来（漢簡編·居圖四九七 111.4B）	12	腦	腦 腦	敦煌俗字典·N部　敦煌俗字典·N部	腦（晉·王羲之）腦（晉·王羲之）

(續上表)

序號	正字	俗字	出處	來源	序號	正字	俗字	出處	來源
13	異	異吳	敦煌俗字典·Y部　宋元以來俗字譜·清·嶺南逸事	異（漢簡編·敦小一正5）　吳（草字編·唐·李懷琳）	19	軍	罕	宋元以來俗字譜·清·目連記	罕（漢草編·居乙附11）
14	實	実	宋元以來俗字譜·清·嶺南逸事	実（居新編·E.P.T51：416幼實受長安苟裏李口）　実（晉·王羲之·蜀都貼）	20	時	时	宋元以來俗字譜·清·金瓶梅	时（漢草編·流烽10）
							時	敦煌俗字譜·中117·1098下10	時（漢簡編·居圖一四二49.34）
15	恐	恐	宋元以來俗字譜·元·古今雜劇	恐（漢草編·居123.61）	21	會	会	宋元以來俗字譜·清·目連記	会（草字編·漢·張芝）　会（晉·王獻之·江東帖）
16	是	昰	敦煌俗字典·S部	昰（秦漢表·春秋事語一六）	22	愛	爱	敦煌俗字典·A部	爱（唐·釋懷仁·集王羲之書聖教序）
		昰	宋元以來俗字譜·元·三國志平話	昰（漢草編·居139.38）					
17	隨	随	敦煌俗字譜·中61·517上7	随（晉·王羲之·蘭亭集序）	23	豈	皆	宋元以來俗字譜·清·目連記	皆（居舊編·551·4B）　皆（晉·王羲之·近與鐵石帖）
		随	宋元以來俗字譜·元·古今雜劇						
18	留	畄畄	宋元以來俗字譜·清·目連記　敦煌俗字典·L部	畄（漢草編·居55.11）　畄〔居舊編·行毋～（306.6）〕	24	帥	帅	宋元以來俗字譜·古今雜劇·元刊	帅（六體書法大字典·晉·王羲之）　帅（漢草編·居圖六一334.40B）

（續上表）

序號	正字	俗字	出處	來源	序號	正字	俗字	出處	來源
25	盡	盡	敦煌俗字典·J部	盡（漢簡編·居圖二三三89.7）	32	最	家	敦煌俗字典·Z部	家（居新編·E. P. F22：263 最凡卒閣三十一人）
26	檢	檢	敦煌俗字典·J部	檢（居新編·E. P. T50：17）	33	呼	呼	明清小說俗字典·H部·清代	呼（漢草編·居128.1）
26	檢	檢	敦煌俗字典·J部	檢（草字編·三國·皇象）	33	呼	呼	明清小說俗字典·H部·清代	呼（漢草編·居128.1）
27	言	言	敦煌俗字典·Y部	言（居圖三六255.40A）	34	顧	顧	敦煌俗字譜·祕22·065左7	顧（晉·王羲之·樂毅論）
28	信	佳仕	敦煌俗字典·X部 宋元以來俗字譜·清·目連記	佳（漢簡編·居圖七九53.7）	35	諸	諸	敦煌俗字譜·中32·276上3	諸（草字編·晉·王羲之）
29	涉	涉	敦煌俗字典·S部	涉（晉·王羲之·初月帖）	36	舉	舉	明清小說俗字典·《集成》明刊本《二刻拍案驚奇序》	舉（漢·張芝·秋凉平善帖）
29	涉	涉	敦煌俗字典·S部	涉（秦漢表·東漢·西狹頌）	36	舉	舉	明清小說俗字典·《集成》高麗刊本《九雲夢》	舉（三國·皇象·急就章）
30	鼻	鼻	敦煌俗字典·B部	鼻（行草書法字典·晉·王羲之）	37	悶	悶	明清小說俗字典·《集成》本潛龍馬再興七姑傳·再興晉門關被捉	悶（草字編·王羲之）
31	鬼	鬼	敦煌俗字典·G部	鬼（漢簡編·斯三17） 鬼（三國·皇象·急就章）	38	難	難	明清小說俗字典·《集成》清刊本	難（晉·王獻之·舍內帖）

(續上表)

序號	正字	俗字	出處	來源	序號	正字	俗字	出處	來源
39	談	䛘	敦煌俗字譜・祕24・093右2	㴬（晉・索靖・月儀帖）	46	謂	誢	宋元以來俗字譜・清・嶺南逸事	�（漢簡編・居圖二一七264.40）
							谩	明清小說俗字典・《集成》清刊本《前明正德白牡丹傳》	谩（中國書法大字典・草書卷・晉・王羲之）
40	漆	涞	敦煌俗字典・Q部	涞（秦漢表・魏廣六尺帳構） 涞（三國・皇象・急就章）	47	經	 経	敦煌俗字典・J部	経（晉・王羲之・二儀日月千字文）
41	張	㳊	明清小說俗字典・《集成》本《換夫妻》	法（晉・王羲之・長風帖）	48	定	 㝎	宋元以來俗字譜・元・太平樂府	宅（三國・皇象・急就章）
42	罪	㒞	明清小說俗字典・《集成》本《壺中天》	罘（三國・皇象・急就章）	49	從	 㣟	敦煌俗字譜・祕18・032右1	㣟（漢簡編・武相見5）
43	為	为	敦煌俗字譜・祕9・063左6	为（漢簡編・流遺14）	50	告	 㞯	明清小說俗字典・G部	㞯（居新編・E.P.T4：19口侯詡告尉） 㞯（草字編・晉・王羲之）
44	過	遇	明清小說俗字典・《集成》明刊本《春秋列國志傳》	遏（晉・王羲之・闊別帖）	51	董	 㪍	明清小說俗字典・《集成》清刊本《大清全傳》	�（漢簡編・居15.17） 㪍（三國・皇象・急就章）
45	後	㣘	明清小說俗字典・《集成》清鈔本《三續金瓶梅》	㣘（晉・王羲之・二謝帖）	52	曾	 曽	明清小說俗字典・《集成》本《京本通俗小說・碾玉觀音》	曽（晉・王羲之・成都帖）

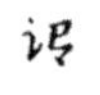

（續上表）

序號	正字	俗字	出處	來源	序號	正字	俗字	出處	來源
53	既	旡	明清小說俗字典·《集成》明刊本《二刻拍案驚奇序》	旡（漢·劉炟·千字文殘簡）旡（晉·王羲之·瞻近帖）	59	蹭	蹖	明清小說俗字典·《集成》本《京本通俗小說·菩薩蠻》	蹖（晉·王羲之·重告帖）蹖（晉·王羲之·成都帖）
54	疆	彊	明清小說俗字典·《集成》明刊本《二十四尊得道羅漢傳·戲珠羅漢》	彊（漢簡編·居圖一八八52.55）	60	朝	朝	明清小說俗字典·《集成》清刊本《雙鳳奇緣》	朝（唐·釋懷仁·集王羲之書聖教序）
56	精	粃	明清小說俗字典·《集成》清刊本《前明正德白牡丹傳》	精（敦煌漢簡·釋MC.51）精（晉·王羲之·講堂帖）	61	重	亞	明清小說俗字典·《集成》清刊本《說唐三傳》	重（晉·索靖·月儀帖）
							重	宋元以來俗字譜·清·目連記	重（晉·王獻之·近與鐵石帖）
56	賣	賣	明清小說俗字典·《集成》清刊本《天豹圖序》	賣（漢簡編·居圖一七一271.1）	62	滿	滿	明清小說俗字典·《集成》清初鈔本《筆花閣》	滿（三國·皇象·急就章）
57	德	德	明清小說俗字典·《集成》清初鈔本《筆花閣》	德（敦煌漢簡·MC42）德（晉·王羲之·絲布衣帖）	63	企	企	明清小說俗字典·《集成》清刊本《鞋記》	企（漢·魯峻碑）企（晉·樓蘭漢文簡紙）
58	度	度	明清小說俗字典·《集成》本《鴛鴦鍼序》	度（敦煌漢簡·釋MC51）度（晉·王羲之·瞻近帖）	64	無	芜	明清小說俗字典·《集成》明刊本《二刻拍案驚奇序》	芜（晉·王羲之·衰老帖）

（續上表）

序號	正字	俗字	出處	來源	序號	正字	俗字	出處	來源
65	多	多	明清小說俗字典·《集成》清刊本《醉風流奇傳序》	多（漢草編·居52.21）多（三國·皇象·急就章）	72	賢	覓	明清小說俗字典·《集成》庚辰本《脂硯齋重評石頭記》	覓（晉·王獻之·江東帖）
66	夫	支	明清小說俗字典·《集成》本《連城璧》	支（漢簡編·居圖一二〇511.30）	73	似	似	宋元以來俗字譜·元·通俗小說	似（晉·王獻之·地黃湯帖）
67	扶	扶	明清小說俗字典·《集成》本《壺中天》	支（漢簡編·居圖一二〇511.30）	74	各	冬	明清小說俗字典·《集成》本《潛龍馬再興七姑傳·鸚鵡天牢問天子》	各（漢草編·居128.1）
68	婦	媍	明清小說俗字典·《集成》清初鈔本《筆畫闈》	媍（晉·王羲之·遠宦帖）	75	官	宧	明清小說俗字典·《集成》本《換夫妻》	宧（漢草編·流遺24）
69	舍	舍	宋元以來俗字譜·元·古今雜劇	舍（晉·王獻之·還此帖）	76	義	羡	明清小說俗字典·明刊本《群情公案》首卷	羡（三國·皇象·急就章）
70	分	分	明清小說俗字典·《集成》明刊本《熊龍峰四種小說·馮伯玉風月相思小說》	分（晉·王羲之·遠宦帖）	77	寒	宧	敦煌俗字典·H部	宧（晉·索靖·月儀帖）
71	行	彳	宋元以來俗字譜·元·古今雜劇	彳（晉·王羲之·都下帖）	78	同	同	宋元以來俗字譜·元·古今雜劇	同（晉·王羲之·十月五日帖）

（續上表）

序號	正字	俗字	出處	來源	序號	正字	俗字	出處	來源
79	流	沕	敦煌俗字典·L部	泝（三國·皇象·急就章）	84	般	放	敦煌俗字典·B部	敀（六體書法大字典·晉·王羲之）
80	福	楅	敦煌俗字典·F部	福（草書大字典·晉·王羲之）	85	領	頃	敦煌俗字典·L部	頃（居舊編·口主領吏日跡為職181·18）
81	苦	吾	明清小說俗字典·《集成》本《連城璧》寅集《乞兒行好事皇帝做媒人》	吾（居舊編·以四月一日病苦傷寒4·4A）	86	得	冇	明清小說俗字典·《集成》本《京本通俗小說·躧玉觀音》	冇（晉·王羲之·蜀都帖）
81	苦	㗱	明清小說俗字典·《集成》清刊本《飛花詠》	苦（西北屯戍文字編·額濟納·99ES16ST：15A）	87	當	㝠	敦煌俗字典·D部	㝠（漢簡編·敦屯二反5）
81	苦	苦	明清小說俗字典·《集成》明嘉靖刊本《三國志通俗演義》卷七	苦（漢簡編·居圖三〇二193.11A）	87	當	当	宋元以來俗字譜·清·通俗小說	当（居新編·E. P. T59：388 謹與~口）
82	藥	茱	明清小說俗字典·《集成》本《連城璧》外編卷一《落禍坑智完節操藉口巧播聲名》	茱（晉·王羲之·藥草帖）	88	畫	㝵	宋元以來俗字譜·清·嶺南逸事	㝵（漢草編·居312.6）
83	悉	悉	敦煌俗字典·X部	悉（晉·王羲之·奉桔帖）	89	窮	穷	宋元以來俗字譜·明·白袍記	窮（草字編·晉·王羲之）

（續上表）

序號	正字	俗字	出處	來源	序號	正字	俗字	出處	來源
90	犀	犀	明清小說俗字典·《集成》明刊本《西洋記》第三十二回	（三國·皇象·急就章）	97	於	扵	敦煌俗字典·Y部	（晉·王羲之·蜀都帖）
91	命	令	明清小說俗字典·《集成》明刊本《唐三藏出身全傳》	（居新編·E. P. T51：512 終天命）	98	事	亐	宋元以來俗字譜·清·目連記	（晉·王羲之·此郡帖）
92	須	阝	敦煌俗字典·X部	（漢·張芝·秋涼平善帖）	99	興	兴	敦煌俗字典·X部	（漢草編·居560.23）
93	果	果	敦煌俗字典·J部	（晉·王羲之·服食帖）	100	要	宩	敦煌俗字典·Y部	（晉·王羲之·蜀都帖）
94	專	专	宋元以來俗字譜·清·目連記	（六體書法大字典·晉·王羲之）	101	圖	囼	明清小說俗字典·明刊本《二刻拍案驚奇序》	（晉·王獻之·江東帖）
95	還	还	宋元以來俗字譜·明·古今雜劇	（秦漢表·居延簡甲一〇六〇）	102	嘗	嘗	宋元以來俗字譜·元·京本通俗小說	（隋·智永·千字文）（唐·懷素·小草千字文）
96	香	乑	宋元以來俗字譜·元·通俗小說	（章草字典·晉·王羲之）	103	堤	埕	明清小說俗字典·《集成》本《京本通俗小說·碾玉觀音》	（秦漢表·流沙簡·屯戍三·三）

（續上表）

序號	正字	俗字	出處	來源	序號	正字	俗字	出處	來源
104	詣		敦煌俗字譜·中 123·1159 下 5	（漢草編·居 505.19）	112	羔		明清小說俗字典·《集成》本《明清小說俗字典·碾玉觀音》	（唐·懷素·小草千字文）
105	等		宋元以來俗字譜·清·嶺南逸事	（漢簡編·居圖四二 306.17）	113	神		宋元以來俗字譜·元·古今雜劇	（唐·懷素·小草千字文）
			敦煌俗字典·D 部	（草字編·漢·張芝）	114	死		敦煌俗字典·S 部	（三國·皇象·急就章）
106	東		宋元以來俗字譜·清·目連記	（晉·王獻之·江東帖）	115	必		明清小說俗字典·《集成》明刊本《承運傳》	（居新編·E. P. F22：63A 除天下必貢所當出半歲之直）
107	身		敦煌俗字譜·中 126·1192 下 7	（漢草編·居 511.4A）	116	輔		宋元以來俗字譜·元·古今雜劇	（三國·皇象·急就章）
108	亦		敦煌俗字典·Y 部	（漢草編·武 73）	117	慈		敦煌俗字典·C 部	（三國·皇象·急就章）
109	謝		明清小說俗字典·X 部	（草字編·東晉·索靖）（構件＋構件草化拼合）	118	兩		明清小說俗字典·《集成》明刊本《二刻拍案驚奇序》	（隋·智永·千字文）
110	卒		宋元以來俗字譜·古今雜劇·元刊	（居新編·ESC：50 卒橋霸）	119	舉		敦煌俗字典·J 部	（三國·皇象·急就章）
111	再		敦煌俗字典·Z 部	（晉·王羲之·喪亂帖）	120	前		敦煌俗字典·Q 部	（漢簡編·居圖一五五 123.55）

附表 2　引用各個時期文字編名稱對照表

簡稱	漢簡編	漢草編	居舊編	居新編	銀編	馬王堆編
全稱	《漢簡文字類編》	《漢代簡牘草字編》	《居延舊簡文字編》	《居延新簡文字編》	《銀雀山漢簡文字編》	《馬王堆簡帛文字編》
簡稱	北大集釋	北大貳編	走馬樓文字編	秦簡牘編	關沮編	睡編
全稱	《北京大學藏西漢竹書集釋及字表》	《北京大學藏西漢竹書（貳）文字編》	《〈長沙走馬樓三國吳簡·竹簡（貳）〉文字編》	《秦簡牘文字彙編》	《關沮秦簡文字編》	《睡虎地秦簡文字編》
簡稱	里耶編	秦漢表	秦漢表補編	秦文字編	嶽壹編、嶽貳編、嶽叁編	
全稱	《里耶秦簡·壹·文字編》	《秦漢魏晉篆隸字形表》	《秦漢魏晉篆隸字形表補編》	《秦文字類編》	《嶽麓書院藏秦簡（壹—叁）文字編》	

參考文獻

［1］白海燕：《居延新簡文字編》，吉林大學博士學位論文，2014 年。

［2］陳松長編著：《馬王堆簡帛文字編》，北京：文物出版社 2001 年版。

［3］陳松長等編：《嶽麓書院藏秦簡（壹—叁）文字編》，上海：上海辭書出版社 2017 年版。

［4］方勇：《秦簡牘文字彙編》，吉林大學博士學位論文，2010 年。

［5］郭紹虞：《從書法中窺測字體的演變》，《學術月刊》1961 年第 9 期。

［6］漢語大字典字形組編：《秦漢魏晉篆隸字形表》，成都：四川辭書出版社 1985 年版。

［7］黃徵：《敦煌俗字典》，上海：上海教育出版社 2005 年版。

［8］蔣善國：《漢字形體學》，北京：文字改革出版社 1959 年版。

［9］蔣偉男：《〈里耶秦簡（壹）〉文字編》，安徽大學碩士學位論文，2015 年。

［10］李紅薇：《北京大學藏西漢竹書集釋及字表》，吉林大學碩士學位論文，2015 年。

［11］李洪智：《漢代草書研究》，北京：北京師範大學出版社 2014 年版。

［12］李學勤主編：《字源》（上、中、下），天津：天津古籍出版社；瀋陽：遼寧人民出版社 2012 年版。

［13］李瑤：《居延舊簡文字編》，吉林大學博士學位論文，2014 年。

［14］李永忠：《草書流變研究》，首都師範大學博士學位論文，2003 年。

［15］梁東漢：《漢字的結構及其流變》，上海：上海教育出版社 1959 年版。

［16］劉復、李家瑞：《宋元以來俗字譜》，北京：文字改革出版社 1957 年版。

［17］劉楊：《秦漢魏晉篆隸字形表補編》，天津師範大學博士學位論文，2018 年。

［18］陸錫興編著：《漢代簡牘草字編》，上海：上海書畫出版社 1989 年版。

［19］潘飛：《〈關沮秦簡〉文字編》，安徽大學碩士學位論文，2010 年。

［20］駢宇騫編：《銀雀山漢簡文字編》，北京：文物出版社 2001 年版。

［21］啓功：《古代字體論稿》，北京：文物出版社 1999 年版。

［22］任秋芬：《〈北京大學藏西漢竹書（貳）〉文字編》，安徽大學碩士學位論文，2015 年。

［23］王夢歐編撰：《漢簡文字類編》，香港：藝文印書館 1974 年版。

［24］王鳳陽：《漢字學》，長春：吉林文史出版社 1989 年版。

［25］王貴元：《漢字形體演化的動因與機制》，《語文研究》2010 年第 3 期。

［26］王貴元：《隸變問題新探》，《暨南學報》（哲學社會科學版）2011 年第 3 期。

［27］王寧：《漢字構形學講座》，上海：上海教育出版社 2002 年版。

［28］袁仲一、劉鈺：《秦文字類編》，西安：陝西人民教育出版社 1993 年版。

［29］趙平安：《隸變研究》，保定：河北大學出版社 2009 年版。

［30］張守忠撰集：《睡虎地秦簡文字編》，北京：文物出版社 1994 年版。

［31］曾良、陳敏編著：《明清小說俗字典》，揚州：廣陵書社 2018 年版。

A Study of Folk Characters Influenced by Running and Cursive Script

Wu Liye

Abstract：As auxiliary fonts, the running and cursive characters have an important influence on the standard simplified characters and folk Chinese characters in the historical development of Chinese characters. The cursive characters from bamboo and silk in Han and Jin Dynasties developed into folk characters of the later generations, These folk Chinese characters were recorded in large numbers in the Ming and Qing Dynasties, and some were absorbed by modern Chinese characters into the standard form. The existing achievements have not systematically summarized the origin, evolution and cause of this kind of folk Chinese characters. Therefore, this paper focuses on the analysis of the origin, evolution and cause of cursive script block characters. This paper analyzes the effect of script change and cursive writing in cursive on folk Chinese characters and summarizes the methods of cursive writing in cursive. In addition, because of the influence of scribe change and grassing on the form of the vulgar characters, this paper also analyzes the relation and difference between scribe change and grassing.

Key words：running and cursive script, formation of folk Chinese characters, cursive method, cause

（高等教育出版社中職事業一部，教育部語言文字應用研究所/北京師範大學文學院博士後）

《懸泉漢簡》傳馬名籍 "乘/騬" 字義補釋[*]

孫夢鈺　李明曉

提　要　對於《懸泉漢簡》傳馬名籍中置於描述馬身顏色與年齡（抑或馬身標記）之間的"乘"字之釋義，學界有不同觀點，一種認為表示"騎乘"義，一種認為表示性別。本文基於"乘"與"牝""牡"一樣表示馬的性別這一觀點，通過分析西北漢簡中"句""勾"與"駒"，"者"與"騇"，"牝""馳""駍""比"與"牝"，"姚華"與"桃華"／"騲華"這四組例子，以及從"害"與"犗"的關係探討"乘"與"騬"，進一步論證了漢簡中將"騬"寫作"乘"之原因。原因或有三：一是書手為了追求簡便快捷而作了省寫處理；二是因為書手不會寫本字或者一時忘了本字的寫法而用同音字代替，這具有一定的偶然性；三是與書手的用字習慣有關，這種用字習慣呈現出一定的地域性。

關鍵词　懸泉漢簡　乘　騬　補釋

懸泉漢簡是 1990 年至 1992 年在甘肅省敦煌市懸泉置遺址發掘出土的一批漢代屯戍簡牘，其內容反映了當時社會的政治、經濟、軍事、文化、風土人情等方面的狀況，具有較高的史料價值。懸泉漢簡材料目前主要見於《懸泉漢簡》（壹）（貳）、《敦煌懸泉漢簡釋粹》、《敦煌懸泉置出土文書研究》。在西北漢簡中，有關馬的記錄有很多，不論是傳馬名籍還是出入關記錄中都有對馬的記載，懸泉漢簡亦不例外。馬在邊塞地區有着重要作用，"據不完全的統計，懸泉置廄有馬數十匹"[①]。

一、《懸泉漢簡》傳馬名籍中 "乘" 字例證及相關研究

《懸泉漢簡》中有不少關於傳馬名籍的簡，記錄的馬匹有傳馬、驛馬、私人馬匹，其內容一般包括以下幾點：馬身顏色、性別、馬身標記、年齡、身高、名字等。關於馬的性別的記錄，一般用"牝""牡"分別表示馬之公、母，但有些簡上未見"牝"或"牡"二字，而在與此二字相應的位置上出現了"乘"字，因此，學界對該"乘"字如何解釋有着不同的觀點，下文將重點論述傳馬名籍中"乘"字的例證及相關釋義問題。

（一）傳馬名籍中的 "乘"

在《懸泉漢簡》傳馬名籍中，"乘"出現的位置與表示馬性別的"牝""牡"相同。

---

* 本文是國家社科基金"漢魏六朝鎮墓文校釋及相關問題研究"後期資助項目（項目編號：19FYYB014）的階段性成果。

① 山東省博物館編，胡平生著：《趣味簡帛學 4：簡帛上的絲綢之路》，上海：中國中福會出版社 2017 年版，第 17 頁。

"牝""牡"二字一般置於描述馬身顏色與年齡（抑或馬身標記）之間：

（1）傳馬一匹，騮，牡，左剽，齒九歲，高五尺八寸半寸，名曰野額。"
[《懸泉漢簡》（貳）第 67 頁，Ⅰ91DXT0309③：104]

傳馬，指拉車之馬。"騮"，同"驑"，《說文·馬部》："驑，赤馬黑毛尾也。""剽"，
《說文·刀部》："砭刺也。"關於"左剽"，學者有不同的釋義。胡平生、張德芳將其釋為
"在馬的左部烙上徽記"①。李洪財指出："'剽'不能簡單讀成'標'，它並非以往所說用
刀削、烙印的方法作標記，而是一種在耳部用針刺方法作標記的方式。左剽就是左耳有針
刺標記……"② 李說可從。這句話的大意為：傳馬一匹，赤身黑尾，公，左耳有針刺標記，
年齡九歲，身高五尺八寸半，名叫"野額"。

（2）傳馬一匹，騅駁（駮），牝，左剽，齒七歲，高五尺九寸。[《懸泉漢簡》
（貳）第 73 頁，Ⅰ91DXT0309③：139]

"騅"，《說文·馬部》"馬蒼黑雜毛"，段注："黑當作白。""駁"通"駮"，《說文·
馬部》："駮，馬色不純。"
和"牝""牡"一樣，傳馬名籍中的"乘"字也置於描述馬身顏色與年齡（抑或馬身
標記）的詞之間。處在此特殊位置的"乘"字在《懸泉漢簡》（壹）中有七例，《懸泉漢
簡》（貳）中有十例，另《敦煌懸泉漢簡釋粹》及《敦煌懸泉置出土文書研究》亦有
數例。③

（3）驛馬一匹，驃（驃），乘，齒九歲，高五尺八寸。[《懸泉漢簡》（壹）
第 11 頁，Ⅰ90DXT0109②：37]

驛馬，指騎乘之馬。驃（驃），《說文·馬部》："黃馬黑喙。"

（4）傳馬一匹，騢驊，乘，左剽，齒九歲，高五尺六寸，名曰蒙華。建昭二
年十二月丙申病死，賣骨肉，賈（價）錢二百一十。[《懸泉漢簡》（壹）第 87
頁，Ⅰ90DXT0111②：2]

"騢"指馬雜色。"驊"指赤色。

① 胡平生、張德芳：《敦煌懸泉漢簡釋粹》，上海：上海古籍出版社 2001 年版，第 25 頁。
② 李洪財：《秦漢簡中標識術語"剽"之新證》，《中國農史》2021 年第 5 期，第 22 頁。
③ 參見胡平生、張德芳：《敦煌懸泉漢簡釋粹》，上海：上海古籍出版社 2001 年版，第 81 頁；張俊民：《敦煌懸泉置出土文書研究》，蘭州：甘肅教育出版社 2015 年版，第 315－319 頁。

（5）私財物馬一匹，騩，乘，白鼻……［《懸泉漢簡》（壹）第 147 頁，Ⅰ
90DXT0112②：121］

"私財物馬"指私人馬匹。"騩"，《說文·馬部》："馬淺黑色。"

（6）傳馬一匹，騣，白句，乘，左剽，齒八歲，高五尺七寸，久左脾、尻，
名曰肥回。病死，賣骨肉，嗇夫昌所賈（價）錢四百。［《懸泉漢簡》（壹）第
226 頁，Ⅰ90DXT0114③：48］

"騣"，《玉篇·馬部》："騣，音者，馬名。"① 張俊民認為"'騣'原字可能是'赭'，
指馬的顏色時作'騣'，'赭'是紅褐色。'騣'可能是指紅褐色的馬"②。此說可從。"句"
通"駒"，張俊民指出"簡文中的'驛句''騩句''驒駒'應是'驛駒''騩駒''驛
駒'"③。"駒"，《說文·馬部》："馬白額也。""久"用為"灸"，此指為馬烙印標識。

（7）右部後曲騎士平定里董護。駵，乘，齒十二歲，高五尺八寸。［《懸泉漢
簡》（壹）第 244 頁，Ⅰ90DXT0116②：2］
（8）傳馬一匹，騩，乘，左剽，齒六歲，高六尺大半寸，名曰□□。［《懸泉
漢簡》（壹）第 244 頁，Ⅰ90DXT0116②：3］
（9）傳馬一匹，驃，乘，決右鼻兩耳數，齒十五歲，高六尺一寸，名曰野羊。
［《懸泉漢簡》（壹）第 248 頁，Ⅰ90DXT0116②：39］

"驃"，《玉篇·馬部》："人姓也。"④ 按其應與"驃"一樣，表示馬身顏色，"驃"通
"驃"，《說文·馬部》："驃，黃馬髮白色，一曰白尾也。""決右鼻兩耳數"指鼻耳有數處
破裂。⑤

（10）傳馬一匹，驛，乘，左剽，齒八歲，高六尺，名曰黃驛。［《懸泉漢簡》
（貳）第 15 頁，Ⅰ90DXT0209S：50］
（11）右部後曲騎士樂成里張護。騩勾，乘，齒十八歲，高五尺八寸，久左
脾、敦，白後左足，陽朔三年正月癸酉養。［《懸泉漢簡》（貳）第 41 頁，Ⅰ
90DXT0210①：109］

---

① 顧野王撰，孫強增訂：《大廣益會玉篇》（五），北京：中華書局 1985 年版，第 525 頁。
② 張俊民：《敦煌懸泉置出土文書研究》，蘭州：甘肅教育出版社 2015 年版，第 334 - 335 頁。
③ 張俊民：《敦煌懸泉置出土文書研究》，蘭州：甘肅教育出版社 2015 年版，第 334 - 335 頁。
④ 顧野王撰，孫強增訂：《大廣益會玉篇》（五），北京：中華書局 1985 年版，第 525 頁。
⑤ 胡平生、張德芳：《敦煌懸泉漢簡釋粹》，上海：上海古籍出版社 2001 年版，第 82 頁。

"驈勺"即指"驈駒"。"敦"指馬足上的大敦穴位處。"白後左足"指馬的後左腳為白色。

　　（12）……□□□□□葆養傳馬一匹，騮，乘，左剽，齒十九歲，高五尺七寸半寸，名赤□□八月辛酉日□□□□□□□病不可用□□□懸泉嗇夫。[《懸泉漢簡》（貳）第41頁，I 90DXT0210①：110A]

"葆"指擔保、保養。"嗇夫"指主管官吏。

　　（13）……匹，騮（騮），乘，左剽，齒五歲，高五尺六寸半寸，名曰善載。[《懸泉漢簡》（貳）第62頁，I 91DXT0309③：75]
　　（14）傳馬一匹，騮勺，乘，左剽，右耏，齒十五歲，高五尺六寸半寸。[《懸泉漢簡》（貳）第71頁，I 91DXT0309③：129]

"騮勺"即指"騮駒"。"耏"指剃除頰須。

　　（15）傳馬一匹，驈，乘，左剽，齒九歲，高五尺八寸，名曰禽寇。[《懸泉漢簡》（貳）第100頁，I 91DXT0309③：278]
　　（16）……□德里樂長富。聊，乘，齒十四歲，高五尺八寸，久左脾、敦……[《懸泉漢簡》（貳）第159頁，II 90DXT0111①：239]
　　（17）傳馬一匹，騮，乘，左剽，齒八歲，高五尺八寸，名曰輕衡。[《懸泉漢簡》（貳）第209頁，II 90DXT0111③：3]
　　（18）□□□□□馬一匹，聊，乘，左剽，齒廿歲，高五尺六寸，名曰昔者。[《懸泉漢簡》（貳）第249頁，II 90DXT0112③：47]
　　（19）傳馬一匹，騮，乘，左剽，齒十一歲，高五尺九寸。[《懸泉漢簡》（貳）第291頁，II 90DXT0113②：41]
　　（20）傳馬一匹，驈，乘，白鼻，左剽，齒八歲，高六尺，駕，翟聖，名曰全（？）廄。[《敦煌懸泉漢簡釋粹》第81頁，V 1610②：12]

"駕"，此處似特指用於駕轅的馬。① "翟聖"可能是飼養人或使用人的名字，下文"呂戟""呂讓"亦是。②

　　（21）傳馬一匹，騮，乘，左剽，決右鼻，齒八歲，高五尺九寸半寸，騬，名曰黃爵（雀）。（《敦煌懸泉漢簡釋粹》第81頁，V 1610②：14）

---

① 胡平生、張德芳：《敦煌懸泉漢簡釋粹》，上海：上海古籍出版社2001年版，第83頁。
② 胡平生、張德芳：《敦煌懸泉漢簡釋粹》，上海：上海古籍出版社2001年版，第83頁。

"驂"，上古有四馬拉一車，兩馬夾轅而駕，稱為 "服"，兩邊兩馬稱為 "驂"。①

（22）傳馬一匹，騩，乘，左剽，八歲，高五尺八寸，中，名曰倉（蒼）波，柱。（《敦煌懸泉漢簡釋粹》第 81 頁，Ⅴ1610②：15）

柱，可能指主馬。②

（23）傳馬一匹，驪，乘，左剽，決兩鼻，白背，齒九歲，高五尺八寸，中，名曰佳□，柱，駕。（《敦煌懸泉漢簡釋粹》第 81 頁，Ⅴ1610②：16）

"佳□"，胡平生、張德芳認為 "佳" 下一字疑當讀為 "佳楯"。此馬稱 "驪"，或因漢時盾常被漆為黑紅色，因而其名曰佳楯。③

（24）傳馬一匹，騂駒，乘，左剽，齒九歲，高五尺八寸，驂，呂戟，名曰完幸。（《敦煌懸泉漢簡釋粹》第 81 頁，Ⅴ1610②：18）

（25）……騩，乘，齒十八歲，送渠犁軍司馬令史勖。（《敦煌懸泉漢簡釋粹》第 112 頁，Ⅱ0114③：468）

（26）縣（懸）泉傳馬一匹，驪，乘，齒十八歲，高五尺九寸，送渠犁軍司〔馬〕令史……（《敦煌懸泉漢簡釋粹》第 116 頁，Ⅱ0115③：98）

"驪"，《說文·馬部》："馬深黑色。"

（27）傳馬一匹，騂，乘，左騋，右刪，齒十九歲，高五尺六寸，名曰赤銖。（《敦煌懸泉置出土文書研究》第 315 頁，Ⅱ T0114④：190）

"左騋" 當為 "左剽"，"騋" 乃 "剽" 之誤，以下均是。"右刪"，應和 "左剽" 一樣，指在馬身上作標記。

---

① 胡平生、張德芳：《敦煌懸泉漢簡釋粹》，上海：上海古籍出版社 2001 年版，第 83 頁。

② 關於 "柱"，學者有不同的釋義。胡平生、張德芳認為 "疑指飼養在馬廄裏的待用之馬。柱是 '住' 的假借字"（《敦煌懸泉漢簡釋粹》，上海：上海古籍出版社 2001 年版，第 83 頁）。李天虹指出："或謂與 '倅馬'（副馬）相對，指正馬。"（《居延漢簡薄籍分類研究》，北京：科學出版社 2003 年版，第 74 頁）初世賓認為 "柱" 乃 "專備不得挪作他用之義，與驛置交通有關"〔《懸泉漢簡羌人資料補述》，中國文物研究所編：《出土文獻研究》（第六輯），上海：上海古籍出版社 2004 年版，第 169 頁〕。高榮則認為 "'柱馬' 即主馬，指駕車的轅馬"〔《漢代 "傳驛馬名籍" 簡若干問題考述》，《魯東大學學報》（哲學社會科學版）2008 年第 6 期，第 38 頁〕。藤井律之認為胡、張之說稍有解釋過度之感，並改釋 "柱" 為 "留下，使停下" 之義（冨谷至編，張西豔譯：《漢簡語彙考證》，上海：中西書局 2018 年版，第 219 頁）。王志勇則認為 "副馬" "正馬" 二說均誤，應是 "馱馬"（《漢簡所見 "柱馬" 新解》，《南京師範大學文學院學報》2018 年第 3 期，第 146－148 頁）。因居延漢簡中同時出現 "柱馬" "主馬" 的用法，故李、高之說可從。

③ 胡平生、張德芳：《敦煌懸泉漢簡釋粹》，上海：上海古籍出版社 2001 年版，第 84 頁。

（28）傳馬一匹，駓駵駁，乘，左剽，齒廿歲，高六尺，名曰被薦。（《敦煌懸泉置出土文書研究》第 316 頁，ⅡT0115④：3）

（29）傳馬一匹，騧，乘，左，齒七歲，高五尺九寸，名曰黃駒。（《敦煌懸泉置出土文書研究》第 316 頁，ⅥT1222②：20）

（30）傳馬一匹，騧，乘，決兩鼻，左驃，取左後一，齒九歲，高五尺五寸，名曰善載。（《敦煌懸泉置出土文書研究》第 316 頁，ⅤT1712④：7）

（31）傳馬一匹，駹，乘，決右鼻，左剽，齒九歲，高五尺九寸，名曰青䭴。（《敦煌懸泉置出土文書研究》第 316 頁，ⅡT0314②：305）

（32）傳馬一匹，駓□，乘，左剽，齒八歲，高五尺八寸，名曰輕適，十六。（《敦煌懸泉置出土文書研究》第 317 頁，ⅡT0115③：19）

“十六”表示馬的編號，下文“廿五”亦是。

（33）傳馬一匹，駬駒，乘，左驃，齒八歲，高五尺八寸，騝，呂讓，名曰完羊。（《敦煌懸泉置出土文書研究》第 318 頁，ⅤT1610②：18）

“駒”乃“駒”之誤寫。

（34）傳馬一匹，騮，乘，左驃，齒九歲，高五尺八寸，名曰滿廄，廿五，二月辛酉死。（《敦煌懸泉置出土文書研究》第 318 頁，ⅤT1611③：60）

（35）傳馬一匹，騂，乘，左驃，白背，齒十八歲，高五尺八寸半寸，名曰黃鵠，老不可用。（《敦煌懸泉置出土文書研究》第 318 頁，ⅤT1812②：201）

（36）傳馬一匹，騩駒，乘，左剽，齒八歲，高六尺，中，病中，名曰兆河，中蹇左後足。（《敦煌懸泉置出土文書研究》第 319 頁，ⅡT0215③：2）

“中”，指馬的等級。“蹇”，《說文·足部》：“跛也。”
另，懸泉漢簡傳馬疾病爰書中亦見處於該特殊位置的“乘”字。

（37）傳馬一匹，騅，乘，左剽，齒十歲，高五尺八寸，名曰趨昏。迺九月己亥病中，洟出，飲食不盡度。（《敦煌懸泉置出土文書研究》第 323 頁，ⅡT0115①：102）

（38）所葆養傳馬一匹，騂，乘，左剽，齒十一歲，高六尺，名曰赤兔。迺十二月戊申病中，欬洟出，飲食不盡度。（《敦煌懸泉置出土文書研究》第 323 頁，ⅡT0215③：332）

（39）傳馬一匹，騂，乘，左剽，齒十八歲，高五尺七寸，名曰昔老。病中，強上，飲食不盡度。（《敦煌懸泉置出土文書研究》第 323 頁，ⅡT0216③：136）

（40）所葆養傳馬一匹，騂駁（駮），乘，決左鼻，左剽，取右後一，齒十五歲，高五尺七寸，名曰野浞。疾中，飲食不盡度，日加益篤，今死。（《敦煌懸泉置出土文書研究》第 324 頁，ⅤT1309④：26）

（二）"乘" 字的釋義

上述例句中的 "乘" 皆置於描述馬身顏色與年齡（抑或馬身標記）的詞之間，學界對該字的釋義則有不同的解釋，有釋為 "騎乘" 義的，也有認為 "乘" 指馬的性別。

1. 表 "騎乘"

胡平生、張德芳將 "使者段君所將疎（疏）勒王子橐佗三匹，其一匹黃，牝，二匹黃，乘，皆不能行，罷亟死"（Ⅱ0216③：137）中的 "乘" 釋為乘騎義。[①] 胡平生舉了三個傳馬名籍中含 "乘" 的例子，這三個 "乘" 均釋為 "可騎乘"。[②]

（41）傳馬一匹，驄，乘，白鼻，左剽，齒八歲，高六尺，駕，翟聖，名曰全（？）廄。（《敦煌懸泉漢簡釋粹》第 81 頁，Ⅴ1610②：12）

（42）傳馬一匹，騧，乘，左剽，決右鼻，齒八歲，高五尺九寸半寸，驂，名曰黃爵（雀）。（《敦煌懸泉漢簡釋粹》第 81 頁，Ⅴ1610②：14）

（43）傳馬一匹，騂駒，乘，左剽，齒九歲，高五尺八寸，驂，呂戟，名曰完幸。（《敦煌懸泉漢簡釋粹》第 81 頁，Ⅴ1610②：18）

以上 "乘" 字處於和 "牝""牡" 相同的位置，且 "駕""驂" 已表明了馬的用途，若再將 "乘" 釋為 "騎乘"，似有重複之嫌。

2. 表性別

"乘" 字表示性別又有兩種不同的觀點：一種觀點認為 "乘" 指牝馬；另一種觀點認為 "乘" 通 "騋"，指被騸的馬。

第一，指性別 "牝"。

徐莉莉指出 "另一個值得注意的現象是，在已經公佈的懸泉漢簡材料中記錄傳馬的名冊裏，並沒有見到與 '牡' 相對的 '牝' 字"，從而推斷 "'乘' 應該指的就是馬的性別中

① 胡平生、張德芳：《敦煌懸泉漢簡釋粹》，上海：上海古籍出版社 2001 年版，第 106－107 頁。
② 山東省博物館編，胡平生著：《趣味簡帛學 4：簡帛上的絲綢之路》，上海：中國中福會出版社 2017 年版，第 16－17 頁。

與‘牡’相對的‘牝’”①，但在後續公佈的懸泉漢簡材料中，有關傳馬名籍的簡中有“牝”字。如上述《懸泉漢簡》（貳）“傳馬一匹，騅駮（駁），牝，左剽，齒七歲，高五尺九寸”（Ⅰ91DXT0309③：139）。因此，這種解釋不具有說服力。

第二，“乘”通“騬”，指被騸的馬。

森鹿三指出：“我認為‘乘’與加上馬字旁的‘騬’字是同一個意思，就是指去勢馬。但是注明‘乘’的簡只有這一支，因而使我對自己的看法有些不放心，不過先就照我這樣解釋吧。”② 高榮則在此基礎上進一步指出：“森鹿三先生指出，‘乘’同‘騬’，指去勢馬。由於材料限制，儘管‘對自己的看法有些不放心’，但他最終還是沒能作出進一步的論述。今之學者有將‘乘’字釋為‘騎乘’者，則與文意不合。”③ 呂志峰贊同高說，且指出：“我們認為，‘乘’應該如高榮先生所言，指閹割的馬。‘乘’表‘閹割的馬’應該是一個通假字，通‘騬’。”④ 朱芳指出：“整理者將‘乘’字釋為‘乘騎’，則與文意不合。查類似的‘傳馬名籍’和相關的爰書簡牘，容易發現，凡是標有‘乘’字者，均不再說明牝牡，且‘乘’字正好處在其他簡牘中表示‘牝’或‘牡’的位置……‘乘’即‘騬’，是指去勢的公馬，與牝、牡相對。”⑤ 張俊民亦指出：“牡馬為了方便使用、飼養，在生長到一定年齡就會去勢，此類馬簡文中一般會在顏色後加‘乘’字。這個字不是乘車之乘，而是‘騬’字的另一種寫法。”⑥

我們贊同上述“乘”通“騬”的觀點，“乘”處在和“牝”“牡”相同的位置，應當與性別相關，且應與“牝”“牡”不同。另，《敦煌懸泉漢簡釋粹》“使者段君所將疎（疏）勒王子橐佗三匹，其一匹黄，牝，二匹黄，乘，皆不能行，罷亟死”（Ⅱ0216③：137）⑦ 中“乘”與“牝”相對，更能佐證此觀點。

“騬”和“乘”上古音均在船母、蒸部，二字音同。初步判斷，“騬”寫作“乘”，可能是書寫者為了方便記錄而作了省寫，當然也可能是書手不認識此字或一時忘了本字的寫法而用同音字代替。下文將通過四組平行例子進一步論證“騬”寫作“乘”的原因。

---

① 徐莉莉：《敦煌懸泉漢簡詞義劄記》，教育部人文社會科學重點研究基地華東師範大學中國文字研究與應用中心編：《中國文字研究》（第四輯），南寧：廣西教育出版社 2003 年版，第 143 - 144 頁。

② 森鹿三著，姜鎮慶譯：《論居延簡所見的馬》，中國社會科學院歷史研究所戰國秦漢研究室編：《簡牘研究譯叢》（第一輯），北京：中國社會科學出版社 1983 年版，第 86 頁。

③ 高榮：《漢代“傳驛馬名籍”簡若干問題考述》，《魯東大學學報》（哲學社會科學版）2008 年第 6 期，第 35 - 36 頁。

④ 呂志峰：《讀漢簡劄記三則》，教育部人文社會科學重點研究基地華東師範大學中國文字研究與應用中心、華東師範大學語言文字工作委員會編：《中國文字研究》（第十九輯），上海：上海書店出版社 2014 年版，第 178 頁。

⑤ 朱芳：《〈敦煌懸泉漢簡釋粹〉劄記》，王化平主編：《學行堂文史集刊》（第八輯），北京：中譯出版社 2015 年版，第 85 頁。

⑥ 張俊民：《敦煌懸泉置出土文書研究》，蘭州：甘肅教育出版社 2015 年版，第 346 頁。

⑦ 胡平生、張德芳：《敦煌懸泉漢簡釋粹》，上海：上海古籍出版社 2001 年版，第 106 - 107 頁。

二、四組平行互證例

在西北漢簡中，亦存在與 "乘" "驂" 二者關係相似的例子，上文簡要提及了 "驂" 為何寫作 "乘"，下文將通過四組例子作出進一步論證。

(一) "句" "勺" 與 "駒"

《懸泉漢簡》傳馬名籍中有 "勺" "句" （具體字形見表 1），我們認為此二字當指 "駒" 字。具體如下：

(44) 右部後曲騎士樂成里張護。驪勺，乘，齒十八歲，高五尺八寸，久左脾、敦，白後左足，陽朔三年正月癸酉養。[《懸泉漢簡》（貳）第 41 頁，I 90DXT0210①：109]

(45) 傳馬一匹，騂勺，乘，左剽，右耐，齒十五歲，高五尺六寸半寸。[《懸泉漢簡》（貳）第 71 頁，I 91DXT0309③：129]

對照以下二例：

(46) 傳馬一匹，騂駒，乘，左剽，齒九歲，高五尺八寸，騬，呂戟，名曰完幸。(《敦煌懸泉漢簡釋粹》第 81 頁，V 1610②：18)

(47) 馬領傳馬一匹，騂，牡，駒，齒……[《懸泉漢簡》（貳）第 246 頁，II 90DXT0112③：23]

由上文可知，以上二句中的 "驪勺" "騂勺" 分別指 "驪駒" "騂駒"。"駒"，從馬、的省聲，"駒" "的" 上古音均在端母、藥部，"勺" 上古音在禪母、藥部，三字音近。

(48) 傳馬一匹，騧，白句，乘，左剽，齒八歲，高五尺七寸，久左脾、尻，名曰肥回。病死，賣骨肉，嗇夫昌所賈（價）錢四百。[《懸泉漢簡》（壹）第 226 頁，I 90DXT0114③：48]

(49) 傳馬一匹，騂句，牡，左剽，齒十三歲，高五尺三寸，名曰載星。(《敦煌懸泉置出土文書研究》第 316 頁，II T0114③：433)

由上文可知，"白句" "騂句" 分別指 "白駒" "騂駒"。"句" 上古音在見母、侯部，與 "駒" 音近。

表 1　漢簡中的"駒"與"勺""句"字形對照表

例字	駒	勺	句
字形	Ⅱ90DXT0112③：23①	Ⅰ90DXT0210①：109② Ⅰ91DXT0309③：129③	Ⅰ90DXT0114③：48④

（二）"者"與"騂"

在《肩水金關漢簡》（肆）中，"騂"有時寫成"者"（具體字形見表2）。"者"通"騂"，按張俊民說，"騂"指紅褐色。⑤

（50）方箱一乘，者白馬一匹。[《肩水金關漢簡》（肆）第 260 頁，73EJH2：3]

"方箱"即"方箱車"，因車廂為方形而得名。

對照以下三例：

（51）馬一匹，騂白，牡……[《肩水金關漢簡》（肆）第 211 頁，73EJT37：1386]

（52）傳馬一匹，騂白，牡，左剽，齒九歲，高五尺八寸。[《懸泉漢簡》（貳）第 135 頁，Ⅱ90DXT0111①：54]

（53）傳馬一匹，騂，白句，乘，左剽，齒八歲，高五尺七寸，久左脾、尻，名曰肥回。病死，賣骨肉，嗇夫昌所賣（價）錢四百。[《懸泉漢簡》（壹）第 226 頁，Ⅰ90DXT0114③：48]

"者"上古音在章母、魚部，"騂"以"者"為聲符，上古音亦在章母、魚部。

---

① 甘肅簡牘博物館等編：《懸泉漢簡》（貳），上海：中西書局 2021 年版，第 548 頁。
② 甘肅簡牘博物館等編：《懸泉漢簡》（貳），上海：中西書局 2021 年版，第 343 頁。
③ 甘肅簡牘博物館等編：《懸泉漢簡》（貳），上海：中西書局 2021 年版，第 373 頁。
④ 甘肅簡牘博物館等編：《懸泉漢簡》（壹），上海：中西書局 2019 年版，第 530 頁。
⑤ 張俊民：《敦煌懸泉置出土文書研究》，蘭州：甘肅教育出版社 2015 年版，第 334－335 頁。

表 2　漢簡中的 "騔" 與 "者" 字形對照表

例字	騔	者
字形	 73EJT37：1386① 90DXT0111①：54② Ⅰ90DXT0114③：48③	 73EJH2：3④

(三) "牝" "䮫" "䭀" "比" 與 "牝"

"牝",《說文·牛部》: "畜母也,从牛匕聲。" 在《肩水金關漢簡》中, "牝" 有時寫作 "牝" "䮫" "䭀" 或 "比"(具體字形見表 3)。

1. "牝"

在《肩水金關漢簡》中, 有三例 "牝" 寫作 "牛"(形符) 加 "比"(聲符)。

(54) 方箱車, 䮪牝馬, 齒十五歲。[《肩水金關漢簡》(貳) 第 120 頁, 73EJT23：58]

(55) ……□乘方相車, 駕駹牝馬, 齒……[《肩水金關漢簡》(肆) 第 144 頁, 73EJT37：925]

(56) 所乘用騔(駹) 牝馬一匹, 齒十歲, 高六尺二寸。[《肩水金關漢簡》(肆) 第 156 頁, 73EJT37：999]

由此來對照《肩水金關漢簡》(貳) 中的二例:

(57) 軺車一乘, 騅駹牝馬一匹。[《肩水金關漢簡》(貳) 第 119 頁, 73EJT23：53]

"軺車" 指一馬駕之輕便車。

(58) 乘駹牝馬, 齒四歲, 以為……[《肩水金關漢簡》(貳) 第 127 頁, 73EJT23：106]

---

① 甘肅簡牘博物館等編:《肩水金關漢簡》(肆), 上海: 中西書局 2015 年版, 第 211 頁。
② 甘肅簡牘博物館等編:《懸泉漢簡》(貳), 上海: 中西書局 2021 年版, 第 437 頁。
③ 甘肅簡牘博物館等編:《懸泉漢簡》(壹), 上海: 中西書局 2019 年版, 第 530 頁。
④ 甘肅簡牘博物館等編:《肩水金關漢簡》(肆), 上海: 中西書局 2015 年版, 第 26 頁。

"牝"即為表雌性的"牝"字。"牝"和"牝"分別以"匕"和"比"為聲符,且"匕"和"比"上古音均在幫母、脂部。黃艷萍指出"'牝'為'牝'聲符不同的異體字"①,按"牝"寫作"牝",似有增繁之嫌,當是書手誤寫之字。

2."䭷""駓"

在《肩水金關漢簡》(伍)中,各有一例"牝"寫作"馬"(形符)加"比"(聲符)及"馬"(形符)加"匕"(聲符)。

　　(59)革車一乘,用馬一匹,騂,駓,齒廿歲,高五尺八寸。[《肩水金關漢簡》(伍)第29頁,73EJF3：134＋498＋555]

"革車",古代兵車的一種。

　　(60)軺車一乘,用馬一匹,騩,駓,齒五歲,高六尺。[《肩水金關漢簡》(伍)第69頁,73EJF3：344]

簡中"䭷""駓"二字即指"牝",此時"牝"的義符為"馬"。

"牛""馬"均作為"牝"的義符出現,這種現象早在甲骨文時期已有,此乃義近形旁通用。關於此種現象,裘錫圭指出:"為形聲字選擇形旁時,如果對文字所指的事或物有不同的着眼點,所選擇的形旁就會不一樣。"② 表示動物性別的"牝"字指牛時用"牛"作形旁,指馬時用"馬"作形旁,簡中字詞均形容馬,故受此影響,則用"馬"作為"牝"之義符。

3."比"

在《肩水金關漢簡》(伍)中,有一例"牝"直接寫作"比"。

　　(61)軺車一乘,用馬一匹,騂,比,齒八歲,高五尺八寸。[《肩水金關漢簡》(伍)第69頁,73EJF3：347]

該簡中"比"即指"牝"。"比"上古音在幫母、脂部,上古音在並母、脂部,二字音近。"牝"寫作"比",乃用同音字代替。

① 黃艷萍:《〈肩水金關漢簡(壹—肆)〉釋文校補》,西北師範大學歷史文化學院等編:《簡牘學研究》(第七輯),蘭州:甘肅人民出版社2018年版。
② 裘錫圭:《文字學概要》(修訂本),北京:商務印書館2013年版,第164頁。

表 3　"牝"與"牝""騹""駍""比"字形對照表

例字	牝	駍	牝	騹	比
字形	73EJT23：53① 　73EJT23：106②	73EJF3：344③	73EJT23：58④ 　73EJT37：925⑤ 　73EJT37：999⑥	73EJF3：134＋498＋555⑦	73EJF3：347⑧

（四）"姚華"與"桃華"／"駣華"

"桃華馬"乃名馬，關於"桃華"之釋義，蕭旭認為舊釋"桃樹的花""桃花色馬"不正確，並提出了新的看法：①挑、桃、駣，並讀為盜。盜色即竊色，言顔色相雜，即淺色者也……"花"是"華"的俗字。"華"又作"驊"，是增加義符的分别字。②"華（花）"是"騧"的音變。③"桃華（花）"即"駣騧"的音變，本當作"盜騧"，是指毛色由黄白二色相雜的馬。或單稱作"駣""挑"。⑨

由上可知，"桃華"與"駣華"是有密切聯繫的，它們皆由"駣（盜）騧"音變而來。"桃""駣""盜"上古音均在定母、宵部；"華""驊"上古音均在匣母、魚部，"騧"在見母、歌部，三字音近。以下為《肩水金關漢簡》中"桃華"／"駣華"馬的例子：

（62）方箱車一乘，桃華牝馬一匹，齒七歲，高六尺。[《肩水金關漢簡》（肆）第 265 頁，73EJH2：41]

（63）……乘桃華字馬，齒八歲。出。[《肩水金關漢簡》（伍）第 272 頁，72EDIC：21]

（64）馬一匹，駣華，牡，齒八歲，高六尺。[《肩水金關漢簡》（貳）第 60 頁，73EJT21：209]

---

① 甘肅簡牘博物館等編：《肩水金關漢簡》（貳），上海：中西書局 2012 年版，第 119 頁。
② 甘肅簡牘博物館等編：《肩水金關漢簡》（貳），上海：中西書局 2012 年版，第 127 頁。
③ 甘肅簡牘博物館等編：《肩水金關漢簡》（伍），上海：中西書局 2016 年版，第 69 頁。
④ 甘肅簡牘博物館等編：《肩水金關漢簡》（貳），上海：中西書局 2012 年版，第 120 頁。
⑤ 甘肅簡牘博物館等編：《肩水金關漢簡》（肆），上海：中西書局 2015 年版，第 144 頁。
⑥ 甘肅簡牘博物館等編：《肩水金關漢簡》（肆），上海：中西書局 2015 年版，第 156 頁。
⑦ 甘肅簡牘博物館等編：《肩水金關漢簡》（伍），上海：中西書局 2016 年版，第 29 頁。
⑧ 甘肅簡牘博物館等編：《肩水金關漢簡》（伍），上海：中西書局 2016 年版，第 69 頁。
⑨ 蕭旭：《"桃華（花）馬"名義考》，教育部人文社會科學重點研究基地華東師範大學中國文字研究與應用中心、華東師範大學語言文字工作委員會編：《中國文字研究》（第二十二輯），上海：上海書店出版社 2015 年版，第 187－190 頁。

“華”，整理者未釋，伊強釋出，且認為“‘駣華’即‘桃花’，只是此處與馬有關，就將‘桃’改為從馬而已”①。

在《肩水金關漢簡》（肆）中，“桃華”／“駣華”寫成“姚華”（可參表4）：

（65）乘軺車，駕姚華牝馬一匹，齒九□……[《肩水金關漢簡》（肆）第78頁，73EJT37：456]

“姚華”即指“桃華”／“駣華”。“桃”“駣”上古音均在定母、宵部，“姚”上古音在喻母、宵部，三字音近。

表4　“姚華”與“桃華”／“駣華”字形對照表

例字	桃華	駣華	姚華
字形	73EJH2：41② 72EDIC：21③	73EJT21：209④	73EJT37：456⑤

上述四個例子可以對“乘”與“驟”的關係作進一步補充，由上可知，“驟”寫作“乘”，可能是書手為了書寫簡便快捷，也可能是書手不識或忘寫本字，而用同音或近音字來代替。

三、從“害”與“犗”的關係看“乘”與“驟”

“犗”，《說文·牛部》：“驟牛也，从牛害聲。”可見“驟”“犗”二字互訓。“驟”與“犗”都表示被騸的動物，但所指對象不同，“驟”指被騸的馬，而“犗”指被騸的牛。

“犗”在漢簡中亦處在描述牛身顏色以及牛的年齡之間的位置：

（66）牛一，青，犗，齒九歲，絜八尺五寸，左斬，肩上……[《肩水金關漢簡》（貳）第84頁，73EJT21：426]

① 伊強：《〈肩水金關漢簡〉名物詞考釋二則》，簡帛網，http://www.bsm.org.cn/？hanjian/6281.html，2014年11月19日。
② 甘肅簡牘博物館編：《肩水金關漢簡》（壹），上海：中西書局2011年版，第265頁。
③ 甘肅簡牘博物館編：《肩水金關漢簡》（伍），上海：中西書局2016年版，第272頁。
④ 甘肅簡牘博物館編：《肩水金關漢簡》（貳），上海：中西書局2012年版，第60頁。
⑤ 甘肅簡牘博物館編：《肩水金關漢簡》（貳），上海：中西書局2012年版，第78頁。

"絜"指牛身的腰圍。"左斬",《中國簡牘集成》注釋為"使用牛馬於耳部或臀部斬烙印記,稱斬、剿等。左斬,當是在左側有記號"[①];劉釗認為"左斬"即斬割左耳[②];凌文超指出:"'左斬'可能是'割耳'標識,即破損左耳以作標識。"[③] 凌說可從。

（67）大車一兩,用牛一,黑,犗,齒九歲。[《肩水金關漢簡》（肆）第 232 頁,73EJT37:1506]

"大車"指古代乘用的牛車,王貴元指出:"大車的邏輯詞義應是'大型車,也特指載物的牛車'。"[④]

在《肩水金關漢簡》（伍）中,"犗"被寫成"害"或"介":

（68）牛一,黑,害,齒八歲。"[《肩水金關漢簡》（伍）第 225 頁,73EJC37:454]

"害"即指"犗","犗"上古音在見母、月部,"害"上古音在匣母、月部,二字音近。

（69）乘方相車,駕□,其一牛,墨,介,齒八歲。[《肩水金關漢簡》（肆）第 223 頁,73EJT37:1455]

"介"即指"犗","犗"與"介"上古音均在見母、月部。

"騬",《說文·馬部》:"犗馬也,從馬乘聲。""騬"始見於漢代,《周禮·夏官·校人》"夏祭先牧,頒馬攻特",鄭玄注引鄭司農曰:"攻特謂騬之。"[⑤] 按許慎說,"騬"乃形聲字,但有學者將其看作會意兼形聲字。蔡哲茂認為花東卜辭中的"𩥇"字從字形結構來看,有可能表將公馬去勢之形,從文例可以說明此字可能是對馬做了某種動作,如果單純地望文生義,此字很可能就是後代"犗馬"的"騬"字的源頭。[⑥] 陳明則認為"𩥇"字或許是表示為馬去勢的專字。[⑦] 此說間接認為"乘"有"去勢"義。黃金貴認為"騬"或

————————

① 中國簡牘集成編輯委員會編:《中國簡牘集成》（第八冊）,蘭州:敦煌文藝出版社 2001 年版,第 107 頁。
② 劉釗:《說秦簡"右剿"一語並論歷史上的官馬標識制度》,復旦大學出土文獻與古文字研究中心編:《出土文獻與古文字研究》（第四輯）,上海:上海古籍出版社 2011 年版,第 349 頁。
③ 凌文超:《漢、吳簡官牛簿整理與研究》,卜憲群、楊振紅主編:《簡帛研究二〇一一》,桂林:廣西師範大學出版社 2013 年版,第 191 頁。
④ 王貴元:《簡帛文獻字詞研究》,北京:中國社會科學出版社 2020 年版,第 84 頁。
⑤ 黃金貴:《古代文化詞義集類辨考》,上海:上海教育出版社 1995 年版,第 430–431 頁。
⑥ 蔡哲茂:《甲骨研究二題》,教育部人文社會科學重點研究基地華東師範大學中國文字研究與應用中心編:《中國文字研究》（2008 年第一輯）,鄭州:大象出版社 2008 年版,第 45–47 頁。
⑦ 陳明:《花東甲骨卜辭字詞考釋匯纂及相關問題研究》,吉林大學碩士學位論文,2019 年,第 485 頁。

作“剩”，“乘”引申有陵加義，故“騬”指強力去其勢之馬。① 趙祐缺認為“騬”和大多數閹割詞語一樣，也是會意兼形聲字，從“馬”表明造字時閹割的對象為馬，“乘”乃“乘其不備”之義，乘其不備強力去其生殖功能。② 殷寄明則釋“騬”為去勢之馬，殘廢剩餘之物，認為“騬”“剩”二字均有殘餘義，此乃乘聲所載之公共語源義。③ 以上觀點都直接或間接地認為“乘”有強力去勢之義。由此看來，“乘”表音兼表義的可能性很大。

黃金貴提出“騬”與“剩”有音義上的聯繫，同理，我們推測“犗”與“割”應當也存在此種聯繫。《廣雅·釋獸》：“犗，犗也。”王念孫疏證曰：“犗之言割也，割去其勢，故謂之犗。”④“犗”與“割”上古音均在見母、月部，二字音同。周忠兵認為從“害”得聲的字有表牲畜去勢之意，“割”字有去勢之意，“犗”是“割”字派生出來的同源詞。⑤ 黃德寬等學者認為從“害”派生之“割”“犗”“犗”等字多含有剝割、禍害或其引申之義，《一切經音義》十四引《字書》：“犗，騬牛也，以刀去陰也。”《太平御覽》卷六四八引《尚書·刑德》：“割者，丈夫淫，割其勢也。”⑥ 趙祐缺認為“犗”也是會意兼形聲字，從“牛”表明造字時閹割的對象為牛，“害”本表“傷害”義，這裏“害”即為“割”，表示“割取”義。⑦ 殷寄明則認為“犗”“轄”均有禁制義，此乃害聲所載公共義，“犗”謂閹割，即禁制其生育，亦傷害、妨礙其生育功能。⑧ 故聲符“害”很可能兼表義。

四、餘論

綜上所述，本文通過以上四組平行例子論證了造成“騬”寫作“乘”這一現象的原因。原因之一可能是書手為了追求書寫便捷。許進雄指出：“官方公佈的文字，有充裕的時間書寫，而且意在展示，故一般較為謹慎，不隨意變動。民間的文化水準較低，同時為求快捷以增加工作量，就喜歡省減筆畫，而且也比較不會因文字的潦草而受到處罰。由於他們的文化水準較低，所簡省的也往往是不當的部分。”⑨ 王嬌在論述敦煌漢簡通假字成因問題時指出：“由於邊疆戍卒條件比較簡陋，古人在書寫時常會簡單代寫，倉促而就，後流行開來便形成了通假字。”⑩ 另，從出土的大量西北屯戍漢簡也可得知，書寫的工作量很大，

① 黃金貴：《古代文化詞義集類辨考》，上海：上海教育出版社 1995 年版，第 430 頁。
② 趙祐缺：《河南方言動物“閹割”類詞語詮釋》，《河南教育學院學報》（哲學社會科學版）2011 年第 4 期，第 115 頁。
③ 殷寄明：《漢語同源詞大典》（上冊），上海：復旦大學出版社 2018 年版，第 1216 頁。
④ 王念孫撰，張靖偉等校點：《廣雅疏證》，上海：上海古籍出版社 2016 年版，第 1852 頁。
⑤ 周忠兵：《甲骨文中幾個從“丄（牡）”字的考辨》，華東師範大學中國文字研究與應用中心編：《中國文字研究》（第七輯），南寧：廣西教育出版社 2006 年版，第 142－143 頁。
⑥ 黃德寬、何琳儀、徐在國等：《古文字譜系疏證》，北京：商務印書館 2007 年版，第 2380 頁。
⑦ 趙祐缺：《河南方言動物“閹割”類詞語詮釋》，《河南教育學院學報》（哲學社會科學版）2011 年第 4 期，第 115 頁。
⑧ 殷寄明：《漢語同源詞大典》（下冊），上海：復旦大學出版社 2018 年版，第 1292 頁。
⑨ 許進雄：《判定字形演變方向的原則》，《許進雄古文字論集》，北京：中華書局 2010 年版，第 586 頁。
⑩ 王嬌：《敦煌漢簡用字研究》，西北師範大學碩士學位論文，2014 年，第 30 頁。

而書手人數一定，因而書手為追求速度而作省寫處理也是可理解的。原因之二可能與書手的文化水準有關。關於書手的身份，王曉光指出，"居延、敦煌簡大都出自邊塞防禦體系吏卒之手，其身份多為侯（候官）—侯長（部）—隧長（隧）體系内的吏卒，從掾、令史、尉史、士吏、書佐、侯史等至底層士卒，可視作漢代軍事體系内簡牘書寫的重要群體"，且"多為主官自行辟除，大多在當地士卒中選拔，因而大多是本郡本地人"。① 書手多為當地人，文化水準並不高，故而對字形的識記模糊不清，且存在過於求速而隨意改變字形的情況，這在一定程度上就會造成字形的簡變。當然，也可能是書手在書寫時一時忘記了"騬"字的寫法，因而用其音同且兼表義的"乘"來代替，這具有一定的偶然性。原因之三可能與書手的用字習慣有關。王嬌指出："在造字之初，由於漢字較少，人們在書寫時常用已有的音同音近的字替代那些尚無文字表示的事物，新字產生後假借字依然廣泛使用。"② "騬"字漢代才出現，表"馬被騬"義，而目前所見漢簡中多用"乘"，未見"騬"字。居延漢簡亦有：

（70）馬，驪，乘，齒十六歲，擺右耳，決有鼻，已收頭、革、齒、耳、臧。（《居延新簡·甲侯渠官與第四燧》第 365 頁，EPT59：81）

"擺"，拗折。"已收頭、革、齒、耳、臧"，或指對馬死後骨肉皮髒的處理方式。③

（71）……駮（駁），乘，兩剽，齒十六……[《居延漢簡》（貳）第 126 頁，149.23]

"兩剽"，從李洪財說，指兩耳有針刺標記。④

由上可知，懸泉漢簡、居延漢簡均出現有"乘"字置於描述馬身顏色與年齡（抑或馬身標記）之間，且懸泉漢簡居多。在目前公佈的西北屯戍漢簡材料中暫未發現傳馬名籍中直接使用"騬"來表示被騬的馬，由此我們可進一步推測，這不僅與書手的用字習慣有關，而且這種用字習慣可能還具有一定的地域性特點——西北邊塞地區將"乘"當作"馬被騬"的專字。即使在當時其他地域已使用"騬"字，但當地書手出於習慣，仍使用"乘"來表示"馬被騬"義。相信隨着更多的材料公佈，以上觀點亦能被進一步證實。

參考文獻

[1] 丁度等：《集韻》（上），上海：上海古籍出版社 2017 年版。

---

① 王曉光：《秦漢簡牘具名與書手研究》，北京：榮寶齋出版社 2016 年版，第 113－114 頁。
② 王嬌：《敦煌漢簡用字研究》，西北師範大學碩士學位論文，2014 年，第 29 頁。
③ 肖從禮：《居延新簡集釋》（五），蘭州：甘肅文化出版社 2016 年版，第 267 頁。
④ 李洪財：《秦漢簡中標識術語"剽"之新證》，《中國農史》2021 年第 5 期，第 22 頁。

［2］段玉裁：《說文解字注》，北京：中華書局 2013 年版。

［3］甘肅簡牘博物館等編：《肩水金關漢簡》（壹），上海：中西書局 2011 年版。

［4］甘肅簡牘博物館等編：《肩水金關漢簡》（貳），上海：中西書局 2012 年版。

［5］甘肅簡牘博物館等編：《肩水金關漢簡》（肆），上海：中西書局 2015 年版。

［6］甘肅簡牘博物館等編：《肩水金關漢簡》（伍），上海：中西書局 2016 年版。

［7］甘肅簡牘博物館等編：《懸泉漢簡》（壹），上海：中西書局 2019 年版。

［8］甘肅簡牘博物館等編：《懸泉漢簡》（貳），上海：中西書局 2021 年版。

［9］甘肅省文物考古研究所等編：《居延新簡·甲侯渠官與第四燧》，北京：文物出版社 1990 年版。

［10］顧野王撰，孫強增訂：《大廣益會玉篇》（五），上海：中華書局 1985 年版。

［11］胡平生、張德芳：《敦煌懸泉漢簡釋粹》，上海：上海古籍出版社 2001 年版。

［12］黃金貴：《古代文化詞義集類辨考》，上海：上海教育出版社 1995 年版。

［13］簡牘整理小組：《居延漢簡》（貳），臺北：（臺灣）“中央研究院”歷史語言研究所 2015 年版。

［14］裘錫圭：《文字學概要》（修訂本），北京：商務印書館 2013 年版。

［15］山東省博物館編，胡平生著：《趣味簡帛學 4：簡帛上的絲綢之路》，上海：中國中福會出版社 2017 年版。

［16］王貴元：《簡帛文獻字詞研究》，北京：中國社會科學出版社 2020 年版。

［17］王嬌：《敦煌漢簡用字研究》，西北師範大學碩士學位論文，2014 年。

［18］王曉光：《秦漢簡牘具名與書手研究》，北京：榮寶齋出版社 2016 年版。

［19］張俊民：《敦煌懸泉置出土文書研究》，蘭州：甘肅教育出版社 2015 年版。

［20］中國簡牘集成編輯委員會編：《中國簡牘集成》（第八冊），蘭州：敦煌文藝出版社 2001 年版。

Supplemental Interpretation of "*Cheng*"（乘）/"*Cheng*"（騋） in Horse Register of *Xuanquan Bamboo Slips in Han Dynasty*

Sun Mengyu　Li Mingxiao

Abstract：There are different views on the interpretation of the word "*cheng*"（乘）between the color and age（or the mark of the horse body）in Horse Register of *Xuanquan Bamboo Slips in Han Dynasty*. One holds that "*cheng*"（乘）means "ride", and the other holds that it means gender. Based on the view that "*cheng*"（乘）denotes gender the same as "*pin*"（牝）and "*mu*"（牡）, we further demonstrates the reasons why "*cheng*"（騋）is written as "*cheng*"（乘）in bamboo slips of Han Dynasty by analyzing four groups of examples in Northwest Slips of Han Dynasty, "*ju*"（句）, "*shao*"（勺）" and "*di*"（駒）, "*zhe*"（者）and "*zhe*"（騺）, "*pin*"（牝）", "*pin*"（馻）, "*pin*"（駍）, "*bi*"（比）and "*pin*"（牝）, "*yao hua*"（姚華）and "*tao hua*"（桃華）/"*tao hua*"（駣華）, and discussing the relationship of "*cheng*"

（乘）and "*cheng*"（騬）from the relationship of "*hai*"（害）and "*jie*"（犗）. There may be three reasons. One is that the writer simply writes for pursuing simplicity and rapidness. The second is that the writer can not write the word or temporarily forgets the writing of this word and uses homophone instead, which has a certain contingency. The third is related to the character habits of the writer, which shows a certain territoriality.

Key words：*Xuanquan Bamboo Slips in Han Dynasty*, *cheng*（乘）, *cheng*（騬）, supplemental interpretation

（西南大學漢語文獻研究所）

慧琳再刪補之《大般涅槃經音義》校正*

黃仁瑄

提　要　慧琳再刪補之《大般涅槃經音義》見慧琳《一切經音義》卷第二十五至二十六，跟玄應《大唐衆經音義》卷第二撰集之同名音義有許多可相發明的地方。慧琳再刪補之音義存在訛、脫、衍、乙等種種文字問題，發現並解決這些問題對於有效利用慧琳音義有着積極意義，更是深化慧琳音義研究的基礎和前提。

關鍵詞　慧琳　《大般涅槃經音義》　校正

《大般涅槃經》，有小乘經、大乘經兩種。小乘經三卷，晉釋法顯譯；大乘經分四十卷、三十六卷兩本。大乘經四十卷本北涼釋曇無懺譯，稱北本涅槃；大乘經三十六卷本劉宋釋慧觀共謝靈運再治北本，稱南本涅槃。《大般涅槃經音義》即是爲南本涅槃注音釋義的著作。有關南本涅槃的音義書今可見者有兩種：一見玄應《大唐衆經音義》卷第二，有字目408條（參見黃仁瑄，2018：48－91），凡約兩萬字（下稱玄應本）；一見慧琳《一切經音義》（下稱慧琳音義）卷第二十五至二十六，有字目1 071條，凡兩萬九千餘言［下稱慧琳再刪補本①，參見黃仁瑄《一切經音義校注》（稿）］。玄應本、慧琳再刪補本雖字目多寡懸殊，慧琳音義亦未明言其跟玄應本有何種聯繫②，玄應本見於慧琳再刪補本的字目卻多達354條，約佔其全部字目數的33.1%，因而頗多可相發明的地方（詳後文有關考述）。

慧琳再刪補本存在訛、脫、衍、乙等種種文字問題（參見徐時儀，2012：928上－964下），勘正這些文字謬失對於有效利用慧琳音義無疑有着積極意義，更是深化慧琳音義研究的基礎和前提。略例如次③：

一、訛

　　25.414　常翹　祇遙反。《廣雅》："舉也。"④　郭曰："翹，懸足也。"（《大般涅

　　*　本文是國家社科基金重大項目"中、日、韓漢語音義文獻集成與漢語音義學研究"（項目編號：19ZDA318）和中央高校基本科研業務費專項資金資助·華中科技大學自主創新研究基金（人文社科）項目"慧琳《一切經音義》校注"（項目編號：2021WKFZZX009）的研究成果。
　　①　慧琳再刪補本因其作者標識"釋雲公撰、翻經沙門慧琳再刪補"，一般謂之雲公音義（參見黃仁瑄，2011：56－57）。
　　②　慧琳音義集佛典音義之大成，所集成之文字來源一般都有明確標識（參見黃仁瑄，2011：54－65）。
　　③　字目前數字表示其在慧琳音義當前卷的序次，如"25.414"表示該字目見於慧琳音義卷二十五之第414條。參見黃仁瑄《一切經音義校注》（稿）。
　　④　《廣雅·釋詁一》（第36頁下）："翹，舉也。"

盤經》卷第七，57p0922a①）

案：例中引《爾雅》郭璞注釋“翹”。懸足，今本作“懸危”②。考“常翹”例實見玄應音義，“2.169常翹”注（黃仁瑄，2018：65/32p0022A－0022B③）：“衹遙反。《廣雅》：‘翹，舉也。’郭璞曰：‘翹謂懸危也。’”亦作“懸危”，文從字順，知例中“足”字訛，宜據改。《爾雅·釋訓》：“業業、翹翹，危也。”邢昺疏（第2589頁中）：“《大雅·召旻》云：‘兢兢業業。’《豳風·鴟鴞》云：‘予室翹翹。’此皆縣危恐懼也。”此言“縣危”，可為據改之旁證。

25.422 瘶疲　上力弓反，下北可反。有作瘶跛，俗字也。（《大般涅槃經》卷第七，57p0922b）

案：“瘶疲”之“疲”字不合文意。考例中言“有作瘶跛”，疑“疲”為“尳”之訛④。《說文·尣部》（第214頁上）：“尳，蹇也。從尣，皮聲。”《玉篇·尣部》（第101頁下－102頁上）：“尳，蹇也。今為跛。”《說文》“尳”字條徐鍇繫傳（第205頁上）：“尳，俗作跛。”《尣部》：“尳，蹇也。”段玉裁注（第495頁上）：“尳，俗作跛。……今之經傳有跛無尳。”皆是其訛錯之旁證，宜據改。

26.013 結加趺坐　趺音府無反。《三蒼》云：“足趺也。”鄭注《儀礼》云：“足上也。”案：攝持鞋履之處名為足趺。惠琳⑤云：“結加趺坐者，加字只合單作加，盤結二足，更㸦以左右足趺加於二髀之上，名結加趺坐。其坐法差別，名目頗多，不可繁說，今且略敘二種坐儀：先以右足趺加左髀上，又以左足趺加右髀上，令二足掌仰於二髀之上，此名降魔坐。二手亦仰掌，展五指，以左押在安在懷中。諸禪師多傳此坐，是其次也。若依持明藏教灌頂阿闍梨所傳授，即以吉祥坐為上，降魔為次。其吉祥坐者，先以左足趺加右髀上，又以右足趺加左髀上，亦令二足掌仰於二髀之上，二手准前展指仰掌，以右押左，此名吉祥坐。於一切坐法之中，此最為上。如來成正覺時，身安吉祥之坐，左手指地作降魔之印。若修行人能常習此坐，具足百福莊嚴之相，能與一切三昧相應，名為最勝也。”

---

① “《大般涅槃經》卷第七”表示字目“常翹”的出處，“p”前數字表示《中華大藏經》的冊次，“p”後數字表示頁碼，a、b分別表示該頁之上、下欄；下同。為討論方便，引文文字原則上仍其舊。
② 《爾雅·釋訓》“業業、翹翹，危也”，郭璞注（第136頁下）：“皆懸危。”
③ 32p0022A－0022B，“p”前數字表示《高麗大藏經》的冊次，“p”後數字表示頁碼，A、B分別表示上、下欄；下同。
④ “瘶尳”見《大般涅槃經》卷第七：“聾盲、瘖瘂、拘躄瘶尳，於二十五有受諸果報，貪婬瞋恚愚癡覆心，不知佛性。”
⑤ 惠琳，獅谷本（第998頁）作“慧琳”。

案："以左押在" 不辭。考《尊勝佛頂脩瑜伽法軌儀》卷上（善無畏譯本，T19n0973_p0372a09 – a14）："復次說本尊真言曰：'其印相者，兩手外叉，合掌為拳，曲鉤右風幢，即加持五處，增益時用，或一手作攝召時用。又經中所說，以兩手合掌，以右手大指押左大指上，除災時用。若降伏念誦時，以左押右即是。" 窺基《觀彌勒上生兜率天經贊》卷下（T38n1772_p0292b24 – b25）："結跏趺坐者，如盤龍居，以左押右降伏而坐，以右押左吉祥而坐。" 窺基《妙法蓮華經玄贊》卷第二（T34n1723_p0678c28 – c29）："坐有二相：一降伏坐，以左押右；二吉祥坐，以右押左。" 降魔坐的基本要求是兩手 "以左押右"，知例中 "在" 字訛，宜據改作 "右"（參見徐時儀，2012：947 下）。頻伽藏亦作 "右"，後文有 "以右押左" 的說法，可為據改之旁證。

26.102 生涎　詳延反。《字林》："慕欲口涎也。" 諸字書作次、漾、流三體，並非。《三蒼》云："涎，小兒口液也，唾也。"（《大般涅槃經》卷第十四，57p0935a）

案："生涎" 例實據玄應本 "2.268 生涎" 條（黃仁瑄，2018：76 – 77/32p0026C）刪補。①口涎，玄應本作 "口液"。考玄應本十五 "涎洟" 注引《字林》（32p0338C）："慕欲口液也。" 又：涎，《說文》作 "次"，《次部》（第 180 頁下）："次，慕欲口液也。从欠，从水。……㳄，次或从侃。㳄，籀文次。" 兩例皆作 "口液"，知例中 "口涎" 訛，宜據改。②漾、流，玄應本作 "瀁、淜"。詳文意，慧琳本訛，宜據改。徐時儀（2012：950 下）改作 "瀁、淜"，可備一說。

26.126 鳩畱秦佛　亦名枸樓，亦云迦羅鳩村馱，亦云枸留孫，並梵語訛略不切。正梵音羯句忖那。此云減累也。（《大般涅槃經》卷第十五，57p0936a）

案：鳩畱秦佛是梵詞 Krakucchandha – buddha 的對音。據梵音，例中 "枸樓、枸留孫" 之枸，當作 "拘"①。慧苑音義卷下 "2.425 拘留孫" 注（黃仁瑄，2020：187/59p0506c）："具云羯羅迦寸陁。此云所應斷已斷，或障已斷也。" 正作 "拘"，是其旁證。

26.135 其鏃　子木反。《字林》云："箭鏑也。" 江南言箭金也，山東言箭足。《釋名》云："箭本曰足。" 古謂箭足為族。《爾雅》"金鏃剪羽" 是。（《大般涅槃經》卷第十五，57p0936b）

案："其鏃" 例實據玄應本 "2.283 其鏃" 條（黃仁瑄，2018：78/32p0027B）刪補。

---

① 拘讀見紐，可對譯梵音 k（黃仁瑄，2011：272）。

①箭金，玄應本作"箭鏑"①。考慧琳音義凡十四釋"鏃"，卷十五"箭鏃"注引《廣雅》（57p0695a－0695b）："鏃，鏑也。"卷三十七"一鏃"注引顧野王云（58p0138a）："鏃，矢鏑也。"卷三十八"無鏃箭"引《韻詮》云（58p0158b）："箭鏑也。"卷六十"無鏃箭"注引《韻英》云（58p0671a－0671b）："箭鏑也。"卷七十四"利鏃"注引《爾雅》（58p0941b）："鏃，鏑也。"或言"鏑"，或言"箭鏑"，知例中"箭金"訛，宜據改。②為族，玄應本作"為箭族"。考慧琳音義卷二十四"拔鏃"注引《考聲》（57p0895b）："鏃，矢足也。"詳文意，知兩本皆訛，宜據改作"為鏃"。③是，玄應本作"是也"。著"也"字，文意完足，知例中脫之，宜據補。

26.161 氀毼　力宇反。毼，寒割反。《玉篇》云："罽賓，毛布也。"（《大般涅槃經》卷第十六，57p0937b）

案：例中引《玉篇》釋"氀毼"。考"氀毼"例實據玄應本"2.296 氀毼"條（黃仁瑄，2018：79/32p0028A）刪補。罽賓，玄應本作"罽也"②。《玉篇·毛部》（第122頁上）："氀，毛布也。亦作毷。""毼，罽也。"詳文意，知例中"賓"字訛，宜據改作"也"。

26.290 甀罌　學江反。《說文》："似罌，長頭，受十升者也。"（《大般涅槃經》卷第二十三，57p0942b）

案：例中引《說文》釋"甀"，長頭，今本作"長頸"③。考"甀罌"例實據玄應本"2.332 甀器"條（黃仁瑄，2018：83/32p0029B）刪補，其注亦引作"長頸"，文從字順，知例中"頭"字訛，宜據改。慧琳音義凡五引《說文》釋"甀"，分別見卷三十"持甀"注（57p1049a－1049b）、卷三十七"瓦甀"注（58p0137b）、卷五十三"鐵甀"注（58p0490b）、卷五十七"瓶甀"注（58p0597b），皆引作"長頸"，可為據補之旁證。

26.292 手抱腳躃　《說文》正作捊，或作抱，同。鮑交反。《玉篇》云："引取也。"躃，徒盍反。踐弃也。此喻渡煩惱河，勤修二善，是抱取義也。懃斷二惡，是踐弃義。南經謝公改為運手動足，言雖是巧，於義有闕疎也。（《大般涅槃經》卷第二十三，57p0942b）

---

① 玄應本"2.283 其鏃"注（黃仁瑄，2018：78/32p0027B）："《字林》子木反。鏃，箭鏑也。江南言箭鏑也，江東言箭足。《釋名》云：'箭本曰足。'古謂箭足為箭鏃。《爾雅》'金族箭羽'是也。"
② 玄應本"2.296 氀毼"注（黃仁瑄，2018：79/32p0028A）："力於反。《廣雅》：'氀毼，罽也。'粗罽也。《聲類》：'毛布也。'"
③ 《說文·瓦部》（第269頁上）："甀，似罌，長頸。受十升。讀若洪。从瓦，工聲。"

案："手抱腳蹋" 例實據玄應本 "2.333 手抱" 條（黃仁瑄，2018：83/32p0029B）刪補。正作桴，玄應本作 "正作捊"①。考《說文·手部》（第 253 頁上）："捊，引取也。從手，孚聲。抱，捊或從包。" 詳文意，慧琳本 "桴" 字訛，宜據改。

26.323 䄟黏　上丑支反。樹膠也。黏，女沾反。黏，著也。謂取禽獸也。（《大般涅槃經》卷第二十六，57p0944a）

案："䄟黏" 例實據玄應本 "2.341 䄟膠" 條（黃仁瑄，2018：84/32p0029C）刪補。䄟黏，玄應本作 "䄟膠"②。考 "䄟膠" 見《大般涅槃經》卷第二十五："如諸獵師純以䄟膠置之案上，用捕獼猴。" 玄應本 "2.341 䄟膠" 注（黃仁瑄，2018：84）："勑支反。《廣雅》：'䄟，黏也。'《字書》：'木膠也。'謂黏物者也。" 詳文意，慧琳本 "䄟黏" 訛，宜據改。

26.368 憇駕　上去屬反。《爾雅》："憇，止也。" 注云："止乏息也。"《說文》作愒字。《蒼頡篇》作屟，古字，今不用也。（《大般涅槃經》卷第二十九，57p0946b）

案：憇，同 "憩"。"憇駕" 例實據玄應本 "2.356 憇駕" 條（黃仁瑄，2018：85/32p0030B）刪補。①例中引《爾雅》釋 "憩"。止也，今本作 "息也"③。考玄應本 "2.356 憩駕" 注引《爾雅》（黃仁瑄，2018：85/32p0030B）："憩，息也。" 亦引作 "息"，知例中 "止" 字訛，宜據改。②止乏息也，玄應本作 "憩止之息也"④。考《爾雅·釋詁下》"棲遲、憩、休、苦、齂、齁、呬，息也"，郭璞注（第 72 頁上）："棲遲，遊息也。苦，勞者宜止息。憩見《詩》。齂、齁、呬，皆氣息貌。今東齊呼息為呬也。" 此言 "止息"。玄應音義卷一 "停憩" 注引《爾雅》"憩，息也"，舍人曰（32p0014A）："憩，臥之息也。" 卷十九 "憩息" 注引《爾雅》"憩，息也"，舍人曰（32p0257C）："憩，臥之息也。" 卷二十二 "止憩" 注引《爾雅》（32p0298C）："憩，息也。止之息也。" 或言 "臥之息"，或言 "止之息"。詳文意，例中文字有脫訛，宜據補改作 "止息之息也"。慧琳音義凡二十釋 "憩"，卷三十一 "遊憩" 注引《蒼頡篇》（58p0014a）："止息也。" 卷四十八轉引之玄應音義 "止憩" 注引《爾雅》（58p0386a）："憩，息也。止之息也。" 卷八十二 "憩駕" 注（59p0037b）："騫罽反。《考聲》云：'憩，歇也。'古文作屟，止息也。" 諸例皆言 "止息"，可為據以補改之旁證。③ "《蒼頡篇》作屟" 之屟，據文意，當是 "既" 之訛，宜改。

---

① 玄應本 "2.333 手抱" 注（黃仁瑄，2018：83/32p0029B）："《說文》正作捊，或作抱，同。"
② 玄應本 "2.341 䄟膠" 注（黃仁瑄，2018：84/32p0029C）："勑支反。《廣雅》：'䄟，黏也。'《字書》：'木膠也。'謂黏物者也。"
③ 《爾雅·釋詁下》（第 72 頁上）："憩，息也。"
④ 玄應本 "2.356 憩駕" 注引《爾雅》"憩，息也" 注云（黃仁瑄，2018：85/32p0030B）："憩止之息也。"

二、脱

25.368 羆　彼宜反。《爾雅》："似熊而黃白色。"郭璞曰："長頭，高腳，猛
憨多力，能拔樹木者名羆也。"（《大般涅槃經》卷第六，57p0920a）

案：例中引《爾雅》及其郭璞注釋"羆"。名羆也，今本作"貑羆"①。考慧琳音義凡
十七釋"羆"，如卷十一"熊羆"注引《方言》（57p0604a）："關西呼為貑音家羆。"卷二
十四"羆面"注引《爾雅》"羆，似熊而黃白色"，郭璞注云（57p0887a）："腳高，猛憨多
力，能拔木。關西呼為貑（熊）［羆］。"卷三十"熊羆"注引郭注《爾雅》云
（58p0011a）："似熊而頭高腳長，猛憨多力，能拔木。關西呼為貑（熊）［羆］也。"諸例
皆作"貑羆"，知例中脱"貑"字，宜據補作"名貑羆也"。

25.527 怡悦　上与之反。《爾雅》云："怡，樂也。"憙也。又熙，同。（《大
般涅槃經》卷第十，57p0928a）

案："又熙"不辭。考"怡悦"例實據玄應本刪補，"2.208 怡悦"注（黃仁瑄，
2018：70/32p0024B）："古文婴，同。弋之反。《爾雅》：'怡，樂也。'《方言》：'怡，喜
也。'《說文》：'怡，和也。'"又玄應音義卷一"怡懌"注（32p0007C）："古文婴，同。
翼之反。"卷二"怡悦"注（32p0024B）："古文婴，同。弋之反。"詳文意，例中文字有脱
訛，宜據補、改作"又作婴"。

26.061 赧然　孥蓋反。言："赧，愧也。"《小雅》云："面愧曰赧。"《說
文》："面慙也。"（《大般涅槃經》卷第十二，57p0933b）

案："赧然"例實見玄應本"2.251 赧然"條（黃仁瑄，2018：75/32p0026A）。①方，
玄應本作"方言"②。考《方言》卷二（第1265頁下）："赧，愧也。秦晉之間，凡愧而見
上謂之赧。"據此，知例中脱"方"字，宜據補。②例中引《說文》釋"赧"。面慙，今本
作"面慙赤"③。考玄應本"2.251 赧然"注引《說文》（黃仁瑄，2018：75/32p0026A）：
"赧，面慙赤也。"引同今本，知例中脱"赤"字，宜據補。慧琳音義凡十一引《說文》釋
"赧"，或訓"面慙赤也"，如卷四十一"赧而"注（58p0224a）、卷五十三"赧皺"注

---

① 《爾雅·釋獸》"羆，似熊，黃白文"，郭璞注（第1210頁下）："似熊，而長頭，高腳，猛憨多力，能拔樹木。
關西呼曰貑羆。"
② 玄應本"2.251 赧然"注（黃仁瑄，2018：75/32p0026A）："奴蓋反。《方言》：'赧，愧也。'《小爾雅》云：
'面愧曰赧。'《說文》：'赧，面慙赤也。'"
③ 《說文·赤部》（第213頁上）："赧，面慙赤也。从赤，㞋聲。周失天下於赧王。女版切。"

（58p0491a）、卷六十一"默赧"注（58p0677b）、卷六十二"羞赧"注（58p0702a－
0702b）、卷六十三"懃赧"注（58p0733b）、卷八十三"懃赧"注（59p0053a）、卷八十八
"赧畏"注（59p0145a）；或訓"面懃色也"，如卷八十四"忸赧"注（59p0078a－0078b）；
另有幾例引析文字結構，不贅。諸例亦引同今本，可為據補之旁證。

　　26.103　因燧　辭醉反。火母也。《論語》云："鑽燧改火也。"孔注云："一年
之中鑽燧各異木也。"《世本》云："造火者燧人，為名也。"（《大般涅槃經》卷第
十四，57p0935a）

　　案："因燧"例實據玄應本"2.269因燧"條（黄仁瑄，2018：77/32p0026C）刪補。
為名也，玄應本作"因以為名"。考玄應音義凡五引《世本》釋"燧"，卷九"鑽燧"注引
《世本》（32p0128C）："造火者燧人也，因以為名。"卷十七"火燧"注引《世本》云
（32p0228C）："造火者燧人也，因以為名。"卷二十二"鑽燧"注引《世本》（32p0296C）：
"造火者燧人，因以名也。"卷二十五"鑽燧"注引《世本》（32p0338A）："造火者燧人，
因以名也。"或云"因以為名"，或云"因以名"，詳文意，例中脫"因以"二字，宜據補
作"因以為名也"。

　　26.156　熊羆　盧窮反。《玉篇》云："似豕，山居，冬蟄。"舐其掌，其掌似人掌，亦
名。羆，彼宜反。而人頭，似馬有髦，猛憨多力，能拔樹木。關西名貆羆。憨音可藍反。
貆音加。（《大般涅槃經》卷第十六，57p0937a－0937b）

　　案："熊羆"例實據玄應本"2.293熊羆"條（黄仁瑄，2018：79/32p0027C）刪補。
①亦名，玄應本作"名曰蹯"①。詳文意，例中脫"蹯"字，宜據補作"亦名蹯"。慧琳音
義卷三十五"羆熊"注（58p0108a－0108b）："蟄用舐掌，[掌]似人掌，（内）[亦]名
蹯。"卷四十一"熊羆"注（58p0209a）："舐足掌，其掌似人（名掌）[掌，名]曰蹯。
蹯音煩。"卷七十轉引之玄應音義"熊馬"注（58p0867b）："其掌似人掌，名曰蹯音煩。"
《玉篇·足部》（第33頁下）："蹯，熊掌也。"可為據補之旁證。②而人頭，獅谷本（第
1009頁）作"而大頭"，玄應本作"似熊而長頭"。考《爾雅·釋獸》"羆，似熊，黄白
文"，郭璞注（第1210頁下）："似熊，而長頭，高腳，猛憨多力，能拔樹木。關西呼曰貆
羆。"慧琳音義卷十一"熊羆"注引《爾雅》"羆，如熊，黄白色"，郭璞云（57p0604a）：
"羆，似熊而大，熊類也。頭長，[腳]高，猛憨呵甘反多力，能拔木。"卷三十一"熊羆"
注引郭注《爾雅》云（58p0011a）："似熊而頭高腳長，猛憨多力，能拔木。關西呼為貆

　　　　① 玄應本"2.293熊羆"注（黄仁瑄，2018：79/32p0027C）："胡弓反。《說文》：'熊，如豕，山居，冬蟄。'其
掌似人掌，名曰蹯。羆，彼宜反。《尒疋》：'羆，如熊，黄白文。'郭璞曰：'似熊而長頭，似馬有髟，高腳，猛憨多
力，能拔木。關西名貆羆。'蹯音扶袁反。憨呼藍反。貆音加。"

（熊）［羆］也。”卷三十三“熊羆”注引郭注《爾雅》云（58p0058b）：“似熊，而長頭，高腳，猛憨多力，能拔木也。”卷三十四“熊羆”注引郭注《爾雅》云（58p0083b）：“羆，似熊，長頭，高腳，能拔樹。”卷三十五“羆熊”注引《爾雅》“羆，似熊，而黃白色”，郭璞曰（58p0108a－0108b）：“似熊，而頭長，腳高。猛憨多力，能拔樹木。開西呼猳（熊）［羆］也。”卷四十一“熊羆”注引《爾雅》“羆，似熊，而黃白色”，郭璞曰（58p0209a）：“似熊而大，頭長，腳高。猛憨多力，能拔樹木也。”卷四十七“熊羆”注引郭注《爾雅》（58p0349b）：“羆，似熊而長頭，高腳，多力，［能］拔木。關西呼猳（熊）［羆］。”卷六十一“熊羆”注引郭注《爾雅》云（58p0681a－0681b）：“似熊，頭高，腳長，猛憨多力，善走，能拔樹木。關西呼為猳［羆］。”例中實據《爾雅》郭璞注為訓，詳文意，其中文字有脫訛，宜據補正作“似熊而長頭”①。《詩·小雅·斯干》“維熊維羆”，朱熹集傳（第125頁）：“羆，似熊而長頭高腳，猛憨多力，能拔樹。”可為據補之旁證。

26.306　因提黎天　帝釋天也。（《大般涅槃經》卷第二十四，57p0943b）

案：據文意及文例，“帝釋”前脫“此云”二字，宜補。

26.351　立拒舉瓶　拒，其呂反。舊音云：“外道瓶圓如瓠，無足，以三杖交之，舉瓶離地。諸經中或言奇，或言三叉立拒，並是也。”（《大般涅槃經》卷第二十八，57p0945b）

案：“立拒舉瓶”例實據玄應本“2.347 立拒”條（黃仁瑄，2018：84/32p0030A）刪補。外道、或言奇，玄應本作“此外道、執三奇立拒”②。考玄應音義卷十八“入支”注（32p0239A）：“只移反。此外道瓶圓如瓠，無足，以三（扙）［杖］交之，支舉於瓶也。諸經中或言執三奇立拒，或言三叉立拒，皆是也。論文作鈥，非也。”同卷之“如拒”注（32p0245A）：“只移反。此外道瓶圓如瓠，無足，以三（扙）［杖］交之，支舉於瓶也。諸經中或言執三奇立拒，或言三叉立拒，皆是也。論文作鈥，非也。”唐釋行滿集《涅槃經疏私記》卷第十一（X37n0660_p0122c02－c04）：“經云立拒者，拒字其呂反。此外道瓶圓如瓠，無足，以三杖交之，舉於瓶。諸經中或言執三奇立拒，或言三丈立拒，皆是也。”上述文字皆言“此外道、三奇立拒”，知例中有脫字，宜據補作“此外道、執三奇立拒”。

26.402　融銷　小彫反。《說文》：“鑠也。從金，肖聲。”經從水作消，是消息之消。非此用也。（《大般涅槃經》卷第三十一，57p0948b）

---

① 《爾雅·釋獸》“羆，似熊，黃白文”，郭璞注（第1210頁下）：“似熊，而長頭，高腳，猛憨多力，能拔樹木。關西呼曰猳羆。”
② 玄應本“2.347 立拒”注（黃仁瑄，2018：84/32p0030A）：“其呂反。此外道瓶圓如瓠，無足，以三杖交之舉於瓶也。諸經中或言執三奇立拒，或言三叉立拒，皆是也。”

案：例中引《說文》釋"銷"，鑠也，今本作"鑠金也"①。慧琳音義凡十引《說文》釋"銷"，卷四"銷雪"注引《說文》（57p0457b）："鑠金也。從金，肖聲也。"卷八"銷礦"注引《說文》（57p0552a）："鑠傷弱反金也。从金，肖聲也。"卷十一"銷滅"注引《說文》（57p0609a）："鑠金也。商斫反。从金，肖聲也。"卷十八"銷釋"注引《說文》（57p0751b）："鑠金也。"卷二十九"銷鍊"注引《說文》（57p1017b）："（鑠）［鑠］金也。"卷三十二"銷除"注引《說文》（58p0028a）："鑠金也。从金，肖聲也。"卷四十九"鋌鎔銷"注引《說文》（58p0396b）："鑠金也。"卷六十六"融銷"注引《說文》（58p0786a－0786b）："鑠金也。从金，肖聲。"《玉篇·金部》（第83頁上）："銷，鑠金也。"諸例皆言"鑠金"，知例中脱"金"字，宜據補。

26.479 垣彌魚　上音伍。迷羅，謂大身魚。其類有四，此最小者。《法炬經》中伍迷宜羅即第三魚，皆次乇相吞噉。（《大般涅槃經》卷第三十六，57p0952b）

案："垣彌魚"例實據玄應本"2.386 坻彌"條（黃仁瑄，2018：88/32p0031B－0031C）刪補。"迷羅"表意突兀，玄應本作"下音迷應言帝彌衹羅"②。考"垣彌"乃梵詞timingila（巴利詞timingala2783）的對音，據梵音，例中脱"下音、應言帝彌衹"七字，宜據補。

26.382 迦蘭陁竹林　古音云："迦蘭陁，此名好鳥。"是鳥名，亦是山鼠名，亦是國名。（《大般涅槃經》卷第二十九，57p0947b）

案：古音，疑即玄應音義。玄應音義卷十九"迦蘭陁鳥"注（32p0252B）："或言柯蘭陁，或作迦蘭駄迦，或云羯蘭鐸迦，皆梵音輕重也。此譯云好聲鳥。"此言"好聲鳥"，例中言"好鳥"，其參差在"聲"字的有無。考慧琳音義卷二十五"迦蘭陁鳥"注（57p0909b）："此云好聲鳥。"亦言"好聲鳥"，文意分明，知例中脱"聲"字，宜據補。

三、衍

25.364 侵嬈　乃了反。郭璞曰："嬈，弄也。"《玉篇》云："戲相擾弄也。"（《大般涅槃經》卷第六，57p0919b）

案："戲相擾弄"似不辭。考《玉篇·女部》（第17頁下）："嬈，擾，戲弄也。"慧琳

---

① 《說文·金部》（第294頁上）："銷，鑠金也。从金，肖聲。相邀切。"
② 玄應本"2.386 坻彌"注（黃仁瑄，2018：88/32p0031B－0031C）："《三蒼》音低，下音迷。律中坻彌皆作迷字。應言帝彌衹羅。謂大身魚也。其類有四種，此第四，最小者也。《法炬經》中低迷宜羅即第三魚也。皆次第互相吞噉也。"

音義卷一百"嬈固"注引《說文》（59p0331b）："嬈，苛也。一云：相擾戲弄也。从女，堯聲。"詳文意，例中文字有倒乙，宜據乙正作"相擾戲弄"。"侵嬈"例實據玄應本刪補，"2.147 侵嬈"注（黃仁瑄，2018：63/32p0021B）："乃了反。郭璞云：'嬈，弄也，擾也。'謂嬈擾戲弄也。"文字跟慧琳本幾乎全同，亦可為據乙之證據。

26.324 溫故　上烏昆反。《論語》云："溫故而知新。"何晏曰："溫，尋也。"又：習也。經作慍故字，音威運反。歷也，恨也。非經義也。（《大般涅槃經》卷第二十六，57p0944a）

案："溫故"例實據玄應本"2.342 溫故"條（黃仁瑄，2018：84/32p0029C）刪補。①"經作慍故"之慍故，玄應本作"慍"。詳文意，慧琳本"故"字衍，宜據刪。②歷也，玄應本作"恚也"。考《玉篇·心部》（第 39 頁上）："慍，恚也，怒也，恨也。"例中"歷"字訛，宜據改作"恚"。

26.356 賦給　方務反。《說文》："賦，斂也。"稅也。《方言》："賦，種也。"郭璞曰："賦所以平量也。"（《大般涅槃經》卷第二十九，57p0945b–0946a）

案："賦給"例實據玄應本"2.354 賦給"條（黃仁瑄，2018：85/32p0030A–0030B）刪補。①例中引《方言》釋"賦"。種也，今本作"動也"①。考《方言》卷十三"賦，動也"，郭璞注（第 963 頁上）："賦斂可以擾動民也。"郭注言"擾動"。玄應本"2.354 賦給"注引《方言》（黃仁瑄，2018：85/32p0030A–0030B）："賦，動也。"亦引作"動"。知例中"種"字訛，宜據改作"動"。②"郭璞曰：'賦所以平量也'"表意突兀。考玄應本"2.354 賦給"注（黃仁瑄，2018：85/32p0030A–0030B）："古文貱，同。甫務反。《說文》：'賦，斂也。'《廣雅》：'賦，稅也。'《方言》：'賦，動也。'謂賦斂所以擾動也。《爾雅》：'賦，量也。'郭璞曰：'賦稅所以平量也。'"《爾雅·釋言》"賦，量也"，郭璞注（第 112 頁下）："賦稅所以評量。"詳文意，知例中"郭璞"前大約脫了"謂賦斂所以擾動也爾雅賦量也"十三字，"所以平量"前脫了"稅"字，宜據補。

26.371 婚姻　今作昏。《說文》："婦家也。"《礼記》："取婦以昏時入，故曰昏。"《爾雅》："婦之父曰昏。"古文作壻。《說文》："聟家也。女之所曰，故曰姻。"《爾雅》："聟之父為姻。"聟音細。（《大般涅槃經》卷第二十九，57p0946b–0947a）

---

① 《方言》卷十三（第 963 頁上）："賦，動也。"

　　案："婚姻"例實據玄應本"2.358 婚姻"條（黄仁瑄，2018：85/32p0030B）删補。①例中引《説文》釋"婚"，礼記，今本作"禮"①。考玄應本"2.358 婚姻"注引《説文》（黄仁瑄，2018：85/32p0030B）："婦家也。禮云：娶婦以昏時入，故曰昏。"亦作"禮"，疑例中衍"記"字，宜據删。《廣韻·魂韻》（第120頁）："婚，婚姻，嫁也。禮：娶以昏時。婦人，陰也，故曰婚。"《資治通鑑·周紀三》"婚姻相親"，胡三省注引《字書》（第111頁）："婚，昏也。禮：娶以昏時。婦人，陰也，故曰婚。"皆言"禮"，可爲據删之旁證。②"古文作婣"表意突兀。考玄應本"2.358 婚姻"注引《説文》（黄仁瑄，2018：85/32p0030B）："姻，古文婣、姻二形，今作因。""古文"前著一"姻"字，文意順暢，知例中脱之，宜據補（參見徐時儀，2012：958 下）。

　　26.401 撓攪　上呼高反，下交咬反。《説文》："撓攪，即攪乱也。"《詩》云"祇攪我心"是也。(《大般涅槃經》卷第三十一，57p0948b)

　　案："撓攪"例實據玄應本"2.367 撓攪"條（黄仁瑄，2018：87/32p0030C）删補。①例中引《説文》釋"攪"。撓攪、即攪乱也，玄應本作"攪、乱也"②。考《説文·手部》（第255頁下）："攪，亂也。从手，覺聲。《詩》曰：'祇攪我心。'"詳文意，例中衍"撓""攪""即"三字，宜據删。②例中引《詩》釋"攪"。秪攪，今本作"祇攪"③。"秪攪"訛，宜據改（參見徐時儀，2012：960 上）。玄應本"2.367 撓攪"注引《詩》云（黄仁瑄，2018：87/32p0030C）："'祇攪我心'是也。"亦引作"祇攪"，可爲據改之旁證。

四、倒

　　25.076 四馬駟　私恣反。《説文》云："一乘駕以四馬也。"《論語》云："齊景公有馬千駟。"馬四千足也。(《大般涅槃經》卷第一，57p0908a)

　　案："四馬駟"例實據玄應本"2.035 駟馬"條（黄仁瑄，2018：52/32p0017A–0017B）删補。四馬駟，玄應本作"駟馬"。考《大般涅槃經》卷第一（據 CBETA 2016）："一一離車各嚴八萬四千大象，八萬四千駟馬寶車，八萬四千明月寶珠，天木栴檀沈水薪束，種種各有八萬四千。"經言"四千駟馬"，玄應本分立字目亦作"駟馬"，知慧琳再删補本字目文字有衍乙，宜據删、正作"駟馬"。

　　25.094 陀那婆神　此云陀，有；那者名施；婆者言有。此神得有施名。(《大

---

　　①　《説文·女部》（第259頁上）："婚，婦家也。禮：娶婦以昏時。婦人陰也，故曰婚。"
　　②　玄應本"2.367 撓攪"注（黄仁瑄，2018：87/32p0030C）："古卯反。《説文》：'攪，亂也。'《詩》云'祇攪我心'是也。"
　　③　《詩·小雅·何人斯》（第455頁中）："胡逝我梁？祇攪我心。"

般涅槃經》卷第一，57p0908b）

案："此云陁有那者名施婆者言有" 文氣不順。考 "陁那婆" 是梵詞 Dānavat 的音譯，陁那即檀那，慧苑音義卷上 "檀波羅蜜" 注（59p0489a）："檀那，此云施也。" 慧琳音義卷二十五 "檀波羅蜜" 注（57p0910a）："檀那云布施。" 詳文意，例中文字有衍、倒，宜據刪、乙作："陁那者，此云施；婆者，言有。"

25.363　阿竭陁藥①　阿云普，竭陁云去。言服此藥普去衆疾。又：阿言者無，
　　竭陁云價。謂此藥功高，價直無量。（《大般涅槃經》卷第六，57p0919b）

案："阿言者無" 表意不順，當乙作 "阿者言無"，如此，跟其後 "竭陁云價" 正相對應。慧苑音義卷上 "阿揭陁藥" 注（59p0488c）："阿，此云普也；揭陁，云去也。言服此藥者，身中諸病普皆除去也②。又云：阿，無也；揭陁，病也。服此藥已，更無有病，故名之耳。" 表意與此例同，可爲據乙之旁證。

26.024　笛　《說文》："七孔笛也。俗云：羌笛三孔也。"《風俗通》云："笛
　　笛者，滌也。滌邪穢納雅正也。"（《大般涅槃經》卷第十一，57p0931b）

案：①例中引《說文》釋 "笛"。七孔笛，今本作 "七孔筩"③。考《玉篇·竹部》（第70頁下）："笛，七孔筩也。" 玄應音義卷十六 "箏笛" 注引《說文》（32p0225A）："七孔籥也。羌笛三孔。" 或言 "筩"，或云 "籥"，詳文意，"笛" 字訛，宜據改作 "筩"。②例中引《風俗通》釋 "笛"。笛笛者，當作 "笛者"，例中衍一 "笛" 字（參見徐時儀，2012：967注〔四〕），宜刪。《風俗通義·聲音》"笛" 字下引《樂記》（景常熟瞿氏鐵琴銅劍樓藏北宋刊本）："武帝時丘仲之所作也。笛者，滌也，所以蕩滌邪穢納之於雅正也。"《太平御覽》卷五百八十引《樂書》（第2617頁上）曰："笛者，滌也。丘仲所作。可以滌蕩邪氣，出揚正聲。" 兩例亦言 "笛者，滌也"，可爲其衍字之旁證。

26.080　瘜宎　思力反。《說文》："奇宎也。" 又：惡肉也。又作腺字，用同
　　也。（《大般涅槃經》卷第十三，57p0934a–0934b）
26.081　虫胆　七余反。《通俗文》云："宎中虫。"《三蒼》："蠅乳宎中也。"
　　經文作蛆，子余反。《莊子》云："蝍蛆甘帶。" 謂其公也。又作疽，久癰也④。此
　　後二並非經義也，云云也。（《大般涅槃經》卷第十三，57p0934a–0934b）

---

①　陁，獅谷本（第979頁）作 "陀"。
②　"普" 字原闕，今據慧琳本補。
③　《說文·竹部》（第98頁下）："笛，七孔筩也。從竹，由聲。羌笛三孔。徐鍇曰：'當從冑省乃得聲。' 徒歷切。"
④　《廣雅·釋詁二》（第57頁下）："疽，癰也。"

案：①“26.080 瘜宍”實據玄應本刪補，詳見玄應本“2.263 瘜肉”注（黃仁瑄，2018：76/32p0026C）；“26.081 虫胆”例實據玄應本刪補，詳見玄應本“2.264 蟲胆”注（黃仁瑄，2018：76/32p0026C）。慧琳本序次跟玄應本序次原有不同，已據玄應本乙正〔說詳《一切經音義校注》（稿）“26.080 瘜宍”條注〕。考“26.080 瘜宍、26.081 虫胆”見《大般涅槃經》卷第十三（據 CBETA）：“善男子！云何瘡中息肉？如人久瘡，中生息肉，其人要當勤心療治，莫生捨心，若生捨心，瘡息增長，虫疽復生，以是因緣即便命終。”經文“息肉”即例中“瘜宍”，見在“虫疽”之前，玄應本序次跟經文文字正相對應，知慧琳本兩例倒乙，宜據乙正。②“26.080 虫胆”例中“其公”表意不明。考《廣雅·釋蟲》（第 362 頁下）：“蜈蛆，吳公也。”《廣韻·魚韻》（第 71 頁）：“蛆，蜈蛆，食蛇蟲，蜈蚣是也。”知例中文字有誤，宜據改作“吳公”（參見徐時儀，2012：950 上）。頻伽藏本亦作“吳公”。③“26.080 瘜宍”例引《說文》釋“瘜”，奇宍，今本作“寄肉”①。考玄應本“2.263 瘜肉”注引《說文》（黃仁瑄，2018：76/32p0026C）：“寄肉也。”引同今本，知例中“奇”字訛，宜據改。《玉篇·疒部》（第 56 頁下）：“瘜，寄肉也。”亦作“寄肉”，可為據改之旁證。

26.099 伽那時　云亦健男。即三七日時，狀似凝酪也。（《大般涅槃經》卷第十四，57p0935a）

案：云亦，據文意及文例，當乙作“亦云”。頻伽藏亦作“亦云”。

26.132 性戾　力計反。《字林》：“意乖也。”《玉篇》云：“曲，戾也。”（《大般涅槃經》卷第十五，57p0936a）

案：“性戾”例實據玄應本“2.280 性戾”條刪補。曲、戾也，玄應本（黃仁瑄，2018：77/32p0027A）作“戾、曲也”。詳文意，例中文字有倒乙，宜據乙正。玄應音義凡十六釋“戾”，如卷三“很戾”注（32p0046A）：“戾，曲也。字從戶從犬。”卷十四“戾身”注引《字林》（32p0191A）：“戾，曲也。”可為據乙之旁證。

26.147 刵耳劓鼻　刵，而至反。截耳也。劓，魚器反。截鼻也。（《大般涅槃經》卷第十六，57p0937a）

案：“刵耳劓鼻”例實據玄應本“2.290 刵劓”條（黃仁瑄，2018：78/32p0027C）刪補。耳劓，玄應本作“劓耳”。考“刵劓耳鼻”見《大般涅槃經》卷第十六：“取萬二千釋

①《說文·疒部》（第 155 頁上）：“瘜，寄肉也。從疒，息聲。（相即切。）”

種諸女，刵劓耳鼻，斷截手足，推之坑塹。"玄應音義字目"2.290 刵劓"同於經文，知例中文字有倒乙，宜據乙正。

26.503 齘齧　又作齛、咋齧，並同。柴責反。《通俗文》："咬嗷曰齘也。"下研結反也。(《大般涅槃經》卷第三十八，57p0954a)

案："齘齧"例實據玄應本"2.400 齘齧"條（黃仁瑄，2018：90/32p0032A）刪補。咋齧，玄應本作"咋"[1]。詳文意，例中"齧"字衍，宜據刪。

參考文獻

［1］顧野王：《大廣益會玉篇》，北京：中華書局 1987 年版。

［2］郝懿行、王念孫、錢繹等：《爾雅　廣雅　方言　釋名：清疏四種合刊（附索引）》，上海：上海古籍出版社 1989 年版。

［3］黃仁瑄：《唐五代佛典音義研究》，北京：中華書局 2011 年版。

［4］李昉等：《太平御覽》，北京：中華書局 1960 年版。

［5］阮元校刻：《十三經注疏》，北京：中華書局 1980 年版。

［6］釋慧苑撰，黃仁瑄校注：《新譯大方廣佛華嚴經音義校注》，北京：中華書局 2020 年版。

［7］釋玄應撰，黃仁瑄校注：《大唐眾經音義校注》，北京：中華書局 2018 年版。

［8］司馬光編著，胡三省音注，"標點資治通鑑小組"校點：《資治通鑑》，北京：中華書局 1956 年版。

［9］王念孫著，鍾宇訊整理：《廣雅疏證（附索引）》，北京：中華書局 1983 年版。

［10］徐時儀校注：《一切經音義三種校本合刊》（修訂本），上海：上海古籍出版社 2012 年版。

［11］許慎：《說文解字》（附檢字），北京：中華書局 1963 年版。

［12］許慎撰，段玉裁注：《說文解字注》，上海：上海古籍出版社 1981 年版。

［13］余迺永：《新校互注宋本廣韻》，上海：上海辭書出版社 2000 年版。

Correction of *The Sound and Meaning of Mahaparinibbana Sutta* (《大般涅槃經音義》) Redacted by Huilin (慧琳)

Huang Renxuan

Abstract：Huilin's redaction of *The Sound and Meaning of Mahaparinibbana Sutta* (《大般涅槃經音義》) is found in Volume 25 – 26 of *The Sound and Meaning of Tripitaka* (《一切經音義》) compiled by Huilin, and the redaction has many reciprocal references in the same collection

---

① 玄應本"2.400 齘齧"注（黃仁瑄，2018：90/32p0032A）："古文齛，又作咋，同。士白反。"

of Xuanying's *The Sound and Meaning of All Sutra in Tang Dynasty* (《大唐衆經音義》), Volume 2. Character issues, such as "*e*" (訛), "*tuo*" (脫), "*yan*" (衍), "*yi*" (乙), could be found in Huilin's redaction. The discovery and resolution of these problems is of great significance to the effective use of *The Sound and Meaning of Tripitaka* (《一切經音義》) compiled by Huilin (慧琳), and is, moreover, the basis and prerequisite for deepening the study of the Huilin (慧琳) 's work.

Key words：Huilin (慧琳), *The Sound and Meaning of Mahaparinibbana Sutta* (《大般涅槃經音義》), correction

（華中科技大學中國語言研究所）

"倝"字形義考

門　藝

提　要　《說文解字》："倝，日始出，光倝倝也，从旦㫃聲。"對此釋義，《說文解字》學者們作出的種種解釋不能令人滿意。治金文者對此頗有異議，以其作為部首所轄字不多，又有訛變，或以之為"㫃"的異體，甚至否定"倝"字的存在。《說文解字》中有 15 個从"倝"得聲的字，這是一組同源字，其共同的義素為長而直，"聲之所在往往是義之所在"，因此共同的聲符"倝"應也有又長又直的意思。相關金文字形和甲骨文字表明，"倝"的造字本義應為"旗杆"，从"倝"得聲的一組字字義均是由"旗杆"引申而來。

關鍵字　《說文解字》　倝　本義　金文

　　《說文解字》（以下簡稱《說文》）卷七的"倝"為部首字，列於旦部後、㫃部前。部列只有三個字，除本字之外，還有"𣃟"和"𦎫"。《說文》釋倝："日始出光倝倝也。从旦㫃聲。"《說文》的解釋不甚明了，該字僅在《說文》《玉篇》等字書中有記載，文獻中似不見用例。因此對此字的理解，還得本諸《說文》，並從出土文獻中搜尋一些證據並進行討論。

一、《說文》倝及部轄字分析

　　《說文》大徐本與小徐本"倝"部的最大不同在於該部屬字"𣃟"，徐鍇以此字為"倝"的籀文，因此"倝"部小徐本合計"文二重一"；而大徐本以其為獨立字，計該部"文三"，但於"𣃟"字注闕。後世研究《說文》的各種著作，大都同意小徐本的意見，以為"𣃟"即"倝"的籀文，本文亦採用此觀點。

　　"倝"，《說文》解釋形體為从旦㫃聲，解釋字義為"日始出光倝倝也"，這個釋義整體還是比較難以理解的，後世校注《說文》者，對此也沒有太多的注解。清徐灝《說文解字注箋》以為"倝"是"日始出高處先得其景"，近人饒炯《說文解字部首訂》以為"日光兒，謂其爛灼如旌旗游之㫃寋"[1]，張舜徽《說文解字約注》以為"倝倝，乃狀日始出時大赤之色"[2]，趙學清認為"許慎說字為日出之義，'倝倝'為重言譬況字，修飾光，謂光芒閃爍"[3]。他們均是從旦出發，又結合了在"㫃"部之前的特徵進行解釋。然而"倝"字从

①　此二解均參看丁福保編纂：《說文解字詁林》（第十冊），北京：中華書局 1988 年版，第 6877 - 6878 頁。
②　張舜徽：《說文解字約注》（第二冊），武漢：華中師範大學出版社 2009 年版，第 1651 頁。
③　趙學清：《說文部首通解》，北京：中華書局 2019 年版，第 181 頁。

旦相當可疑，王筠《說文釋例》首先指出了這一點：

> 倝字可疑，作𣃘未為不可。而斷𤉣之左直筆，以旦嵌其中，與𣃘部字同法，斯亦必同意。恐是从㫃旦聲，仍與㫃同意，故空闕其右方之下半，以象旗杠形也。許君以為从旦者，蓋於朝字从倝得之。①

王筠已經意識到"倝"不應从"旦"，舉"朝"字以解釋許慎對"倝"从旦的理解，而倝部唯一的部轄字"朝"並不能支持"倝"从旦，《說文》"𣃘"从倝舟聲，而這個字形是經過訛變的。根據古文字工具書列"朝"字字形表如下②：

表 1　"朝"字古文字字形表

古文字工具書	"朝"字字形
《新甲骨文編》	𩎟 合 33130　𣃘 合 23148　𠊱 合 29092
《新金文編》	西周早期：𩎟 先獸鼎　𣃘 大盂鼎　𣃘 利簋　西周中期：𣃘 趞簋　𣃘 鼎 西周晚期：𣃘 𣃘 仲殷父簋　春秋中期：𣃘 子犯編鐘　戰國早期：𣃘 朝歌右庫戈
《戰國文字編》	𣃘 陶彙 5.215　𣃘 雲夢·日乙 157　𣃘 包山 145　𣃘 郭店·窮達 5　𣃘 璽彙 2657
《睡虎地秦簡文字編》	𣃘 日甲 159　𣃘 日乙 157　𣃘 日乙 159　𣃘 日乙 169　𣃘 𣃘 日乙 165
《銀雀山漢簡文字編》	𣃘 188　𣃘 463　𣃘 590　𣃘 868　𣃘 913

從表 1 中可以看出，甲骨文"朝"字是从日月在草中會意，漢簡延續了這一傳統。西周早期開始的金文中"朝"不从月，而是寫為兩條直或彎曲的豎條形、中間夾有點畫的"川"，此字形應為《說文》卷十一"水朝宗於海"的"淖"本字，可以讀為"朝［早晨］"。春秋中期，"川"開始訛變為與"舟"近似之形，但左邊所从的日在草中之形"𣃘"則一直未發生結構性的變化。從各類古文字材料來看，只有石鼓文非常模糊的"𣃘"、《說文》小篆"𣃘"和《汗簡》"𣃘"从"倝"。睡虎地秦簡有些"朝"字寫作"𣃘""𣃘"，的確像是在"𣃘"形上加了一筆，卻也可以認為是"川"的彎筆距"𣃘"很近所致。《說文》小篆"𣃘"从倝、舟聲為文字在發展過程中發生的字形訛誤，正如林義光所說"朝，不从倝，亦不从舟"，吳大澂、田倩君③，劉釗（2006：107）和董蓮池（2007：174）等均指出過《說文》"𣃘"字的訛誤。

"倝"的形義不明，又丟掉了部中所轄的唯一一個字，"倝"字形義如何解釋？王國維

---

①　王筠：《說文釋例》，北京：中華書局 1987 年版，第 409 頁。

②　本表所列字形分別採自表中所列各書，由於表格限制，原書中的材料和注釋並未全部採用。

③　林義光、吳大澂、田倩君等家說法參見丁福保編纂：《說文解字詁林》，北京：中華書局 1988 年版，第 6887－6880 頁。

根據旅、旗等字的金文字形，以為"篆文倝，則𣃟之訛變也"①。近年來，一些古文字字典根據戰國文字字形，將其分析為"从早，㫃聲"。董蓮池指出倝似"非从旦"，劉釗甚至對是否存在"倝"這樣一個字形也提出了疑問，他為了說明古文字中的類化現象，舉"朝""㫃"互相影響，"倝"系在"朝"字的"𣙙"形上加上一筆而成。② 從戰國秦代的"朝"字來看，"朝"訛變為"鞝"的確如此，可是除"鞝"字之外，《說文》中還有以"倝"為構字部件的字，"本沒有倝字"不能令人信服。

"倝"部成為一個空部首，因此我們將仿照對空部首的考察，找出《說文》中其他以"倝"為構字部件的字，來探討"倝"的本義。

二、"倝"字源義素探索

《說文》中除"倝""鞝"之外，直接含有"倝"部件的字共有12個，間接含有的字有3個。我們將這15個字列表如下，讀音一欄上古音聲韻據唐作藩先生《上古音手冊》：

表2 《說文》中含有"倝"的字

部首	小篆	楷書	讀音	《說文》釋義
目	𣢟	翰	kàn，溪元	晞也。从手下目。看或从倝
羽	翰	翰	hàn，匣元	天雞赤羽也。从羽倝聲。《逸周書》曰：大翰若翬雉，一名鶤風。周成王時蜀人獻之
隹	雗	鶾	hàn，匣元	鶾鷽也。从隹倝聲
鳥	鶾	鶾	hàn，匣元	雉肥鶾音者也。从鳥倝聲。魯郊以丹雞祝曰：以斯鶾音赤羽去魯侯之咎
韋	韓	韓	hán，匣元	井垣也。从韋取其帀也，倝聲
木	榦	榦	gàn，見元	築墻端木也。从木倝聲
毛	毲	乾	hàn，匣元	獸豪也。从毛倝聲
馬	駻	騿	hàn，匣元	馬毛長也。从馬倝聲
赤	赨	赣	huàn，匣元	赤色也。从赤倝聲，讀若浣
戈	戟	榦	jǐ，見鐸	有枝兵也。从戈倝。《周禮》：榦長丈六尺。讀若棘
鬥	鬫	斡	wò，影月	蠡柄也。从鬥倝聲。楊雄杜林說皆以為軺車輪斡
乙	乾	乾	gān，見元	上出也。从乙，乙，物之達也，倝聲
艸	蘫	蘫	gàn，見元	艸也。从艸榦聲
邑	鄿	鄿	gān，見元	地名。从邑乾聲
水	瀚	瀚	huàn，匣元	濯衣垢也。从水榦聲。瀚或从完

---

① 王國維：《古籀篇疏證》，謝維揚、房鑫亮主編，李朝遠、沃興華分卷主編：《王國維全集》（第五卷），杭州：浙江教育出版社2010年版，第43頁。

② 劉釗：《古文字構形學》，福州：福建人民出版社2006年版，第107頁。

這 15 個字中，3 個間接含有龺的字暫且不論，餘下 12 個字中，除戟之外，均為形聲字，从龺得聲。張舜徽在解釋龺為日始出時大赤之色時，引用了"翰"的解釋："然則赤日為龺，亦猶赤羽之為翰，語原同耳。"① 這給我們以啓發，聲之所在，往往是義之所在，這提供了考察"龺"意義的思路，如果上述从龺的字為同源字，那麼這一組同源字所圍繞的中心概念應該就是"龺"的意義所在。戟不是形聲字，不从龺得聲，在此先不作討論。

首先需確定這 11 個字的語音是否同音，或僅有細微的差別。

從上表列出的上古音可以看出，除斡之外，其餘的韻部均是元部。斡為月部，月元對轉，主要元音和韻尾的發音部位均相同，唯韻尾的發音方法不同而已。再論聲母，匣母佔多數，有 7 個，見母有 2 個，溪、影兩母各有 1 個。見、溪、匣均是牙音，影為喉音，發音部位相同或相近，在上古音中，這些字的讀音僅有細微的差別，符合同源字的語音要求。

其次，確定這些字表示的相近或相關的概念。這 11 字的意義可分為以下幾組。

第一組：翰組，包括翰、鶾、鷼、乾、𩭿 5 字。其讀音全同，只是部屬不同，意義類別各有所指。

翰，《說文》解釋為"天雞赤羽也"，有的理解為天雞的赤羽，有的理解為赤羽的天雞。天雞為雉，雉的羽毛很有特點，即長而美麗，可做裝飾品。

鶾，鶾鷽，《漢語大字典》有兩個義項，一為鴉科的山鵲，一為雉科的白鷳。山鵲和白鷳的共通之處在於它們都有長長的尾巴。

鷼，是雉屬。也可寫作"翰"。

乾，即獸的長毛。

𩭿，即長毛的馬。

徐灝《說文解字注箋》："許以鷼為鳥名，翰為鳥羽。又毛部：'乾，獸豪也。'馬部：'𩭿，馬毛長也。'分別甚析，今皆通用翰。"② 這 5 個意義類別各有所屬的字，有一個共同的義素，即"長"。

第二組：榦組，包括榦、韓、斡 3 個字。

榦，築墙端木，古代造房子，墙是用版築的方式樹起來的，築版時樹立於兩邊的木頭即是榦。

韓，井垣，即水井周圍的欄圈。也有解釋為井欄承轆轤者，這些圍欄多為木質。

斡，蠡柄，即瓢把。1994 年安陽劉家莊北地 793 號墓出土一銅斗，這個青銅斗的中腹部有中空的柄，柄內可以承裝木把。斡就是裝在這類斗上的把手。

這一組字的共同特點是木質，再細審它們的形態，築墙用的木頭只有很直才能築起直的墙，水井周圍的圍欄，尤其是支撐轆轤的那根木料，必定很直。要能靈活地從水器或酒器中挹出水或酒來，斗柄也須是直的。從這一組字中，我們歸併其共同的義素為"直"。

剩餘 3 個字——𪃂、乾、轞，從現有的材料來看，似乎與"長"和"直"沒有直接的

---

① 張舜徽：《說字解字約注》（第二冊），武漢：華中師範大學出版社 2009 年版，第 1651 頁。
② 徐灝：《說文解字注箋》，李學勤主編：《中華漢語工具書書庫》（第 36 冊），合肥：安徽教育出版社 2002 年版。

關係，下文再作分析。

　　以上兩組 8 個字，又長又直是其核心意義，語音僅有細微差別，應是一組同源字。長而直的羽毛為"翰"，長而直的獸毛為"𣪊"，長而直的馬毛為"騝"，長而直的築墻木頭為"榦"，長而直的井欄為"韓"，長而直的瓢把為"𣏚"，有長而直尾羽的鳥為"鷨"或"鶾"。從"倝"一組同源字的源義素為又長又直來看，"倝"也應有又長又直的意思。

三、金文中的"倝"

　　"倝"含有長而直的意思，是我們根據從"倝"的一組字合併義素而得出的。王筠說"倝"象旗杠形，是很有意義的。如果"倝"是旗杆，則非常符合長而直的特點。徐中舒曾闡釋過"倝"為旗杆，只是所用字形不當，論述也有失誤，致使這一結論沒有得到應有的重視，現將徐中舒的論述抄錄如下：

　　　倝即韓之本字，《說文》"倝，日始出，光倝倝也，從旦㫃聲"，此說於形聲
　　俱失。倝即榦之本字，象形。《金文編·附錄》上第六頁有字作三人共昇一榦形，
　　其榦有斿，正與此倝字形同。

　　　　　🏴父乙敦　　🏴公車觚　　🏴廣敦

　　　此字榦上之🏴、🏴、🏴、🏴形即此倝字所從之🏴形也。《白晨鼎》之䅘字，舊
　　釋為韓，亦從🏴，所謂旗杆之杆，其本字當如此也。韓亦見《古籀文字徵》卷七
　　（抄按：此後舉例從略）。倝為姓氏字，故知即韓之本字。①

　　這是徐中舒先生在《鳳氏編鐘圖釋》中對"倝"字形進行的解說。徐中舒先生也認為《說文》"倝"字的訓釋是不正確的，在證明倝為旗杆之形時，引用了《金文編·附錄》中的幾個字形，並說榦上🏴、🏴、🏴、🏴形即"倝"字所從之🏴形。徐中舒先生認為倝為旗杆的觀點是有道理的，但所引用的幾個字形卻並非"倝"字。《金文編》第四版已將上列字形列於"旅"下，是"旅"族的族徽，族徽字在金文中一般都寫得較為繁複。榦上🏴、🏴、🏴、🏴等形即普通從㫃字的🏴形，為旗杆頂部的裝飾，與春秋以後倝字所從之🏴形沒有關係。

　　甲骨文㫃作🏴，為旗幟之形，旗幟至少由兩部分組成：飄揚的旗游和撐游的旗杆。旗杆頂部有一些裝飾。旗杆是旗的一部分，要想表示旗杆的意義，最簡單的方法是在🏴上指示出旗杆就可以了。

　　高明和涂白奎編著的《古文字類編》（增訂本）倝字頭下收錄西周器上的倝字三個，

① 此引文轉引自周法高：《金文詁林》（第七冊），香港：香港中文大學出版社 1975 年版，第 4201 – 4201 頁。

分別是🜚（𣃞鼎，周早）、🜚（太保罍，周早）、🜚（戎生鐘，周晚）。

　　🜚，出處為周早期的《𣃞鼎》，即《殷周金文集成》（以下簡稱《集成》）的 2347 斿鼎，《新金文編》列於游字頭下。《集成》的《銘文說明》中備注“或可釋𣃞”，《集成》對 2757 曾子斿鼎中的🜚表現出了同樣的矛盾，鼎名依然為斿，而釋文中則為𣃞。

　　🜚，出處為周早期的《太保罍》，即《近出殷周金文集錄》（以下簡稱《近出》）987 克罍，此字各家所釋不一。李學勤先生隸為“旃”，讀為“使”；陳公柔先生隸為“旃”，義為“管理”；張亞初以為即省又旁的“事”，義為管理、治理；劉雨以為即“事”字，讀為“剚”，以物插地中為剚等。① 結合上下文，“🜚”在此處應為動詞，其後所跟賓語為羌等方國名，各家均以為是克侯要治理和役使的臣民，為周王分封給克侯的族民。

　　🜚，出處為保利博物館收藏的《戎生編鐘》，根據器銘中的上下文，與《詩經·大雅·韓奕》的“榦不庭方”語句全同，因此此字即是“𣃞”字，這是沒有疑問的。此字形為旗幟形，旗杆部位有圈，似指示出旗杆。《戎生鐘》的出現，證明古文字中確有“𣃞”字，從字形上也驗證了其本義為旗杆的結論。

　　《戎生鐘》釋“𣃞”是確定無疑的。《集成》2347 的🜚和 2757 的🜚均是作人名，改釋為“𣃞”也不影響對整篇銘文的理解。《近出》987 的🜚，與事字所從上半部相同，如🜚（小子𥃩簋）、🜚（玨方鼎），李學勤先生以為🜚是事的省體，我們認為還是有道理的。“事”字所從的🜚形有可能就是表示旗杆的𣃞，只是“事”為會意字，反映不出其構件的讀音，若改釋此字為“𣃞”，太保罍的此句似乎也說得通，但須通盤考慮，不在本文論述之列。此處，我們還是認為只有《戎生鐘》的🜚為𣃞。金文中還有從“𣃞”的🜚（《集成》2205）、🜚（《集成》5906）等形。②

　　“𣃞”字形體的演變如下：

　　　　　🜚（周中期《戎生鐘》）→🜚（戰國《氏編鐘》）→🜚（《說文》小篆）

　　西周中期到戰國時期的字形缺環比較多，旗杆已經不連，中間的指事性符號與日混同，當是後世從旦之始。春秋戰國時期的文字形體離析，也是這一時期漢字演變的一個特點，致使“𣃞”字形義俱失。

四、“𣃞”的原形和孳乳

　　“𣃞”的造字本義為旗杆，以圈點旗杆部位以示其義，讀與“干”同。甲骨文中有

---

① 以上諸家意見，請參看本刊記者：《北京琉璃河出土西周有銘銅器座談紀要》，《考古》1989 年第 10 期。
② 劉洪濤《釋“韓”》、謝明文《釋西周金文中的“𣃞”字》、張惟捷《說殷卜辭的“𣃞”字》中均提及金文中此字。由於本文所述角度與他們不同，因此仍保留此段。

"干"，"干應為先民狩獵之工具"[1]，這種長而帶枝叉的幹既可狩獵防身，也可以綁上游作為旗幟，因此甲骨文 ㄔ（扒）多從干。甲骨文"中"亦有從干的（如《合》5807），甲骨文有"立中"一詞，儘管對"立中"的目的理解不同，多數以為即立一大直木，直木上有旗游。甲骨文"史（事）"也從"干"，執行王事可能也要支起旗桿以展功勳。"干"是一種武器，武器拿在人的手中，既可以進攻也可以防守，因此"干"既有盾的義項（《尚書‧牧誓》"比爾干"），又有觸犯冒犯的意思（《國語‧晉語四》："若干二命，以求殺餘。"）"[車干]"承繼"干"而來，也有這樣矛盾的意思。《戎生鐘》中"[車干]不廷方"對"[車干]"到底是防禦還是進攻，聚訟紛紜，都是因為這個原因。

"戟"字從"[車干]"，應該也是"干"在"[車干]"上的遺留，長長的旗桿頂部裝飾着的也可能是一支可以穿刺的矛。《說文》："戟，有枝兵也，從戈[車干]。《周禮》：'戟長丈六尺。'讀若棘。"戟是一種戈矛合體的長兵器，字從[車干]就很能說明問題。周制戟長丈六尺，按周尺為23 釐米來算，戟長為3.68 米。矛比戟長，酋矛和夷矛的長度均在4 米以上，以矛作為旗桿也是很正常的。2003 年殷墟孝民屯墓葬出土的一杆帶柄銅矛，柄長約5 米，口徑有拳頭大小，柄上塗有紅色。如此長大的武器使用起來肯定不方便，即便在一些特定的戰鬥中可以用到如此長粗的兵器，能自由運用這種長兵器的士兵估計也不多。我們猜想以此長兵器挑起旗游，豎于戰車之上作為中軍的可能性更大一些。由於此物柄是紅色的，則又解決了一個問題，即以"[車干]"為聲符的"韓"，此字當是紅色旗桿的專用字。

"[車干]"為木質的特點，孳乳出"榦"字。《玉篇‧木部》："榦，柄也。"又長又直的特點，使"榦"又承擔了"築墙端木"和"井垣"的義項，築墙的木頭兩邊各有一個，由此"榦"引申出有"旁"的意思。長而直的木料都是樹木的主體部分，因此動植物的主體、事物的主體等都可以稱為"榦"，進而引申為本質。旗桿一般都比較硬，故而可以引申為強、為志節器量。古人建旗立中即有事發生，"榦"的"事情"義項大概由此而來。以上這些"榦"都可以寫作"幹"，為文獻中更常見的一個字形，而《說文》失收。

"[車干]"長而硬的特點，用來表示有相同特點的羽毛，字寫作"翰"。有翰羽的鳥兒也稱為"翰"，或寫作"鶾""鷳"，由鳥的飛翔而引申為高飛、疾快等義。長而硬的獸毛可以寫作"翰"，並有專字"[毛干]"。長長的馬毛也作"翰"，專字為"[馬干]"。人之目光為直且所及甚遠，"盰"也許也由此孳乳而生。

五、小結

《說文》對"[車干]"形的分析和義的總結，均是基於已經發生訛變的字形，又缺乏文獻的印證，因此是不準確的。歷代的研究者們都對"[車干]"的形義提出與《說文》不同的意見，只是分析尚不夠全面和深入。

---

[1]　徐中舒主編：《甲骨文字典》，成都：四川辭書出版社1989 年版，第209 頁。

　　本文吸取前人的經驗與教訓，從義入手，再驗證以形，最後再以詞義證之，對徐中舒先生提出的"戟"即旗杆的結論進行重新分析和考證，使"戟"的形、音、義均有了比較恰當的解釋。

參考文獻

［1］本刊記者：《北京琉璃河出土西周有銘銅器座談紀要》，《考古》1989 年第 10 期。

［2］丁福保編纂：《說文解字詁林》（第十冊），北京：中華書局 1988 年版。

［3］董蓮池：《說文部首形義新證》，北京：作家出版社 2007 年版。

［4］董蓮池編著：《新金文編》，北京：作家出版社 2011 年版。

［5］高明、涂白奎編著：《古文字類編》（增訂本），上海：上海古籍出版社 2008 年版。

［6］何琳儀：《戰國古文字典：戰國文字聲系》，北京：中華書局 1998 年版。

［7］李學勤：《字源》，天津：天津古籍出版社；瀋陽：遼寧人民出版社 2012 年版。

［8］劉洪濤：《釋"韓"》，中國古文字研究會等編：《古文字研究》（第三十一輯），北京：中華書局 2016 年版。

［9］劉雨、盧岩編著：《近出殷周金文集錄》，北京：中華書局 2002 年版。

［10］劉釗：《古文字構形學》，福州：福建人民出版社 2006 年版。

［11］劉釗等編纂：《新甲骨文編》（增訂本），福州：福建人民出版社 2014 年版。

［12］駢宇騫編：《銀雀山漢簡文字編》，北京：文物出版社 2001 年版。

［13］裘錫圭：《文字學概要》（修訂本），北京：商務印書館 2013 年版。

［14］湯餘惠主編：《戰國文字編》，福州：福建人民出版社 2001 年版。

［15］唐作藩編著：《上古音手冊》（增訂本），北京：中華書局 2013 年版。

［16］王國維：《古籀篇疏證》，謝維揚、房鑫亮主編，李朝遠、沃興華分卷主編：《王國維全集》（第五卷），杭州：浙江教育出版社 2010 年版，第 43 頁。

［17］王筠：《說文釋例》，北京：中華書局 1987 年版。

［18］謝明文：《釋西周金文中的"垣"字》，中國文字學會《中國文字學報》編輯部編：《中國文字學報》（第六輯），北京：商務印書館 2015 年版。

［19］徐灝：《說文解字注箋》，李學勤主編：《中華漢語工具書書庫》（第 36 冊），合肥：安徽教育出版社 2002 年版。

［20］徐中舒主編：《甲骨文字典》，成都：四川辭書出版社 1989 年版。

［21］張舜徽：《說文解字約注》（第二冊），武漢：華中師範大學出版社 2009 年版。

［22］張守中撰集：《睡虎地秦簡文字編》，北京：文物出版社 1994 年版。

［23］張惟捷：《說殷卜辭的"戟"字》，先秦史研究室網站，https：//www. xianqin. org/blog/archives/8726. html，2017 年 6 月 29 日。

［24］趙學清：《說文部首通解》，北京：中華書局 2019 年版，第 181 頁。

［25］中國社會科學院考古研究所編：《殷周金文集成》（修訂增補本），北京：中華書局 2007 年版。

［26］周法高：《金文詁林》（第七冊），香港：香港中文大學出版社 1975 年版。

The Structure and Meaning of *"Gan"* (倝)

Men Yi

Abstract：*Shuo Wen Jie Zi* (《說文解字》) explained the character *"gan"* (倝)："when the sun rises, the light is shining. This is the combination of '*dan*' (旦) form and '*yan*' (放) phonetic." But the explanations about this interpretation that scholars of *Shuo Wen Jie Zi* had explained can't be satisfactory. Some scholars who study inscriptions on bronzes even have expressed their doubt about this character, as a radical words, there are too little characters to prove this is a right character. There are 15 characters which have the part *"gan"* (倝). They are homonyms, and have the same means as long and straight. So we consider the *"gan"* (倝) also has the means of long and straight. The "flagpole" is the original meaning of *"gan"* (倝).

Key words：*Shuo Wen Jie Zi*, *gan* (倝), the original meaning, the inscriptions in bronzes

（河南大學黃河文明與可持續發展研究中心、黃河文明省部共建協同創新中心）

"列""肆"考

趙　岩

提　要　戰國晚期時，"列"作為商業處所就已出現，義為官府在市中劃出的空的商業用地，"肆"則是列地及在其上修建的屋舍的統稱。西漢時期，"列"漸漸成為商業處所的泛稱，與"肆"混同。東漢以後，商業處所義的"列"的使用日趨衰落，呈現出語素化的傾向，並在魏晉後基本消失。"列"的衰落與語義相關的"肆""廛"等詞有關。

關鍵詞　列　肆　廛　商業處所

一、問題的提出

"列""肆"作為商業處所用語，古代學者有過很多討論。"列"，或釋為"市中賣物行"，如《漢書·食貨志上》載："而商賈大者積貯倍息，小者坐列販賣。"顏師古注："列，若今市中賣物行也。"唐代市中的"行"指按照出售商品的種類所劃分的不同的同業組織，如宋代宋敏求所著《長安志》記載：長安城東市"南北居二坊之地，東西南北各六百步，四面各開一門，定四面街各廣百步，北街當皇城南之大街，東出春明門，廣狹不易於舊。東西及南面三街向內開，壯廣於舊。街市內貨財二百二十行，四面立邸，四方珍奇，皆所積集"。清人徐松編纂的《唐兩京城坊考》載："東西南北居二坊之地，其內一百二十行，三千餘肆，四壁有四百餘店，貨賄山積。"可見如將"列"理解為唐代市中的"行"，則與"肆"有所分別，因為一行有若干肆。或將其等同於肆，如《漢書·劉向傳》載："故舜葬蒼梧，不變其肆；禹葬會稽，不改其列。"顏師古注引晉灼曰："列，肆也。"顏師古將二者互注。如《漢書·食貨志上》載："開市肆以通之。"顏師古注："肆，列也。"

"肆"，或將其等同為市，如《莊子·田子方》載："是求馬於唐肆也。"成玄英疏："肆，市也。"《漢書·王貢兩龔鮑傳》載："裁日閱數人，得百錢足自養，則閉肆下簾而授老子。"顏師古注："肆者，市也，列所坐之處也。"《漢書·王貢兩龔鮑傳》中的例句所述為漢代嚴君平的事蹟，其以卜筮為業，但每日為數人卜筮得到足夠的生活費後就閉店，放下"肆"的簾子，傳授老子之學說。這裏的"肆"顯然只是嚴君平的卜筮場所，而非整個集市，將其釋為"市"恐不妥。或將其釋為市中陳列貨物的地方，如《後漢書·班固傳》載："列肆侈於姬姜。"李賢注引鄭玄注《周禮》曰："肆，市中陳物處也。"晉崔豹《古今注·都邑》載："肆，所以陳貨鬻之物也。"或將其釋為屋舍或賣東西的屋舍，如《慧琳音義》卷十四"廛肆"注引《字書》云："肆，屋舍也。"李賀《昌谷詩》曰："閑乘列千肆。"王琦注："肆，市鬻之舍也。"

古人的論述多隨文釋義，雖眾說紛紜，但是並未能全面揭示二者的區別。當代學者也有人嘗試分析二者的區別，如朱慧仙（2016：798－799）認為"列""肆"有別，"肆，攤點商店的通稱……列，漢代眾多的攤點店鋪的泛稱，側重在行列眾多的特點。……由於肆本是市中有行有列、連綿眾多的攤點，因而肆也稱列，此乃取義於肆有行有列、眾多連綿的特徵，而不是強調根據商品、行業的不同而作的分區，所以它是個泛稱，泛指眾多的攤點店鋪。它不能特指某個具體的攤點或商店，也不能受商品修飾，沒有'商品名＋列'的說法"。

上述說法是否成立？"列"到底是甚麼事物？與"肆"的語義是甚麼關係？秦漢簡帛文獻給我們提供了一些新的信息。

二、"列"與"肆"的語義

《嶽麓書院藏秦簡》（叁）中記載了一則案件"芮盜賣公列地案"，朱漢民、陳松長（2013：136）指出該案件發生在秦王政二十二年（前225年）。該法律文書的語言稍晚於案件的發生時間，屬於戰國晚期。該文書中"列""肆"共現，呈現了二者的區別。因為該文書較長，我們這裏僅將能夠體現"列"與"肆"關係的一些語句摘出並加以分析。

（1）材曰：已有棺列，不利。空列，故材列。十餘歲時，王室置市府，奪材以為府。府罷，欲復受，弗得。迺往九月辭守感。感令亭賀曰：無爭者予材。走馬喜爭，賀即不予材。材私與喜謀：喜故有棺列，勿爭。材已治蓋，喜欲，與喜貿。喜曰：可。材弗言賀，即擅竊治蓋，以為肆。未就，芮謂材：與芮共。不共，且辭爭。（嶽麓叁67－70）①

（2）江陵言：公卒芮與大夫材共蓋受棺列，吏後弗予。芮賣其分肆士伍朵，地值千，蓋二百六十九錢。（嶽麓叁62－63）

（3）賀不予材、芮，將材、芮、喜言感曰：皆故有棺肆，弗予，擅治蓋相爭。（嶽麓叁71）

（4）賀曰：材、喜、芮妻俆皆已受棺列，不當重受。……詰芮：芮後知材不得受列，弗敢居，是公列地也。何故給方曰已受，盜賣於方？（嶽麓叁79－81）

（5）鞫之：芮不得受列，擅蓋治公地，費六百九錢……（嶽麓叁85－86）

例（1）是一個名為"材"的人的供辭。他原有一處賣棺材的"列"，但是效益不好。有空的"列"，以前是"材"的"列"，後來被官府收回來修蓋"市"的官署，後來官署作罷，"材"想再次分受，卻不被允許。在去年九月"材"向代理縣令"感"陳述此事，"感"命令亭長"賀"說："沒有爭奪此列的人就給'材'。""喜"爭受此"列"，"賀"

就不將“列”給“材”。“材”私下裏與“喜”謀劃，喜已有賣棺材的“列”，不要與“材”爭奪。“材”在“列”上蓋上建築，“喜”如果想要，與“喜”交易。“喜”同意了。“材”不向“賀”報告，就擅自偷偷修蓋建築，成為“肆”。還沒有完成，“芮”對“材”說，與我分它，否則將要向主管官吏彙報爭奪。例（2）中江陵縣在呈給上級的文書中提到：“芮”與“材”共同在所分受的賣棺材的“列”上修蓋建築，官吏後來不將“列”分給他們。“芮”將他自己的那份“肆”賣給了“朵”，包括價值 1 000 錢的地與價值 269 錢的建築。例（3）中記載“賀”不將“列”分給“材”與“芮”，率領“材”“芮”及“喜”向上級“感”報告說，這三個人以前都有“棺肆”，不再分給他們，擅自在公列地上修蓋建築並相爭奪。例（4）中“賀”向上級彙報，“材”“喜”及“芮”的妻子“佞”都已經從官府分受了“棺列”，不應當再次分受“棺列”。詰問“芮”：“芮”後來知道“材”不應分受“列”，不敢居處於該列，這是公家的列地。為甚麼欺騙“方”說已分受了該地，私自賣給“方”？例（5）中記載經一系列的詢問等環節驗證總結如下：“芮”不能夠分受公家的“列”，擅自在公地上修蓋建築，花費了 609 錢，等等。

以上分析表明戰國晚期的“列”與“肆”是有分別的。“列”是官府在市中劃出的空的商業用地。① 而“肆”是在“列”上修蓋而形成的商鋪②，即例（1）所謂“治蓋，以為肆”，因此例（2）中“芮”所賣的“肆”包括列地與其上修蓋的建築物。朱漢民、陳松長（2013：138）等認為“列為官府所區劃的一塊地，而肆則是承租者所治蓋的店鋪”，肖燦、唐夢甜（2017）的意見也大體相同，都忽略了“肆”還包括列地。古人將“肆”理解為“賣東西的屋舍”，同樣忽略了“肆”還包括土地的事實。

“列”呈現出以下特徵：民眾可以向官府主管官吏申請“受列”。一般一戶僅可以分受一處“列”，但分受的“列”可以賣給他人。從例（4）可以看到，三個人分別受有三處“棺列”，因此，至少在戰國時，“列”不等同於唐代市中的行業組織“行”。據例（1），官府可以根據需要奪走受列人的“列”③，另如漢初的張家山漢簡《二年律令》記載：

（6）市販匿不自占租，坐所匿租臧為盜，沒入其所販賣及賈錢縣官，奪之列。
列長、伍人弗告，罰金各一斤。（張家山《二年律令》260）

與例（1）中“奪列”的原因不同，這條律令所記被“奪列”的原因是列主隱匿不自行申報市租。

語義上的區別在搭配上也有所體現，二者的搭配呈現出一定的差異性。由於“列”是官府在市中劃出的空的商業用地，可以說“空列地”，而稱“肆”者有一定的建築，故不可以用在“空肆地”這一搭配中。不過，因為二者語義相近，所以有時在搭配上也會存在

---

① 目前還不清楚其上是否有牆或欄之類的以與他列相分隔的基礎設施。
② “蓋”是一種特殊的建築行為。秦漢日書中常強調“蓋屋”的宜忌，特指給屋室上蓋，其與“築室”“垣牆”等行為相區別。
③ 從例（4）看，“材”的“列”被官府奪走後，又從官府受有“列”。

一致的地方，如既可以說“棺肆”，也可以說“棺列”。後者的類似用法在傳世文獻中未見，導致有學者得出不存在“商品名＋列”這一用法的結論。

銀雀山漢墓竹簡《市法》中也記錄了一些有關“列”“肆”的資訊：

(7) 王者無市，霸者不成肆，中國利市，小國恃市。(銀雀山《市法》875)

(8) 為肆敍分列疏數……有授肆□□□□固有數矣。市貨□貴者，授肆毋過……毋過七尺。下貨賤者授肆毋過十尺。此肆敍市列之數也。(銀雀山《市法》883－885)

例(7)是《市法》的作者在敘述治國理念，他認為王者之國沒有市，霸主之國有市但不設立肆，中等國家從市中獲利，小的國家依靠市。從中可見“市”“肆”是有區別的，驗證了我們前文對於“市”“肆”二者關係的分析。例(8)規定了分給商賈的“肆”的大小及依據，出售貴重貨物的店鋪不要超過某個大小，出售低賤貨物的店鋪不要超過十尺。與嶽麓書院藏秦簡的記載有所不同的是，這裏記載官府分給商賈的是“肆”。這大概是因為《市法》對市的規劃要求官府在市內修蓋房屋，官府分給商賈的不僅是列地，還有其上的房屋。《市法》中記載：

(9) 國市之法：外營方四百步，內宮稱之，為鑿四達之……(銀雀山《市法》882)

該簡敘述了“國市”的設立之法，規定“國市”外墻方400步，市內的房屋與之相稱。這裏的宮有可能就是指肆的屋舍。李學勤(1989：75)推測例(8)所述“七尺”“十尺”指肆門面的長度，肆可能是長方形的通間，能按肆的需要分隔成門面長短不等的開間，這是有一定道理的。

綜合來看，“列”“肆”在戰國時期意義有別，“列”是官府在市中劃出的空的商業用地，“肆”是列地及在列地上修蓋而成的完整的建築物的統稱。戰國時期各國可能以兩種不同形式分授商賈商業用地，一種授予“列”，一種授予“肆”。

此外還有一點需要注意。屬於商業處所的“列”在傳世戰國文獻中未見，因此《漢語大詞典》所引釋為市集的“列”的最早用例出自漢初賈誼的《新書》：

(10) 酤家不讎其酒，屠者罷列而歸，傲童不謳歌，舂築者不相杵，婦女抶珠瑱，丈夫釋玦靬，琴瑟無音，期年而後始復。(《新書·春秋》)

而據上述嶽麓文書，作為商業處所的“列”最晚在戰國晚期即已出現，《漢語大詞典》的書證時間得以提前。

三、"列""肆"的語義、語用變遷

需注意的是，"列""肆"的語義不是一成不變的。二者有時渾言無別，泛指市中的商業處所。部分漢代傳世文獻中的"列"，是否還是戰國晚期時的"市中劃分的空的商業用地"義，是比較模糊的。如例（10）中的"列"，釋為"屠者的商鋪"似乎比"空的商業用地"更貼合語境。其實在很多文獻中，類似語境是用"肆"的，如：

（11）夫三旌之位，吾知其貴於屠羊之肆也；萬鍾之祿，吾知其富於屠羊之利也。然豈可以貪爵祿而使吾君有妄施之名乎！說不敢當，願復反吾屠羊之肆。（《莊子·讓王》）

（12）海內屠肆，六畜死者日數千頭，不擇吉凶，早死者未必屠工也。（《論衡·譏日》）

（13）故以慟極津門，感充長樂，豈徒舂人不相，傾廛罷肆而已哉。（《文選·齊竟陵文宣王行狀》）

尤其例（13）中的"罷肆"與例（10）中的"罷列"，結構用法完全相同。因此，漢代學者有時將"列"等同於"肆"，也就講得通了。前文我們所舉《漢書·劉向傳》的例子中，"列""肆"對文，語義相當，也可說明二者渾言無別。

當二者作為語素構成詞時，二者的語素義也不再凸顯區別，而呈現泛指義。我們在傳世文獻中看到這樣一則異文：

（14）（罽賓）有金銀銅錫，以為器。市列。以金銀為錢，文為騎馬，幕為人面。（《漢書·西域傳》）

（15）（罽賓）有金銀銅錫以為器。有市肆。然以銀為錢。文為騎馬。曼為人面。（《前漢紀·孝武皇帝紀》）

"市列""市肆"這一異文的使用也說明人們大概不再注意區別二者。王念孫在《讀書雜誌·漢書第十五·市列》中據此異文認為"肆即列也"，這是有道理的。《史記》《漢書》中還有一處異文：

（16）縣官當食租衣稅而已，今弘羊令吏坐市列肆，販物求利。（《史記·平准書》）

（17）縣官當食租衣稅而已，今弘羊令吏坐市列，販物求利。（《漢書·食貨志》）

"市列"與"市列肆"構成異文，也說明人們此處用的是"列"的泛指義。

"列"之所以會衍生泛指義，首先是因為二者是一個事物的前後兩個階段，"列""肆"在很多語境中實際上無須刻意區分，這使二者漸漸通用無別。其次，文獻中多見二者連用，如：

（18）非市吏有職於肆列閒（間）……（銀雀山《市法》879＋886）

（19）得出入官府節弟、行馳道中，列肆賈市毋租，比山東復。（甘肅武威磨嘴子漢墓《王杖詔書令》152）

（20）諸取眾物鳥獸魚鼈百蟲於山林水澤及畜牧者，嬪婦桑蠶織紝紡績補縫，工匠醫巫卜祝及它方技商販賈人坐肆列里區謁舍，皆各自占所為於其在所之縣官，除其本，計其利，十一分之，而以其一為貢。（《漢書·食貨志》）

"列肆""肆列"等連用結構使二者的語素義互相侵染，也會促成"列""肆"意義的模糊化及泛指化。

從傳世文獻來看，記錄商業處所義的"列"的使用日趨衰落，呈現出語素化的傾向。我們統計了兩漢魏晉南北朝時期若干傳世文獻中二者的出現頻次，見表1。

表1　兩漢魏晉南北朝文獻"列""肆"的出現頻次

	《新書》	《史記》	《淮南子》	《鹽鐵論》	《法言》	《韓詩外傳》	《說苑》
列	1	1（列肆1）	0	2（市列1）	0	0	0
肆	1（市肆1）	4（列肆1）	4	0	1	3	2
	《漢書》	《潛夫論》	《論衡》	《世說新語》	《抱樸子》	《金樓子》	《三國志》
列	10（肆列1，列肆3，市列4）	1（市列1）	0	0	1（列肆1）	1（列肆1）	0
肆	13（市肆4，列肆3，肆列1）	1	3（市肆1）	2	7（列肆1）	3（列肆1）	1

從表中可以看到，西漢文獻中"列"的出現頻次比"肆"要少，且出現頻次因文獻不同而有一定的差異，在《淮南子》等部分文獻中只用"肆"而不用"列"，在《鹽鐵論》中則只用"列"而不用"肆"，這可能與作者的用詞習慣有關。而在東漢文獻中，"列"的出現頻次相較於"肆"明顯不多，在有限的出現頻次中，大都以語素的形式出現在"市肆""肆列""列肆"等結構中，唯在《漢書》中有2例作為詞使用。而在魏晉之後，"列"僅以語素的形式出現在一些詞語中，且出現頻次極少，進一步衰落。出土文獻中的情況也是如此，如在長沙五一廣場東漢簡中可見"肆"的使用：

（21）後何賣民，直錢九萬五千。……其中復買粲肆一孔，直二千四百。元本有豉肆一孔……（CWJ1③：325－4－25）

（22）今市有秩佐奪明肆還次。（CWJ1③：325－4－48）

（23）不處年中仲昌買上頭繒肆一孔，直錢十二萬；復買下頭繒肆一孔，直錢八萬。（CWJ1③：325－1－28）

不見使用“列”作為商業處所，之所以出現這樣的局面，可能是因為“列”的語義泛指化，和“肆”漸趨無別，語言的經濟律促使二者競爭排斥，最終“列”不敵“肆”而漸漸被冷落。

此外，我們還要考慮另外一個詞即廛的影響。《周禮·地官·司徒》載：“廛人：掌斂市絘布、總布、質布、罰布、廛布而入於泉府。”鄭玄注引杜子春云：“廛，市中空地。”孫詒讓《周禮正義》認為：“古書凡言廛者，猶今人所謂基地。無論在里、在市，已有宅肆、未有宅肆，其基地通謂之廛。”《周禮·地官·司徒》載“以廛里任國中之地”，鄭玄注引鄭司農云：“市中空地未有肆、城中空地未有宅者。”我們同意上述意見。一般認為《周禮》是戰國時期的語料，也就是說，戰國時還有“廛”這個詞與“列”一樣都可指“市中空地”。不過，“廛”其實泛指百姓所居之地，不僅可指“市中空地”，還可指邑里之空地，正如孫詒讓所云：“凡民居在里為民宅，在肆為邸舍，其區域並謂之廛。”《周禮》有“廛人”“廛布”之稱[1]，說明“廛”還是很活躍的一個詞。不僅如此，“廛”還常常活用作動詞，義為“徵收地稅”，如：

（24）市，廛而不征，法而不廛，則天下之商皆悅而願藏於其市矣。（《孟子·公孫丑》）

（25）通齊國之魚鹽於東菜，使關市幾而不正，廛而不稅，以為諸侯之利，諸侯稱寬焉。（《管子·小匡》）

（26）市，廛而不稅。關，譏而不征。（《禮記·王制》）

雖然“廛”“列”二者可能存在使用區域的不同，不過在書面文獻中，語言的經濟規律無疑會使“廛”“列”發生競爭，也許這也是“列”衰落的動因之一。

四、結語

以上我們利用秦漢簡帛文獻初步解決了“列”“肆”作為商業處所在戰國晚期的語義差異問題，描述了二者詞義的發展及相關搭配、頻次等的變化，分析了上述變化發生的動因。不過，還有一些問題無法得出定論，如雖然我們通過張家山漢簡了解到西漢初年官府

---

① 孫詒讓引江永之說認為“廛布”是“市之地稅也”，這一意見也是正確的。

仍存在分授"列"的行為，但歷史上的西漢中晚期官府分授給商賈的是甚麼？是空的商業用地"列"還是帶有建築物的"肆"？這是不是"列"的"空的商業用地"義漸趨消失的動因？此外，由於部分辭例中"列"的具體所指難以判定，因此我們只能粗綫條地勾勒二者的語義從有區別到混同的過程，這一過程中很多的具體細節，還需更多材料才能明晰。

參考文獻

［1］黄金貴主編，曾昭聰副主編：《古代漢語文化百科詞典》，上海：上海辭書出版社 2016 年版。

［2］李學勤：《銀雀山簡〈市法〉講疏》，甘肅省文物考古研究所編：《秦漢簡牘論文集》，蘭州：甘肅人民出版社 1989 年版。

［3］宋敏求：《長安志》，臺北：成文出版社有限公司 1970 年版。

［4］肖燦、唐夢甜：《從嶽麓秦簡"芮盜賣公列地案"論秦代市肆建築》，《湖南大學學報》（社會科學版）2017 年第 5 期。

［5］徐松撰，張穆校補，方嚴點校：《唐兩京城坊考》，北京：中華書局 1985 年版。

［6］朱漢民、陳松長主編：《嶽麓書院藏秦簡》（叁），上海：上海辭書出版社 2013 年版。

Research on "*Lie*"（列）and "*Si*"（肆）

Zhao Yan

Abstract：In the late Warring States Period，"*lie*"（列）appeared as a commercial place，meaning the empty commercial land set aside by the government in the market，and "*si*"（肆）is a general term for "*lie*"（列）and the houses built on it. During the Western Han Dynasty，"*lie*"（列）gradually became a general term for commercial premises，which was confused with "*si*"（肆）. After the Eastern Han Dynasty，the use of "*lie*"（列）in the sense of commercial place declined day by day，showing a morpheme tendency，and virtually disappeared after the Wei and Jin Dynasties. The decline of "*lie*"（列）is related to semantically related words such as "*si*"（肆）and "*chan*"（廛）.

Key words：*lie*（列），*si*（肆），*chan*（廛），commercial place

（東北師範大學文學院）

西漢上計"長吏守丞"考*

曹天江

提 要 將傳世文獻與出土文獻相比勘,可知漢代史料談及郡國上計使者時所用的"(郡國上計)長吏守丞"一語並無訛字,"吏"字不應改作"史"。"長吏守丞"指以郡丞(及同級別的王國長史)為主的長吏群體,從語法上說是"以大名包小名"的結構。但簡牘史料中常見地方郡國派遣更低等級的屬吏上計,有時對他們署以"守丞""行丞事""行守丞"等代理職銜。這既說明丞(及長史)上計乃是時人眼中的通例,也說明這一通例在實際執行中已發生扭曲變化。

關鍵詞 長吏守丞 守丞長史 上計制度 上計吏

漢代史料中,談及西漢時郡國赴長安上計的使者,常用"郡國上計長吏守丞"一語概括之。"長吏守丞"所指的究竟是怎樣的人群?對這一問題,學界或不加措意,或僅有含糊的解釋,或徑自將"吏"改作"史"以求通順。其實,這一說法本身並沒有錯誤,通過查考、分析其所出語例,比勘傳世與出土文獻所提供的信息,即可明確推知西漢上計"長吏守丞"的內涵,並能更深入地理解它背後的制度現象。

先將傳世文獻中的相關史料羅列如下:

第一,武帝時,嚴助為會稽太守,"數年,不聞問",招致武帝不滿,嚴助稱"願奉三年計最"。如淳注:

> 舊法,當使丞奉歲計,今躬自欲入奉也。

其後嚴助遵守承諾,親自奉計到長安,並留京改任侍中。①

第二,《漢書·朱買臣傳》載,朱買臣為會稽太守後入郡邸,守邸者見其印綬,驚駭,"白守丞",注引張晏曰:

> 漢舊,郡國丞長吏與計吏俱送計也。②

---

* 本文是古文字與中華文明傳承發展工程規劃項目"中國文書簡的理論研究與體系構建"(項目編號:G1424)的階段性成果。

① 班固撰,顏師古注,《漢書》卷六四上《嚴助傳》,北京:中華書局 1962 年版,第 2790 頁。

② 班固撰,顏師古注:《漢書》卷六四上《朱買臣傳》,北京:中華書局 1962 年版,第 2793 頁。按此文"守丞",服虔注其為"守邸丞",顏師古認為"張說是也"(亦詳後)。考慮到同文還出現了"守邸","守丞"恐怕當作他解,確以張晏說為妥。

第三，《漢書·王成傳》：

後詔使丞相御史問<u>郡國上計長吏守丞</u>以政令得失，或對言前膠東相成偽自增加，以蒙顯賞，是後俗吏多為虛名云。①

第四，《漢書·黃霸傳》：

敞奏霸曰："竊見丞相請與中二千石博士雜問<u>郡國上計長吏守丞</u>為民興利除害成大化條，其對②有耕者讓畔，男女異路，道不拾遺，及舉孝子弟弟貞婦者為一輩，先上殿，舉而不知其人數者次之，不為條教者在後叩頭謝。……<u>長吏守丞</u>對時，臣敞舍有鶡雀飛止丞相府屋上……丞相圖議上奏曰：'臣問<u>上計長吏守丞</u>以興化條，皇天報下神爵。'後知從臣敞舍來，乃止。<u>郡國吏</u>竊笑丞相仁厚有知略，微信奇怪也。……臣敞非敢毀丞相也，誠恐群臣莫白，而<u>長吏守丞</u>畏丞相指，歸舍法令，各為私教，務相增加，澆淳散樸，並行偽貌，有名亡實，傾搖解怠，甚者為妖。……宜令貴臣明飭<u>長吏守丞</u>，歸告二千石，舉三老孝弟力田孝廉廉吏務得其人，郡事皆以義法令撿式，毋得擅為條教；敢挾詐偽以奸名譽者，必先受戮，以正明好惡。"天子嘉納敞言，召<u>上計吏</u>，使侍中臨飭如敞指意。③

第五，《續漢書·百官志》"司徒"條注引《漢舊儀》：④

哀帝元壽二年，以丞相為大司徒。<u>郡國守丞長史</u>上計事竟，遣。公出庭上，親問百姓所疾苦。記室掾史一人大音讀敕，畢，遣。敕曰："詔書數下，禁吏無苛暴。<u>丞史</u>歸告二千石，順民所疾苦，急去殘賊，審擇良吏，無任苛刻。治獄決訟，務得其中。明詔憂百姓困於衣食，二千石帥勸農桑，思稱厚恩，有以賑贍之，無煩擾奪民時。今日公卿以下，務飭儉恪，奢侈過制度以益甚，二千石身帥有以化之。民冗食者請謹以法，養視疾病，致醫藥務治之。詔書無飾廚傳增養食，至今未變，又更過度，甚不稱。歸告二千石，務省約如法。且案不改者，長吏以〔聞〕。官寺鄉亭漏敗，牆垣阤壞不治，無辦護者，不勝任，先自劾不應法。歸告二千石聽。"

---

① 班固撰，顏師古注：《漢書》卷八九《循吏傳》，北京：中華書局1962年版，第3627頁。
② 此處句讀原作"……雜問郡國上計長吏守丞，為民興利除害成大化條其對"，後亦斷句；據句意改。
③ 班固撰，顏師古注：《漢書》卷八九《循吏傳》，北京：中華書局1962年版，第3632－3633頁。
④ 司馬彪：《續漢書》卷二四《百官志一》"司徒"條注引，范曄撰，李賢等注：《後漢書》，北京：中華書局1965年版，第3561頁。此條亦見武英殿聚珍版叢書本紀昀輯《漢官舊儀》（輯自《永樂大典》，後稱紀昀本）與孫星衍輯《漢官儀》（後稱孫星衍本），二本皆收錄於孫星衍等輯，周天游點校：《漢官六種》，北京：中華書局1990年版，第38、70頁。各版字句出入處不少，校改依據侯旭東：《皇帝的無奈：西漢末年的傳置開支與制度變遷》，2015年初出，收入所著《漢家的日常》，北京：北京師範大學出版社2022年版，第142－144頁。

其中“郡國守丞長史”，《職官分紀》《西漢文紀》作“郡國守長史”；“丞史”，《漢官六種》作“丞長史”。①

第六，《續漢書·百官志》“司空”條注引《漢舊儀》：②

　　御史大夫③敕上計丞、長史曰：“詔書數④下，佈告郡國：臣下承宣無狀，多不究，百姓不蒙恩被化，守丞長史⑤到郡，與二千石同力為民興利除害，務有以安之，稱詔書。郡國有茂才不顯者言⑥，殘民貪污煩擾之吏，百姓所苦，務勿任用。方察不稱者，刑罰務於得中，惡惡止其身。選舉民侈過度，務有以化之。問今歲善惡孰與往年，對上。問今年盜賊孰與往年，得無有群輩大賊，對上。”

第七，宋章如愚《群書考索後集》卷一《官制門》“御史大夫”條引《漢儀》：⑦

　　御史大夫⑧見孝廉、上計丞、長史，皆於宮⑨司馬門外⑩，比丞相掾史白錄。⑪

以上除第一則史料的限定範圍較為簡明外，其他六則史料及其諸多版本的用語都頗含糊，針對上計使者，共計出現了“丞長吏”“長吏守丞”“郡國吏”“守長史”“守丞長史”“丞史”“丞長史”“守長吏”八種不同的說法。劉攽注曰：“長吏守丞，‘吏’當作‘史’。郡使守丞，國使長史，皆一物也，故總言郡國上計長史、守丞。”《通鑑》從之，改“吏”

---

① 校勘見侯旭東：《皇帝的無奈：西漢末年的傳置開支與制度變遷》，2015 年初出，收入所著《漢家的日常》，北京：北京師範大學出版社 2022 年版，第 144 頁。

② 司馬彪：《續漢書》卷二四《百官志一》“司空”條注引，范曄撰，李賢等注：《後漢書》，北京：中華書局 1965 年版，第 3562 頁。此條亦見前引紀昀、孫星衍本，二本皆收錄于孫星衍等輯，周天游點校：《漢官六種》，北京：中華書局 1990 年版，第 41、73－74 頁；《職官分紀》卷二《司空》，收入《景印文淵閣四庫全書》（第 923 冊），臺北：臺灣商務印書館 1983 年版，第 33 頁；《西漢文紀》卷四《御史大夫敕上計丞長史》，《景印文淵閣四庫全書》（第 1396 冊），臺北：臺灣商務印書館 1983 年版，第 267－268 頁；《玉海》卷一一四《漢計偕》引有殘句，揚州：廣陵書社 2016 年版，第 2142 頁上；有校改處，詳注。

③ 紀昀本無此四字（第 41 頁），孫星衍本據《續漢志》注補（第 73 頁）。

④ 原作“殿”，據第五則史料改。

⑤ 《續漢志》注、《職官分紀》卷二皆作“守長史”，紀昀、孫星衍本作“守、丞、長史”，《西漢文紀》卷四作“守長吏”；暫從紀昀、孫星衍本，標點為筆者修改。

⑥ 紀昀、孫星衍本作“言上”；《續漢志》注本無“上”字，據孫本校補；《西漢文紀》《職官分紀》無“上”字，《玉海》卷 114 亦無之。據文意，刪去“上”字較妥。

⑦ 《景印文淵閣四庫全書》（第 937 冊），臺北：臺灣商務印書館 1983 年版，第 7 頁。據李紅英考證，《四庫》本《群書考索》（亦名《山堂考索》）並非單一採取某一刻本，而是以內府藏明刻本為底本，參校其他刻本而成；見李紅英《〈四庫全書總目·山堂考索〉條辨證：兼談〈山堂考索〉的版本源流》，國家圖書館善本特藏部編：《文津學志》（第三輯），北京：國家圖書館出版社 2010 年版，第 74－85 頁。此條亦見《北堂書鈔》卷六二《設官部十四·御史中丞八十五》注引《漢舊儀》，《唐代四大類書》第 1 卷（底本為南海孔氏刻本），北京：清華大學出版社 2003 年版，第 251 頁下，校以中華再造善本明代編子部《北堂書鈔》（底本為國家圖書館藏明鈔本《北堂書鈔》），北京：國家圖書館出版社 2013 年版，字句相同；及前引紀昀本《漢官舊儀》、孫星衍本《漢舊儀》。

⑧ 《北堂書鈔》、紀昀本與孫星衍本僅作“大夫”，從《群書考索後集》改為“御史大夫”。

⑨ 此二字，《群書考索後集》作“於官”，《北堂書鈔》作“於宮”，紀昀本作“放官”，孫星衍本注云“《漢官舊儀》作‘放官’，從《北堂書鈔·設官部》引改”。

⑩ 《北堂書鈔》在句末多“也”字。

⑪ “比丞相掾史白錄”一句，從紀昀、孫星衍本補。

為 "史"。① 後來研究大都遵從此說，默認 "長吏守丞" 為 "長史守丞" 之訛。② 若依此將前引史料出現的所有 "長吏" 皆改為 "長史"，看似各文都可順暢互證，但事實是否果真如此嗎？

甘肅省金塔縣 A32 遺址出土漢代 "永始三年詔書冊"，記錄了漢成帝永始三年（前 14 年）一道與民生相關的詔書，由朝廷向全國頒佈。其中出現了 "長吏守丞" 一語，以及三名郡國上計使者。

簡 1：

丞相方進、御史臣光昧死言：

明詔哀閔元元，臣方進、御史臣光：往秋郡被霜，冬無大雪，不利宿麥，恐

民□☑73EJF1：1

調有餘，給不足，不民所疾苦也，可以便安百姓者，問計長吏守丞條對☑

臣光奉職無狀，頓首頓首死罪死罪。臣方進、臣光前對問上計弘農大守丞□☑

73EJF1：2

郡國九穀最少，可豫稍為調給，立、輔既言民所疾苦，可以便安☑

弘農大守丞立、山陽行大守事湖陵□□、上谷行大守事☑73EJF1：4

□作宜可益倍其□□□

……長假貧民物□□73EJF1：16

令堪對曰：富民多畜田出貸□☑

…………73EJF1：3

原文甚長，後有民生議論、皇帝批示、文書下行等辭，不錄。③ 丞相翟方進、御史大夫孔光 "問計長吏守丞條"，與前引《黃霸傳》"雜問郡國上計長吏守丞，為民興利除害成大化條" "問上計長吏守丞以興化條" 可以互參。對答丞相、御史的上計使者，有弘農太守丞立、山陽行太守事湖陵□□、上谷行太守事某人。湖陵為山陽郡屬縣，湖陵□□當是湖陵縣吏。此外，"立、輔" 之 "立"，當即弘農太守丞立，輔不知何人；"令堪"，有學者指出亦可能是一名上計使者。④ 山陽、上谷二郡使者雖非太守本人，卻帶有 "行太守事"，其

---

① 司馬光編著，胡三省音注：《資治通鑑》卷二五《漢紀十七》注引，北京：中華書局 2011 年版，第 820 頁。《資治通鑑》將本段徑改為 "長史、守丞"。

② 班固撰，王先謙補注：《漢書補注・循吏傳第五十九》，上海：上海古籍出版社 2008 年版，第 5464 頁；鎌田重雄：《秦漢政治制度の研究》，東京：日本學術振興會 1962 年版，第 390 – 391 頁；楊樹達：《古書疑義舉例續補》卷二《兩詞分承上文例》，上海：上海古籍出版社 2013 年版，第 247 頁。

③ 甘肅簡牘博物館等編：《肩水金關漢簡》（肆），上海：中西書局 2015 年版，第 276 – 278 頁。該簡冊的最新釋讀、編聯成果可參姚磊：《肩水金關漢簡〈永始三年詔書〉校讀》，教育部人文社會科學重點研究基地華東師範大學中國文字研究與應用中心、華東師範大學語言文字工作委員會主辦：《中國文字研究》（第二十四輯）上海：上海書店出版社 2016 年版，第 89 – 99 頁；本文所引亦參之。

④ 侯旭東：《丞相、皇帝與郡國計吏：兩漢上計制度探微》，2014 年初出，收入所著《漢家的日常》，北京：北京師範大學出版社 2022 年版，第 324 頁。

職責與太守視同。這幾人自然包括在"上計長吏守丞"之中。

出土史料中的"長吏守丞"，坐實了傳世文獻中的"長吏守丞"並非訛誤，而是自有其意義的。據此，再反觀第一至第六則史料，關於"守丞"一詞，有三種見解：其一發自顏師古，其注云："謂之守丞者，繫太守而言也。"① 其二認為"守丞"的"守"是"非本職而兼領事"，"長吏守丞"即由長吏來代理丞，高恒持此説。② 其三則見於《漢官舊儀》點校本，其將第六則史料"守丞長史到郡"句點作"守、丞、長史到郡"，顯然將"守丞"理解為太守與丞。

三説之中，取第一説最妥，所以要"繫太守而言"，正因郡尉下亦有丞③，故要點明是郡守之丞。第二説則頗難理解，秦漢"守官"的内涵雖有爭議，大體同意是由屬吏代理職務，實例中的守官者往往級别比所守之官更低④，以長吏身份来擔任守丞迄無實例。第三説不可取，在於第四至第六則史料的敕文中都有"與二千石同力""歸告二千石"一類語句，二千石即郡太守、國相，一般情況下，太守、國相亦不會隨意離開地方。不過，第二則史料《朱買臣傳》僅見的"守丞"一語，因其語境特殊，尚不能排除是"代理郡丞"義的可能。

因此，第三和第四則史料及簡 1 中的"長吏守丞"，當視同第二則史料中的"丞長吏"，指的是包括太守丞在内的長吏群體，他們皆有可能奉計。這樣的語法結構亦不難理解，《漢書·高帝紀》載高祖五年詔見有"守尉長吏"⑤ 一語，守指太守，尉指郡尉，詞意謂"守、尉一類長吏"⑥；故"丞長吏"可理解為"丞一類長吏"。"長吏守丞"語義同之，語法上又可類比於俞樾所言"以大名冠小名例"，是"舉大名而合之於小名，使二字成文者"，大名冠於小名之前，如"草芥""禽犢""蟲螟"，或調換次序，如"麀牡"⑦；當然，"長吏守丞"並非二字詞，此僅作一參考。

"郡國上計長吏守丞"，語義中包括了郡國守、相，簡 1 中出現的"行太守事"者亦提示這一點；但漢代地方長官本不能輕易出界。⑧ 嚴助為會稽太守，需要先向皇帝請求、得到皇帝允許才能親自奉計，亦可見太守奉計極其少見，嚴助也是因為此舉的獨特誠意而重獲聖眷。

不論是"丞長吏"還是"長吏守丞"，都包含對"丞"的強調，兼及其他長吏。出土漢簡中，除上引詔書册的"弘農太守丞立"之外，還見有不少以郡丞名義上計的實例。

---

① 班固撰，顏師古注：《漢書》卷六四上《朱買臣傳》，北京：中華書局 1962 年版，第 2793 頁。
② 高恒：《漢代上計制度論考：兼評尹灣漢墓木牘〈集簿〉》，1999 年初出，收入所著《秦漢簡牘中法制文書輯考》，北京：社會科學文獻出版社 2008 年版，第 323 頁。
③ 班固撰，顏師古注：《漢書》卷一九《百官公卿表上》，北京：中華書局 1962 年版，第 742 頁。
④ 高震寰：《試論秦漢簡牘中"守""假""行"》，王沛主編：《出土文獻與法律史研究》（第四輯），上海：上海人民出版社 2015 年版，第 58 – 67 頁。
⑤ 班固撰，顏師古注：《漢書》卷一《高帝紀下》，北京：中華書局 1962 年版，第 54 頁。
⑥ 關於此語的解釋，亦參張欣：《秦漢長吏再考：與鄒水傑先生商榷》，《中國史研究》2010 年第 3 期。
⑦ 俞樾著，馬敘倫校錄，傅傑導讀：《古書疑義舉例》（卷三），上海：上海古籍出版社 2007 年版，第 42 – 43 頁。
⑧ 詳參侯旭東：《傳舍使用與漢帝國的日常統治》，2008 年初出，收入所著《漢家的日常》，北京：北京師範大學出版社 2022 年版，第 31 頁。據考述，當時不僅有若干諸侯因"擅出界"而獲罪，至東漢，還有"二千石行不得出界，兵不得擅發"的説法。尹灣漢墓第 16 號木牘名謁（YM6D16）背面載有"琅邪大守賢，迫承職不得離國，謹遣吏奉謁再拜"的語句，此名謁雖出土於地下墓葬，但所言當有一定的現實依據，即二千石太守應在本郡内履職，不能擅自離開邊界。

簡2：

賁且伏地再拜請

孺子孟馬足下：賁且賴厚德，到東郡，幸毋恙。賁且行守丞，上計，以十二月壬戌到雒陽，以甲子發。與廣陵長史卿俱。……（後略）

天長紀莊漢墓木牘 M19：40 – 10①

簡3：

……朔己未②，敦煌大守千秋、守部候修仁行长史事、丞破胡谓☐

与守丞俱上永光三年计丞相府。乘用马二匹，当舍传舍，从者如律令。掾光、书佐顺。二月甲☐ⅡDXT0115③：205③

簡4：

阳朔二年十一月丁卯（24），遣行丞事守部候疆 敦煌太守贤、长史谭☐

奉上阳朔元计最行在所。以令为驾乘传，奏卒史吏所奉上者 以次为驾如律令。五月☐☑Ⅱ90DXT0112③：108④

簡2是一枚書牘，出土於天長紀莊漢墓，對其內容，學界討論頗多，爭議大多集中在"賁且西"之後、賁且向謝孟告知的內容。對於其前的"賁且行守丞，上計"事，已有基本共識。⑤據楊振紅考證，書牘的斷代當定於太初元年（前104年）至五鳳三年（前55年）之間的19個年份。⑥賁且為臨淮郡行守丞赴長安上計，信中還提到，他與廣陵國同去

---

① 天長市文物管理所、天長市博物館：《安徽天長西漢墓發掘簡報》，《文物》2006年第11期；楊以平、喬國榮：《天長西漢木牘述略》，卜憲群、楊振紅主編《簡帛研究二〇〇六》，桂林：廣西師範大學出版社2006年版，第195 – 202頁。圖版載天長市文物管理所、天長市博物館：《安徽天長西漢墓發掘簡報》，《文物》2006年第11期，第14頁。釋文有修訂，據楊振紅：《紀莊漢墓"賁且"書牘的釋讀及相關問題：紀莊漢墓木牘所反映的西漢地方社會研究之一》，卜憲群、楊振紅主編：《簡帛研究二〇〇九》，桂林：廣西師範大學出版社2011年版，第2頁。

② 據文意，知此是永光三年（前41年）。

③ 此簡圖版尚未公佈，引文據張德芳：《兩漢時期的敦煌太守及其任職時間》，西北師範大學歷史文化學院、甘肅簡牘博物館編：《簡牘學研究》（第五輯），蘭州：甘肅人民出版社2014年版，第168頁。

④ 甘肅簡牘博物館等編：《懸泉漢簡》（貳），上海：中西書局2021年版，第256、558頁。

⑤ 楊振紅：《紀莊漢墓"賁且"書牘的釋讀及相關問題：紀莊漢墓木牘所反映的西漢地方社會研究之一》，卜憲群、楊振紅主編：《簡帛研究二〇〇九》，桂林：廣西師範大學出版社2011年版，第1 – 3頁；楊振紅：《天長紀莊漢墓謝孟的名、字、身份及與墓主人關係蠡測：紀莊漢墓木牘所反映的西漢地方社會研究之二》，《浙江學刊》2011年第6期；王曉光：《天長紀莊M19西漢木牘墨蹟研究及書寫時間新探》，卜憲群、揚振紅主編：《簡帛研究二〇一〇》，桂林：廣西師範大學出版社2012年版，第89 – 98頁；廣瀬薰雄：《安徽天長紀莊漢墓"賁且"書牘解釋》，2013年初出，收入所著《簡帛研究論集》，上海：上海古籍出版社2019年版，第178 – 190頁；焦培民、袁祖亮：《天長紀莊漢墓10號木牘史事探微》，《中原文物》2020年第6期。

⑥ 楊振紅：《紀莊漢墓"賁且"書牘的釋讀及相關問題：紀莊漢墓木牘所反映的西漢地方社會研究之一》，卜憲群、楊振紅主編：《簡帛研究二〇〇九》，桂林：廣西師範大學出版社2011年版，第6 – 10頁。

上計的長史卿同行。

簡 3、4 出土於敦煌郡懸泉置遺址，都是敦煌郡太守府發出的傳文書，謂自己派出使者前往丞相府或皇帝行在所上計，要求他們經過的地方依律令接待。簡 3 中的上計使者為"某與守丞"，前已有正式的丞"破胡"，故此"守丞"是代理之丞，"俱"可能是副詞或守丞之名，他們上永光三年（前 41 年）計文書於丞相府。簡 4 為"行丞事守部候強"，上陽朔元年（前 24 年）計最文書於皇帝行在之處。

這些簡例中，雖然實際派出的是地位更低的吏員（僅廣陵國長史卿一人除外），但仍要給他們帶上"行丞事""守丞""行守丞"的稱號，也就是授予他們上計期間視同郡丞的代理職權。這一方面說明，以丞（及同一級別的長史）上計乃是當時的常規或通例，第一則史料所言"當使丞奉歲計"正是此意。另外，它也說明當時的長吏更傾向於將上計事務交給下屬去完成，"當使丞奉歲計"的通例在實際執行中或許已發生了若干扭曲變化。①

綜上，漢代史料談及上計使者時常用的"長吏守丞"一語並無訛字，"吏"字不應改作"史"。它指的是郡國派遣赴京上計的以郡丞（及同級別的王國長史）為主的長吏群體，"長吏守丞"從語法上說是"以大名包小名"的結構。不過，太守、國相一般不會親自奉計，正式的郡丞、王國長史也很少親身前往，而是傾向於派遣低等級屬吏代替自己前去上計。

進言之，《漢官舊儀》《漢舊儀》的第五至第七則史料中"（守）丞長史"的說法，固有可能是因"史""吏"二字字形相近而造成的誤字、改字，不過也可能反映了一定的真實。推其形成緣由，或存三種解讀：其一，因第五和第六則史料當從具體的敕戒文書輯得，當時受敕的上計使者中可能僅有丞、長史，又或丞、長史佔比最高，故言；其二，這數則都出自建武時人衛宏之手，所記是西漢末年之事，當時對上計使者的要求可能發生了一些變化；其三，郡丞、王國長史上計，在當時既為通例，那麼"（守）丞長史"形成另一種慣用詞彙也不難理解。至於第七則史料，因其上下文有缺失，文意已難詳考，但據有限信息，可知它是有關御史大夫接見郡國人員的具體規定，故其中的"上計丞、長史"不見得能涵蓋郡國所有上計使者。期待日後考古資料的進一步發掘，為西漢上計"長吏守丞"的諸面相提供更豐富的細節。

附記：小文草成過程中，蒙侯旭東先生惠示意見、李佳傑學友檢示資料，謹致謝忱！

參考文獻

［1］班固撰，顏師古注：《漢書》，北京：中華書局 1962 年版。

［2］范曄撰，李賢等注：《後漢書》，北京：中華書局 1965 年版。

---

① "長吏守丞"之"守丞"一詞，是否也可能與這些"守丞""行丞事""行守丞"的不斷湧現有關？考慮到語言發展過程中往往受到多方面因素的綜合影響，這一可能性是不能否認的。這樣的人選變動與西漢上計活動的實態亦有關聯，詳參拙稿《西漢時代上計活動考論：人、事與"吏徭"》，西北師範大學歷史文化學院等編：《簡牘學研究》（第十三輯），蘭州：甘肅人民出版社 2023 年版，第 83－106 頁。

［3］甘肅簡牘博物館等編：《肩水金關漢簡》（肆），上海：中西書局 2015 年版。

［4］甘肅簡牘博物館等編：《懸泉漢簡》（貳），上海：中西書局 2021 年版。

［5］《景印文淵閣四庫全書》，臺北：臺灣商務印書館 1983 年版。

［6］連雲港市博物館等編：《尹灣漢墓簡牘》，北京：中華書局 1997 年版。

［7］司馬光編著，胡三省音注：《資治通鑑》，北京：中華書局 2011 年版。

［8］天長市文物管理所、天長市博物館：《安徽天長西漢墓發掘簡報》，《文物》2006 年第 11 期。

［9］鄭玄注，賈公彥疏，彭林整理：《周禮注疏》，上海：上海古籍出版社 2010 年版。

Study on *"Zhangli Shoucheng"* （長吏守丞）, the Envoys of Annual Governmental Report in Western Han Dynasty

Cao Tianjiang

Abstract：Through the comparison of handed-down documents and unearthed documents, this article revealed that the phrase *"zhangli shoucheng"* （長吏守丞）, which is frequently used to describe the envoys of annual governmental report （上計） in the historical materials of the Han Dynasty, is not false-used, and the word *"li"* （吏） should not be changed to *"shi"* （史）. This phrase refers to a group of chief officials dispatched by the prefectural government to the capital, and emphasizes the role of *"cheng"* （丞）. The grammar structure of *"zhangli shoucheng"* （長吏守丞） is to use a bigger concept to contain the small one. However, scrutinizing the historical materials seen in wooden slips, it is more common for local prefectures to dispatch low-level subordinate officials to carry on this task, sometimes by giving them the agency titles of *"shoucheng"* （守丞）, *"xingchengshi"* （行丞事）, *"xingshoucheng"* （行守丞）. It not only *shows that "cheng"* （丞） is the normative choice of report envoys at the time, but also shows that this norm has undergone distorted changes in actual implementation.

Key words：*zhangli shoucheng* （長吏守丞）, *shoucheng zhangshi* （守丞長史）, annual reports ［*shangji* （上計）］, *shangji* （上計） envoys

（中央民族大學歷史文化學院）

和秀東東巴文《白地阿明洞遊記》譯釋

甘　露

提　要　阿明靈洞位於雲南香格里拉市三壩納西族鄉白地村，是東巴教的聖地。臺灣故宮博物院原副院長、東巴文研究大師李霖燦先生曾於 1942 年拜謁阿明靈洞並留下墨跡，2005 年李霖燦的兒子李在中尋訪父輩足跡，再次拜謁阿明靈洞。同行的塔城東巴和秀東事後將這次朝山的經過用東巴文記錄下來並譯成漢文，這是目前公開刊佈的第一篇東巴文遊記，有重要的研究價值。本文對遊記進行逐字釋讀翻譯，並從作者和書寫時間，紙張和行款，字頻、字數及文字結構，字詞關係，異體和用字變換，詞彙特色等角度進行初步的研究。

關鍵詞　阿明靈洞　東巴文　遊記

一、引言

2018 年 9 月，臺灣故宮博物院原副院長李霖燦次子李在中撰寫的《朵雲封事》由北京出版社出版，其中《白水台與阿明洞》一文寫於 2005 年 7 月 12 日（李在中，2018：67 - 87），記述了 2005 年 1 月 11 日作者與塔城東巴和秀東等人探訪阿明靈洞的見聞。文末附有和秀東用東巴文寫的《白地阿明洞遊記》及漢譯。

阿明靈洞是雲南香格里拉市三壩納西族鄉白地村白水台對面山上的一個崖洞，據說曾是東巴教第二代祖師阿明什羅修行弘法的地方，因此成為東巴教的聖地。各地的東巴都希望到阿明靈洞拜謁和舉行加威靈儀式，祈求祖師賜予法力。前輩學者洛克（約瑟夫·洛克，1999：177 - 181）以及陶雲逵、李霖燦兩位先生都曾到阿明靈洞考察，李霖燦先生還在洞中留下了一則納漢文字合璧的題詞，並在他的日記中記述了考察情況（喻遂生，2016：66 - 71）。

和秀東東巴，納西族，生於 1980 年 11 月，麗江市玉龍納西族自治縣塔城鄉人，曾用名玉才，東巴法名余得四塔、東玉，為家傳第九代東巴，從小跟着爺爺和順學做東巴，後進入麗江東巴文化研究院跟隨和開祥、和即貴東巴學習，掌握各類東巴祭祀儀式、東巴舞、東巴畫等，19 歲便能獨立主持祭祀儀式。2003 年 1 月、2004 年 12 月曾到美國、中國臺灣交流東巴文化，表演東巴儀式和歌舞。2012 年 6 月被麗江市納西東巴文化傳承協會評為東巴法師。①

　　東巴文應用性文獻自喻遂生先生提出以後（喻遂生，2001：291－303），有關東巴文應用性文獻的收集、整理和研究得到了蓬勃的發展，二十年來取得了喜人的成績。到目前為止，田野調查者在雲南麗江、香格里拉、寧蒗，四川木里、鹽源等地收集到不少地契、賬本、書信、題詞、墓誌銘、日記、歌本、醫書、文書等東巴文應用性文獻（喻遂生，2016：793），但是，還沒有見過用東巴文寫成的遊記，因此，和秀東東巴寫的這份東巴文遊記顯得非常珍貴，有重要的研究價值。同時李在中先生文所載的漢譯僅是撮述大意，並不準確，也不完整。為便於學界使用，本文對其進行詳細的釋讀及初步的研究。

二、遊記字釋

　　下面對這篇遊記進行逐字解釋並翻譯。圖中各行的序碼為筆者所加。字釋中引證的書名用簡稱，書名對照見文末。字典簡稱後的數碼為字在字典中的序號。

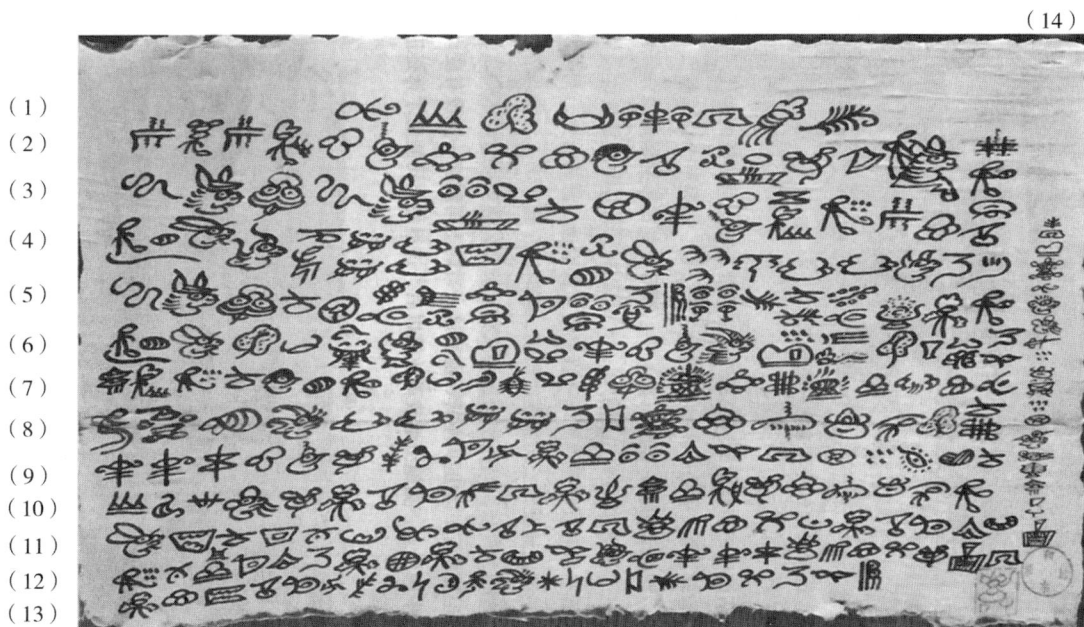

塔城東巴和秀東以東巴文書寫的《白地阿明洞遊記》

1. 字釋

第 1 行：

∞［a³³］啊，象口中出聲之形。

---

　　①　和秀東簡況據“東巴文化保護傳承網”“東巴視界”等網站材料。截至 2017 年 9 月 19 日，經玉龍縣政府授權，麗江市納西東巴文化傳承協會對麗江市範圍內的東巴進行學位資格考核和等級評定，共評出 11 位東巴大法師、62 位東巴法師、100 位東巴傳承員。

〔mi³³〕火。兩字連讀假借作人名〔a³³mi²¹〕阿明，相傳為東巴教第二代祖師。

〔ne³³〕莄米，莄菜的籽實，假借作〔næ³³〕躲藏。莄米一般寫作（《譜》252）。

〔kho³³〕角，假借作洞。四字連讀作〔a³³mi²¹næ³³kho³³〕，直譯是阿明躲藏之洞，一般稱為阿明靈洞。

〔ly²¹〕看，從眼，〔ly³³〕矛聲。《麼象》586作。

〔gə²¹〕上，假借作助詞〔gə³³〕的。

〔ku²¹〕生薑，假借作傳遞。

〔pɯ³³〕艾蒿，假借作故事。《麼標》第2頁："〔pɯ³³〕故事。"兩字連讀作〔ku²¹pɯ³³〕故事。參見《全集》第56卷第251頁。

第2行：

〔dʐu²¹〕墜落，假借作〔dʐv²¹〕同伴，同義換讀作〔dʐɿ³³〕同伴。① 《全集》第87卷第37頁：〔dʐu²¹〕墜落，假借作〔dʐv³³〕夥伴，讀作〔dʐɿ³³dʐv²¹〕，〔dʐɿ³³〕亦夥伴之意。此字形不見於東巴文字典，《麼象》173作："〔ndʐo¹¹〕落下。"

〔zo³³〕男子，從人，〔zo²¹〕甕聲。

〔dʐu²¹〕墜落，假借作〔dʐv²¹〕同伴，同義換讀作〔dʐɿ³³〕同伴。

〔mi⁵⁵〕女子，從女，〔mi³³〕火聲。四字連讀作〔dʐɿ³³zo²¹dʐɿ³³mi⁵⁵〕男女同伴，同伴們。

〔ʂɿ³³〕肉。一般寫作（《譜》747）。

〔tsɿ⁵⁵〕水葫蘆鳥，從鳥，〔tsɿ³³〕系聲。兩字連讀假借作漢語借詞〔ʂɿ²¹dʐɿ³³〕師資，指老師、先生。

〔dɯ²¹〕大。

〔tɕi⁵⁵〕羊毛剪，假借作小。

〔dɯ²¹〕大，假借作一，與量詞連讀時變調作〔dɯ³³〕。一般寫作。

〔hua³³〕白鷳鳥，假借作量詞〔hua⁵⁵〕夥、群。

〔be³³〕做，象以鋤挖物形，假借作狀語助詞。

〔i²¹〕漏，象蛋破流液之形，引申作流。參見《納象》第69頁。

〔kv³³〕蛋，讀〔gv³³〕，假借作彎曲。參見《麼標》第71頁。

〔dy²¹〕地、地方。三字連讀作地名〔i³³gv³³dy²¹〕依古堆，意為江流轉彎的地方，指今麗江壩區。

〔nɯ³³〕心，假借作狀語助詞。

〔tse⁵⁵be³³〕斧頭，斧為鐵做成，借形作〔ʂu²¹〕鐵。

〔ʐua³³dzæ³³〕騎馬。兩字連讀作〔ʂu²¹ʐua³³dzæ³³〕騎鐵馬，即坐汽車。

〔dzæ³³〕富裕，象糧倉滿溢之形，此處為〔dzæ³³〕騎標音。

---

① 關於東巴文的同義換讀，參看喻遂生（2018）。

𐰀 ［pu⁵⁵］帶、送，假借作表時態的助詞着。《納象》第81頁："［pu⁵⁵］攜帶。假借：［pu⁵⁵］着，時態助詞。"

第3行：

𐰀 ［bər²¹］繩子。

𐰀 ［dər²¹］騾子。兩字連讀假借作地名［bər³³dər³³］白地。

𐰀 ［pa³³］青蛙，假借作到。

𐰀 ［bər²¹］繩子。

𐰀 ［dər²¹］騾子。兩字連讀假借作地名［bər³³dər³³］白地。

𐰀 ［dy²¹］地、地方。

𐰀 ［ȵə²¹］眼睛，假借作方位詞裏、上。

𐰀 ［thv²¹］桶，假借作［thv³³］到。

𐰀 ［tʂhʅ³³］吊，假借作這。

𐰀 ［ȵi³³］太陽，引申作量詞天、日。

𐰀 ［li³³］法輪，假借作漢姓李。

𐰀 ［ʂʅ³³］肉。

𐰀 ［tsʅ⁵⁵］水葫蘆鳥，從𐰀鳥，𐰀［tsʅ³³］系聲。兩字連讀假借作漢語借詞［ʂʅ²¹dzʅ³³］師資。

𐰀 ［tha²⁴］哥巴文，他。參見《譜》第394頁。

𐰀 ［mi⁵⁵］女兒，從𐰀女，𐰀［mi³³］火聲。

𐰀 ［ŋə²¹］我，從𐰀我（從人自指），𐰀［ŋə³³］五（藏音）聲。

𐰀 ［dʐu²¹］墜落，假借作［dʐv²¹］同伴，同義換讀作［dʐʅ³³］同伴。

𐰀 ［duɯ²¹］大，假借作一，與量詞連讀時變調作［duɯ³³］。一般寫作𐰀。

𐰀 ［hu²¹］夜晚，字形倒置與𐰀月亮相區別，假借作量詞［hua⁵⁵］夥、群。

𐰀 ［be³³］做，象以鋤挖物形，假借作狀語助詞。

第4行：

𐰀 ［dʑi³³］走，從𐰀走，𐰀［dʑi³³］酒藥聲。

𐰀 ［le³³］獐子，假借作又。

𐰀 ［bər²¹］牦牛。

𐰀 ［phər²¹］解開。

𐰀 ［tɯ³³］起身。三字連讀假借作地名［bər³³phər²¹tɯ³³］白水台，為一處巨大的泉華地貌，為白地東巴文化名勝之一。

𐰀 ［ly²¹］看。

𐰀 ［ly²¹］看。兩字連讀作［ly³³ly²¹］看看，表示動作的延續和反復進行。《常》第201頁："［ly³³ly³¹］觀看、觀望。"

𐰀 ［bv³³］鍋，假借作鑽進、進入。

[bv³³] 鍋，假借作鑽進、進入。兩字連讀作 [bv³³ bv²¹]，《常》第 39 頁："[bv³³ bv³¹] 鑽出鑽進。" 此處有進進出出、逛來逛去的意思。

[hɯ³³] 牙齒，假借作去。

[ŋə²¹] 我，從 我（從人自指），[ŋə³³] 五（藏音）聲。

[i²¹] 漏，象蛋破流液之形，假借作連接主謂的助詞。

[dʐi³³] 酒藥，假借作走。

[le³³] 獐子，假借作又。

[be³³] 雪，假借作村莊。

[ko⁵⁵] 哥巴文，之間。

[bv³³] 鍋，假借作鑽進、進入。

[bv³³] 鍋，假借作鑽進、進入。兩字連讀作 [bv³³ bv²¹]，有進進出出、逛來逛去的意思。

[khɯ³³] 狗，假借作 [khɯ⁵⁵] 去。

[se²¹] 哥巴文，了。

[me³³] 哥巴文，句尾語氣詞。

第 5 行：

[bər²¹] 繩子。

[dər²¹] 騾子。兩字連讀假借作地名 [bər³³ dər³³] 白地。

[pa³³] 青蛙，假借作到。

[tʂhɿ³³] 吊，假借作這。

[ɲi³³] 太陽，引申作量詞天、日。

[tʂhu²¹] 珠串，假借作晚飯。

[dzɿ³³] 吃，象張口食物之形。又作 （《譜》241）。

[ho²¹] 肋骨，假借作遲。

[i²¹] 漏，象蛋破流液之形，假借作 [i³³] 語氣詞。

[dɯ²¹] 大，假借作一，與量詞連讀時變調作 [dɯ³³]。

[ha⁵⁵] 夜晚，以倒置與 [he³³] 月相區別。

[the³³] 旗子，假借作 [the²¹] 這。《納象》第 74 頁："[the²¹] 這裏，這兒。"

[ŋə²¹] 眼睛，假借作方位詞裏。

[ha⁵⁵] 夜晚，假借作 [ha⁵⁵] 住宿。

[se²¹] 哥巴文，了。

[me³³] 女陰，假借作句尾語氣詞。

分段符號。一般置於段首，從本文看，是置於段尾。

[miə²¹] 眼睛。

[do²¹] 見。兩字連讀作 [miə²¹ do²¹] 天亮、黎明，字面義為眼見。《常》第 225

頁："〔miə³¹do³¹〕天亮，黎明。"

　　⬚〔mæ⁵⁵〕尾巴，引申作以後。

　　⬚〔tʂhʅ³³〕吊，假借作這。

　　⬚〔so²¹〕大秤，假借作早晨。

　　⬚〔tshʅ³³〕溫泉，假借作早飯。

　　⬚〔dʑʅ³³〕吃，象張口食物之形。又作⬚（《譜》764）。

　　⬚〔le⁵⁵〕茶，從⬚碗盛水，哥巴文⬚〔le⁵⁵〕聲。

　　⬚〔tɕə²¹〕麻風，假借作〔tɕə⁵⁵〕煮。

　　⬚〔pu⁵⁵〕帶、送，假借作表時態的助詞着。

第6行：

　　⬚〔dʑi³³〕走，從⬚走，⬚〔dʑi³³〕酒藥聲。

　　⬚〔le³³〕獐子，假借作又。

　　⬚〔ne³³〕莧米，莧菜的籽實，假借作〔næ³³〕躲藏。

　　⬚〔kho³³〕角，假借作洞。兩字連讀作〔næ³³kho³³〕靈洞。

　　⬚〔le³³〕哥巴文，又。

　　⬚〔ly²¹〕看，從⬚眼，⬚〔ly³³〕矛聲。

　　⬚〔huɯ⁵⁵〕去，從⬚腳，⬚〔khuɯ³³〕狗聲。

　　⬚〔dʑi³³〕酒藥，假借作走。

　　⬚〔le³³〕哥巴文，又。

　　⬚〔tho⁵⁵〕山岡，從⬚坡，⬚〔to³³〕木板聲。

　　⬚〔khuɯ³³〕腳，引申指坡腳。

　　⬚〔thv²¹〕桶，假借作〔thv³³〕到。

　　⬚〔li³³〕法輪，假借作漢姓李。

　　⬚〔ʂʅ³³〕肉。

　　⬚〔tsʅ⁵⁵〕水葫蘆鳥，從⬚鳥，⬚〔tsʅ³³〕系聲。兩字連讀假借作漢語借詞〔ʂʅ²¹dzʅ³³〕師資。

　　⬚〔i³³〕山騾，假借作助詞。

　　⬚〔tʂhua⁵⁵〕六，假借作登、爬。

　　⬚〔tho⁵⁵〕山岡，從⬚坡，⬚〔to³³〕木板聲。

　　⬚〔sa⁵⁵〕氣。

　　⬚〔lər²¹〕喊、叫，兩字連讀作〔sa⁵⁵lər²¹〕喘氣。《納漢》第1015頁："sallərq喘氣。"

　　⬚〔ne³³〕莧米，假借作〔ne²¹〕正在。

　　⬚〔to³³〕木板，假借作〔tho⁵⁵〕山岡。

　　⬚〔khuɯ³³〕腳，引申指坡腳。

[ɕy⁵⁵] 柏樹，假借作 [ɕə²¹] 休息。原譯文："李老師喘氣走不動了，我們只好丟下了他，閒在那裏。"《譜》第441頁："[ɕə²¹] 閒、休息。""閒"是漢語借詞，原意為閒聊、閒耍。"[ɕy⁵⁵] 柏樹"與"[ɕə²¹] 休息"音差異較大，但東巴經中有此兩音通假的用例。如《全集》第90卷第75頁借"[ɕy⁵⁵] 柏樹"表示"[ɕə⁵⁵mi³³] 餌塊"。

[se²¹] 哥巴文，了。

[iə²¹] 煙葉，假借作助詞，表示某種情形存在。參見《納象》第72頁。

第7行：

[tha⁵⁵] 塔，假借作 [tha²⁴] 他。

[mi⁵⁵] 女兒，从女，[mi³³] 火聲。

[ŋə²¹] 我，从我（从人自指），[ua³³] 五（藏音）聲。

[tʂhɿ³³] 吊，假借作這。

[hua³³] 白鷳鳥，假借作量詞 [hua⁵⁵] 夥、群。

[dʑi³³] 酒藥，假借作走。

[pu⁵⁵] 帶、送，假借作表時態的助詞着。

[ne³³] 莫米，假借作 [næ³³] 躲。

[kho³³] 角，假借作洞。兩字連讀作 [næ³³kho³³] 靈洞。

[lo²¹] 谷，假借作里。

[lɯ⁵⁵] 牛虱，假借作助詞。參見《納象》第77頁。

[thv²¹] 桶，假借作 [thv³³] 到。

[tʂhu²¹] 珠子。

[pa³³] 青蛙。兩字連讀作假借作 [tʂhu⁵⁵pa³³] 天香。《納象》第160頁："[tʂhu⁵⁵pa³³] 供奉給神靈的桑煙，俗稱天香。""桑"為藏語借詞，意為淨、淨化，燒天香時焚燒柏樹枝葉等，以其煙除穢迎神。

[tʂhu²¹pa³³dʑi⁵⁵] 燒天香，从柏樹（橫置），从煙、火。因前面已有 [tʐhu⁵⁵pa³³] 天香，後面還有 [dʑi⁵⁵] 燒字，音義重複，此處不讀出。

[dɯ²¹] 大，假借作一，與量詞連讀時變調作 [dɯ³³]。

[kha²¹] 柵欄，假借作 [kha²¹] 時刻。兩字連讀作 [dɯ³³kha²¹] 一時、一會兒。參見《納漢英》第91頁。

[dʑi⁵⁵] 燒，从火，[dʑi³³] 酒藥聲。

[lv³³] 石頭。

[pv⁵⁵] 甌子。兩字連讀假借作 [lv⁵⁵pv³³] 磕頭禮。參見《納漢》第712頁。

[dɯ²¹] 大，假借作一，與量詞連讀時變調作 [dɯ³³]。一般寫作。

[kha³³] 苦，假借作 [kha²¹] 時刻。兩字連讀作 [dɯ³³kha²¹] 一時、一會兒。

第8行：

[tshɿ⁵⁵] 跪。

　　𐠮　［ty³³］敲擊，引申作磕、叩。

　　𐠮　［phi²¹］腿。

　　𐠮　［se²¹］岩羊。兩字連讀假借作［phi⁵⁵se²⁴］以後。

　　𐠮　［bv³³］鍋，假借作鑽進、進入。

　　𐠮　［bv³³］鍋，假借作鑽進、進入。兩字連讀作［bv³³bv²¹］鑽進鑽出，阿明靈洞有相鄰的兩個洞，有一個洞有上下兩層，所以說“［bv³³bv²¹］鑽出鑽進”。

　　𐠮　［ly²¹］看。

　　𐠮　［ly²¹］看。兩字連讀作［ly³³ly²¹］看看，表示動作的延續和反復進行。

　　𐠮　［se²¹］哥巴文，了。

　　𐠮　［khu³³］門。

　　𐠮　［tho²¹］拓模，做餅子的模具。兩字連讀假借作［kho³³tho²¹］背後、之後。《納象》第89頁：“［kho³³tho²¹］之後，背後。”

　　𐠮　［o²¹］綠松石，假借作魂、影子。

　　𐠮　［khv³³］收割，引申作收、攝。兩字連讀作［o²¹khv³³］攝魂，即攝影、照相。

　　𐠮　［he³³］月亮，假借作魂、影子。

　　𐠮　［næ³³］躲、藏。兩字連讀作［he³³næ³³］藏魂，即攝影、照相。

　　𐠮　［ne³³］莨米，假借作［ne²¹］正在。

　　𐠮　［tʂʅ³³］吊，假借作這。

　　𐠮　［kho²¹］柵欄，假借作［kho⁵⁵］之間。

第9行：

　　𐠮　［li³³］法輪。

　　𐠮　［li³³］法輪。

　　𐠮　［tshæ⁵⁵］木工鑽，三字連讀作［li³³li²¹tshæ⁵⁵］李霖燦，為李霖燦先生的納西語譯名。

　　𐠮　［ʂʅ³³］肉。

　　𐠮　［tsʅ⁵⁵］水葫蘆鳥，從𐠮鳥，𐠮［tsʅ³³］系聲。兩字連讀假借作漢語借詞［ʂʅ²¹dzʅ³³］師資，意為老師、先生。

　　𐠮　［nɯ³³］心，假借作主語助詞。

　　𐠮　［mɯ⁵⁵］竹子，假借作墨，漢語借詞。

　　𐠮　［na²¹］哥巴文，黑。兩字連讀作［mɯ⁵⁵na²¹］墨，直譯為黑墨，為漢語、納西語合璧式合成詞。

　　𐠮　［the³³］旗子。

　　𐠮　［ɣɯ³³］好。兩字連讀假借作［the³³ɣɯ³³］文字。

　　𐠮　［tɕə³³］麻風，假借作［tɕə⁵⁵］痕跡、文字。

　　𐠮　［lv³³］石。

　　𐠮　［ŋə²¹］眼睛，假借作方位詞裏、上。

△ ［tshɿ³³］ 犁鏵，假借作 ［tshɿ⁵⁵］ 刻印、寫（字）、留（痕）。《常》第 46 頁："［tshɯ⁵⁵］ 刻，印。［dzy³¹tshɯ⁵⁵］ 寫字。［tɕiə⁵⁵tshɯ⁵⁵］ 留痕。"

～ ［iə²¹］ 煙葉，假借作塗抹。

◎ ［gə²¹］ 上，假借作助詞 ［gə³³］ 的。

◎ ［ȵi³³me³³］ 太陽，引申作 ［ȵi⁵⁵］ 日子。

∴ ［ua³³］ 五，假借作 ［ȵi⁵⁵ua³³］ 日子、日期的第二音節。兩字連讀作 ［ȵi⁵⁵ua³³］ 日子、日期。參見《常》第 246 頁。

◉ ［dʐɿ²¹］ 時間。造字理據無定論，參見《麽象》第 114－116 號。

◎ ［khə⁵⁵］ 籃子，假借作 ［dʐɿ²¹khə²¹］ 時間的第二音節。兩字連讀作 ［dʐɿ²¹khə²¹］ 時間。參見《納漢英》第 321 頁。

⌇ ［tʂɿ³³］ 吊，假借作這。

第 10 行：

⩏ ［mi³³］ 火。

♌ ［kuə⁵⁵］ 刮刀。兩字連讀假借作 ［mi²¹kuə²⁴］ 民國。

✶ ［sɿ³³tshər²¹］ 三十。十本作乄，經書中常寫作十，因此，三十寫作✶。石上墨跡實際是"（民國）卅一年"，即 1942 年。

◈ ［fv⁵⁵］ 鼠，鼠為十二生肖之首，借形作 ［khv⁵⁵］ 年。

◈ ［nɯ³³］ 心，假借作狀語助詞。

◈ ［tɕə³³］ 麻風，假借作 ［tɕə⁵⁵］ 痕跡、文字。

◈ ［be³³］ 做。

◈ ［the³³］ 旗子，假借作助詞 ［the²¹］，置於動詞之前表示動作的狀態。參見《納漢英》第 369 頁。

◈ ［tshɿ²¹］ 鬼，假借作 ［tshɿ⁵⁵］ 刻印、寫（字）、留（痕）。

◈ ［gə²¹］ 上，假借作助詞 ［gə³³］ 的。

◈ ［tɕə³³］ 麻風，假借作 ［tɕə⁵⁵］ 痕跡、文字。

◈ ［thɯ²¹］ 飲，假借作 ［thɯ³³］ 那。

◈ ［tha⁵⁵］ 塔，假借作 ［tha²⁴］ 他。

◈ ［lv³³］ 石，假借作 ［lv³³me³³］ 孫女的第一個音節。

◈ ［me³³］ 女，從◈女，◈ ［me³³］ 雌聲。兩字連讀作 ［lv³³me³³］ 孫女。

◈ ［nɯ³³］ 心，假借作主語助詞。

◈ ［o²¹］ 綠松石，假借魂、影子。

◈ ［khv³³］ 收割，引申作收、攝。兩字連讀作 ［o²¹khv³³］ 攝魂，即攝影、照相。

◈ ［he³³］ 月亮，假借作魂、影子。

◈ ［næ³³］ 躲、藏。兩字連讀作 ［he³³næ³³］ 藏魂，即攝影、照相。

◈ ［pu⁵⁵］ 帶、送，假借作表時態的助詞着。

第 11 行：

〔le³³〕獐子，假借作又。

〔huɯ³³〕齒，假借作去。

〔tʂhŋ³³〕吊，假借作這。

〔ta⁵⁵〕櫃子，假借作僅、只。

〔la³³〕哥巴文，也。

〔mə³³〕不。

〔za²¹〕彗星，假借作僅、只。五字連讀作〔tʂhŋ³³ta⁵⁵la³³mə³³za²¹〕不僅是這樣。參見《納漢》第 148 頁。

〔a³³〕呵，象口出氣之形。

〔be³³〕做。

〔ʂə⁵⁵〕哥巴文，字符借漢字"上"。

〔be³³〕做。四字連讀假借作〔ə²¹be³³ʂə⁵⁵be³³〕古時候、昔日。參見《譜》第 476 頁、《麼標》第 78 頁。

〔gə²¹〕上，假借作助詞〔gə³³〕的。

〔py³³bv²¹〕東巴。

〔bv²¹〕匍匐，為〔py³³bv²¹〕東巴的第二音節標音。

〔dɯ²¹〕大。一般寫作👁。

〔tɕi⁵⁵〕羊毛剪，假借作小。

〔nɯ³³〕哥巴文，主語助詞。

〔tɕə³³〕麻風，假借作〔tɕə⁵⁵〕痕跡、文字。

〔be³³〕做。

〔the³³〕旗子，假借作助詞〔the²¹〕，置於動詞之前表示動作的狀態。

〔tshŋ³³〕犁鏵，假借作〔tshŋ⁵⁵〕刻印、寫（字）、留（痕）。

〔dʑy²¹〕手鐲，假借作有。

第 12 行：

〔ŋə²¹〕我，从我（从人自指），〔ua³³〕五（藏音）聲。

〔la³³〕哥巴文，也。

〔lv³³〕石。

〔tɕər³³〕頸子，假借作上。

〔the³³〕旗子，假借作助詞〔the²¹〕，置於動詞之前表示動作的狀態。

〔tshŋ³³〕犁鏵，假借作〔tshŋ⁵⁵〕刻印、寫（字）、留（痕）。

〔se²¹〕哥巴文，了。李在中文"和秀東在洞內石壁上寫了些東巴文祝詞"可以印證此句。

〔tɕə³³〕麻風，假借作〔tɕə⁵⁵〕痕跡、文字。

〔mu²¹〕簸箕，假借作〔mu³³〕助詞。

𓃻　[tɕə³³] 麻風，假借作 [tɕə⁵⁵] 痕跡、文字。

𓆏　[tʂhɿ³³] 吊，假借作這。

𓆱　[dʑy²¹] 手鐲，假借作有。兩字連讀作 [tʂhɿ³³dʑy³³] 所有。五字連讀作 [tɕə⁵⁵mu³³tɕə⁵⁵tʂhɿ³³dʑy³³] 所有文字。《納漢英》第 69 頁、《常》第 326 頁 "所有人" 作 [xi³³me³³xi³³tʂhɯ³³ndʑy³³]，格式與此相同。

𓃠　[iə²¹] 煙葉。

𓆧　[çə³³tɕhy²¹] 大鵬鳥。

𓆭　[tsha⁵⁵] 咬，從口咬，𓆰 [tshe³³] 鹽聲。三字連讀假借作東巴名 [iə²¹çə²⁴tsha³³] 楊學才。其中大鵬鳥只借其第一音節 [çə³³]，為截取式假借。

𓀓　[li³³] 法輪。

𓀔　[li³³] 法輪。

𓀕　[tshæ⁵⁵] 木工鑽，三字連讀假借作 [li³³li²¹tshæ⁵⁵] 李霖燦。

𓀗　[py³³bv²¹] 東巴。

𓀘　[bv²¹] 匍匐，為 [py³³bv²¹] 東巴的第二音節標音。

𓀙　[dɯ²¹] 大。一般寫作𓀚。

𓀛　[tɕi⁵⁵] 羊毛剪，假借作小。

𓀜　[nɯ³³] 心，假借作主語助詞。

𓀝　[pər⁵⁵] 寫。

𓀞　[gə²¹] 上，假借作助詞 [gə³³] 的。

第 13 行：

𓃻　[tɕə³³] 麻風，假借作 [tɕə⁵⁵] 痕跡、文字。

𓀙　[dɯ²¹] 大，假借作一。一般寫作𓀚。

𓀟　[hɯ³³] 牙齒，假借作量詞 [hu³³] 些。

𓀠　[be³³] 做。

𓀡　[the³³] 旗子。

𓀢　[ɣɯ³³] 好。兩字連讀假借作 [the³³ɣɯ³³] 文字。

𓀣　[mɯ⁵⁵] 竹子，假借作墨，漢語借詞。

𓀤　[na²¹] 哥巴文，黑。兩字連讀作 [mɯ⁵⁵na²¹] 墨，直譯為黑墨，為漢語、納西語合璧式合成詞。

𓀥　[tʂhər⁵⁵] 代。傅懋勣認為 "字象世代階梯之意"（傅懋勣，1948：19）。此字前應寫掉了 "𓀦 [tv²¹] 千" 或者 "𓀧 [kɯ²¹] 萬" 字。

𓀨　[mə³³] 不。

𓀩　[bɯ²¹] 絕。

𓀪　[se²¹] 岩羊，假借作語氣詞了。

𓀦　[tv²¹] 千。

ㄣ〔tʂhər⁵⁵〕代。

ᴗ〔kho³³〕角，假借作聲音、名聲。

ㄩ〔khu³³〕門，假借作話語。兩字連讀作〔kho³³ khu³³〕古言、傳說、諺語。參見《常》第 180 頁、《麼標》第 69 頁。

⚘〔mæ³³〕尾巴，引申作以後。

ᴔ〔the³³〕旗子，假借作助詞〔the²¹〕，置於動詞之前表示動作的狀態。

ᴕ〔tɕi⁵⁵〕羊毛剪，假借作留存。

ʒ〔se²¹〕哥巴文，了。

⌐〔iə²¹〕煙葉，假借作助詞，表示某種情形存在。

ᴘ分段符號。一般置於段首，從本文看，是置於段尾。

第 14 行：

⚘〔sər³³〕木，五行之一。

⚲〔gə²¹〕上，假借作助詞〔gə³³〕的。

ᴗ〔bu²¹〕坡。

⚞〔tho²¹〕拓模，做餅子的模具。兩字連讀假借作〔bu³³ tho²¹〕布托，是用五行和十二生肖相配為六十的紀年方法，可意譯為花甲。

⚬〔a³³〕呵，象口出氣之形，假借作詞頭阿。

⚭〔y²¹〕猴子。兩字連讀作〔ə³³ y²¹〕猴子。

⚯〔fv⁵⁵〕鼠，鼠為十二生肖之首，借形作〔khv⁵⁵〕年。六字連讀作〔sər²¹ gə³³ bu³³ tho²¹ a³³ y²¹ khv⁵⁵〕花甲木猴年。與本文相關的木猴年是 2004 年 1 月 22 日至 2005 年 2 月 8 日甲申猴年。

⚮〔da⁵⁵〕砍。

⁝⁝〔ua³³〕五。兩字連讀假借作〔da³³ ua³³〕臘月。

⚱〔he³³〕月亮，引申作月份。三字連讀作〔da³³ ua³³ he³³〕臘月。

⚲〔tshe³³〕鹽。

⚳〔do²¹〕見。兩字寫作合文⚴，假借作表農曆日數的〔tshe³³ do²¹〕初。

⁝⁝⁝〔ua³³〕五。

⚵〔ȵi³³〕太陽，引申作量詞天、日。

⚶〔y²¹〕羊。

⚷〔te²¹〕剪刀。

⚸〔sɿ⁵⁵〕家神，像家神簍子。

⚹〔tha⁵⁵〕塔。四字連讀假借作和秀東的東巴法名〔y²¹ te²¹ sɿ⁵⁵ tha⁵⁵〕余得四塔。

ᴅ〔to³³〕木板。

⌐〔y²¹〕哥巴文。兩字連讀假借作和秀東的東巴法名〔to³³ y²¹〕東玉。

⚺〔pər⁵⁵〕寫。

◎漢字印章：和秀東印。

◎東巴文印章：🖼 ［to³³ba²¹］東巴。🖼 ［to³³］木板。🖼 ［y²¹］哥巴文。三字連讀作 ［to³³ba²¹to³³y²¹］東巴東玉。

2. 全文標音

（1）

a³³	mi²¹	næ³³	kho³³	ly²¹	gə³³	ku²¹	pɯ³³
阿	明	靈	洞	看	的	故	事。

（2）

dzɿ³³	zo³³	dzɿ³³	mi⁵⁵	ʂʅ²¹	dzɿ³³	dɯ²¹	tɕi⁵⁵	dɯ³³	hua⁵⁵	be³³	i³³
同伴	男	同伴	女	老師		大	小	一	夥	（助）	依

gv³³	dy²¹	nɯ³³	ʂu²¹	ʐua³³	dzæ³³	pu⁵⁵
古	堆	（助），	鐵	馬	騎	着

（3）

bər³³	dər³³	pa³³	bər³³	dər³³	dy²¹	ȵə²¹	thv³³	tʂʅ³³	ȵi³³	li³³	ʂʅ²¹
白	地	到。	白	地	地方	上	到	這	天，	李	老

dzɿ³³	tha²⁴	mi⁵⁵	ŋə²¹	dzɿ³³	dɯ³³	hua²¹	be³³
師	他	女兒	我	同伴	一	夥	（助），

（4）

dzi³³	le³³	bər³³	phər²¹	tɯ³³	ly³³	ly²¹	bv³³	bv²¹	hɯ³³	ŋə²¹	i²¹
走	又	白	水	台	看	看	逛	逛	去。	我	（助）

dzi³³	le³³	be³³	ko⁵⁵	bv³³	bv²¹	khɯ⁵⁵	se²¹	me³³
走	又	村	間	逛	逛	去	了	（語）。

（5）

bər³³	dər³³	pa³³	tʂʅ³³	ȵi³³	tʂhu²¹	dzɿ³³	ho²¹	i³³	dɯ³³	ha⁵⁵	the²¹
白	地	到	這	天，	晚飯	吃	遲	（語），	一	夜	這

ȵə²¹	ha⁵⁵	se²¹	me³³	miə²¹	do²¹	mæ⁵⁵	tʂhʅ³³	so²¹	tshɿ³³	dzɿ³³	le⁵⁵	tɕə⁵⁵	pu⁵⁵
裏	住宿	了	（語）。	天	亮	後，	這	早晨	早飯	吃	茶	煮	着。

（6）

dzi³³ le³³ næ³³ kho³³ le³³ ly²¹ hɯ⁵⁵ dzɿ³³ le³³ tho⁵⁵ khɯ³³ thv³³ li³³
走　又　靈　洞　又　看　去。　走　又　山岡　腳　到，李

ʂɿ²¹ dzɿ³³ i³³ tho⁵⁵ tʂhua⁵⁵ sa⁵⁵ lər²¹ ne²¹ tho⁵⁵ khɯ³³ ɕə²¹ se²¹ iə²¹
老　師　（助）山岡　爬　氣　喊　　正，山岡　腳　休息　了（助）。

（7）

tha²⁴ mi⁵⁵ ŋə²¹ tʂhɿ³³ hua⁵⁵ dzi³³ pu⁵⁵ næ³³ kho³³ lo²¹ lɯ⁵⁵ thv³³ tʂhu⁵⁵
他　女兒　我　這　夥　走　着　靈　洞　裏（助）到，天

pa³³ dɯ³³ kha²¹ dzi⁵⁵ lv⁵⁵ pv³³ dɯ³³ kha²¹
香　一　時　燒，　磕頭　一　時

（8）

tʂhɿ⁵⁵ ty³³ phi⁵⁵ se²⁴ bv³³ bv²¹ ly³³ ly²¹ se²¹ kho³³ tho²¹ o²¹ khv³³
跪　磕　以後　鑽　鑽　看　看　了。　以後　魂　收

he³³ næ³³ ne²¹ tʂhɿ³³ kho⁵⁵
魂　藏　正　這　間，

（9）

li³³ li²¹ tʂhæ⁵⁵ ʂɿ²¹ dzɿ³³ nɯ³³ mɯ⁵⁵ na²¹ the³³ yɯ³³ tɕə⁵⁵ lv³³
李　霖　燦　先　生（助）墨　黑　文　字　痕　跡　石

n̩ə²¹ tʂhɿ⁵⁵ iə²¹ gə³³ n̠i⁵⁵ ua³³ dʐɿ²¹ khə²¹ tʂhɿ³³
上　留。塗　的　日　期　時　間　這，

（10）

mi²¹ kuə²⁴ sɿ³³ tʂhər²¹ khv⁵⁵ nɯ³³ tɕə⁵⁵ be³³ the²¹ tʂhɿ⁵⁵ gə³³ tɕə⁵⁵
民　國　三十　年（助）字　做（助）寫　的　字

thɯ³³ tha²⁴ lv³³ me³³ nɯ³³ o²¹ khv³³ he³³ næ³³ pu⁵⁵
那。他　孫　女（助）魂　收　魂　藏　着

（11）

le³³ hɯ³³ tʂʅ³³ ta⁵⁵ la³³ mə³³ za²¹ a²¹ be³³ ʂə⁵⁵ be³³ gə³³
又 去。 這 僅 也 不 止， 古 時 候 的

py³³ bv²¹ dɯ²¹ tɕi⁵⁵ nɯ³³ tɕɵ⁵⁵ be³³ the²¹ tshʅ⁵⁵ dzy²¹
東 巴 大 小 （助） 字 做 （助） 寫 有。

（12）

ŋə²¹ la³³ lv³³ tɕər³³ the²¹ tshʅ⁵⁵ se²¹ tɕɵ⁵⁵ mu³³ tɕɵ⁵⁵ tʂʅ³³ dzy³³
我 也 石 上 （助） 寫 了。 字 （助） 字 所 有，

iə²¹ gə²⁴ tsha³³ li³³ li²¹ tshæ⁵⁵ py³³ bv²¹ dɯ²¹ tɕi⁵⁵ nɯ³³ pər⁵⁵ gə³³
楊 學 才 李 霖 燦 東 巴 大 小 （助） 寫 的。

（13）

tɕɵ⁵⁵ dɯ²¹ hu³³ be³³ the³³ yɯ³³ mɯ⁵⁵ na²¹ tʂər⁵⁵ mə³³ bɯ²¹ se²¹
字 一 些 做 文 字 墨 黑， 代 不 絕 了，

tv²¹ tʂər⁵⁵ kho³³ khu³³ mæ³³ the²¹ tɕi⁵⁵ se²¹ iə²¹
千 代 古 語 後 （助） 留 了 （助）。

（14）

sər²¹ gə³³ bu³³ tho²¹ a³³ y²¹ khv⁵⁵ da³³ ua³³ he³³ tshe³³ do²¹
木 的 花 甲 猴 年 臘 月 初

ua³³ ɲi³³ y²¹ te²¹ sʅ⁵⁵ tha⁵⁵ to³³ y²¹ pər⁵⁵
五 日 余 得 四 塔 東 玉 寫。

3. 譯文

（1）參觀阿明靈洞的故事。（2）（我們）男女同伴和大小老師一群人，從依古堆坐着汽車（3）到了白地。到白地這天，李老師、他女兒（和）我們同伴一群人，（4）走到白水台去看看逛逛。我又到村子裏去逛了逛。（5）到白地這天，吃晚飯遲了，在這裏住了一夜。天亮後，這天早上早飯煮了茶吃。（6）（然後）走路去看靈洞。走到坡腳，李老師爬坡喘氣，就在坡腳休息了。（7）他的女兒（和）我們這群人，走到靈洞裏，一會兒燒天香，一會兒（8）下跪磕頭，然後鑽進鑽出看看。其後，正在攝影之際，（9）（發現了）李霖燦先生在石頭上留下的墨書字痕。這書寫的時間，（10）是民國三十年寫的那些字。他的孫女照了相。（11）不僅如此，還有過去大小東巴寫的字。（12）我也在石頭上寫了。所有的字，楊學才、李霖燦大小東巴寫的（13）一些文字墨跡，（萬）代不絕，古語名言往後

千代留存。(14) 花甲木猴年臘月初五日余得四塔東玉書。

三、遊記研究

楊仲鴻《從美國人駱克博士的納西族文字教師和華亭的兩則日記談納西族文獻的豐富》一文所載的和華亭日記，記載了和華亭和洛克在麗江、永寧各地收集東巴經和從麗江到昆明的經歷（喻遂生，2003：270－271），該日記雖說有遊記的性質，但因其記載的時間從1932年到1936年，主要是對日常工作的記錄，不能算作嚴格意義上的日記或遊記。因此，和秀東東巴所作的《阿明靈洞遊記》是我們目前所見的唯一的遊記。這篇遊記共291字，詳細記錄了拜謁阿明靈洞的人物和經過，詳細生動，還有簡短的議論，反映了東巴文在應用性文獻使用中的新面貌，下面對這篇遊記作一些初步的研究。

1. 作者和書寫時間

這篇遊記作者署名的譯音應為"余得四塔東玉"，李在中先生文寫作"余竿士他東玉"，"竿"當為"得"字之誤。開始我們認為"余得四塔"是和秀東的納西名，但"東巴視界"網介紹其法名為"余得四塔"，而"東玉"是東巴法名典型的"東×"形式，這說明和秀東有兩個法名。一個東巴有兩個法名的情況是有的，如麗江魯甸著名大東巴和世俊的法名為"梭補余登"和"東仔"，在《全集》第11卷第126頁跋語中的自稱就是"東巴梭補余登東仔"。

遊記寫於"花甲木猴年臘月初五日"，木猴年是藏曆，相當於農曆的甲申年，與本文相關的甲申年臘月初五日，是2005年1月14日，李在中先生文記載他們到阿明靈洞是2005年1月11日，說明這篇遊記是事後第三天寫的，應該記憶清晰，真實可信。

2. 紙張和行款

從照片看，遊記寫在一整張未經裁剪的東巴紙上，具體尺寸不詳。書寫行款沒有按照東巴經分欄分格的方式，而是橫行從左到右總體成線性排列。全文14行，標題1行，正文12行，最後1行署名和時間因篇幅限制改為在紙的右緣豎行書寫，而且字寫得較小。在橫行排列中，也有少量詞語的字作"品"字形或上下排列，如⿰依古堆（麗江，2行）、⿰到地方上（3行）、⿰老師（3行）、⿰他女兒（3行）、⿰看看（4行）、⿰逛逛（4行）、⿰天亮（5行）、⿰喘氣（6行）、⿰石頭上（12行）等。當然也有個別作上下排列的字不是一個詞或詞組，如⿰了嘛（5行）、⿰走又（6行）等。另外，遊記還用了兩個不讀音的段落符號▮，都置於段尾，這與一般東巴文獻段落符號置於段首不同，比較特殊。

3. 字頻、字數及文字結構

按字頻統計，遊記共用字291次，其中東巴文273次，佔總次數的93.81%，哥巴文18次，佔總次數的6.19%。

按字頭統計，共用不同的字132字。其中哥巴文10字、18次（字後括弧內為次數，1次不標，下同）：⿰[se²¹]（6）、⿰[le³³]（2）、⿰[na²¹]（2）、⿰[la³³]（2）、⿰

〔tha²⁴〕、🔣〔ko⁵⁵〕、🔣〔me³³〕、🔣〔ʂ⁵⁵〕、🔣〔nɯ³³〕、🔣〔y²¹〕。

東巴文 122 字、273 次。其中象形字 83 字、191 次，佔東巴文總字數的 68.03%、總次數的 69.96%。出現 5 次以上的有：🔣大（9）、🔣麻風病（8）、🔣旗子（7）、🔣高（6）、🔣法輪（6）、🔣鍋（6）、🔣莧米（5）、🔣心（5）。

指事字 4 字、6 次，佔東巴文總字數的 3.28%、總次數的 2.20%。有 🔣五（3）、🔣六、🔣三十、🔣千。

會意字 22 字、52 次，佔東巴文總字數的 18.03%、總次數的 19.05%。如：🔣吊（8）、🔣做（7）、🔣送（4）、🔣墜（3）、🔣漏（3）、🔣藏（2）、🔣寫（2）、🔣騎馬、🔣敲擊、🔣砍等。

形聲字 13 字、24 次，佔東巴文總字數的 10.66%、總次數的 8.79%。有：🔣我（4）、🔣水葫蘆鳥（4）、🔣女兒（3）、🔣看（2）、🔣走（2）、🔣山岡（2）、🔣兒子、🔣茶、🔣去、🔣燒、🔣女、🔣咬、🔣鹽。

由此可以看出，東巴文中象形字無論是字數還是使用次數都佔絕對優勢。

4. 字詞關係

遊記實際讀音 291 個音節，用字 291 次，記錄了全部的詞語。遊記是即興之作，不像東巴經有固定的故事和套話，不完全寫出就不能表情達意，完全或基本完全記錄語詞是應用性文獻字詞關係的特點。

從細節來分析，遊記有“🔣〔ʐua³³dzæ³³〕騎馬”（第 2 行）、“🔣〔sɿ³³tshər²¹〕三十”（第 10 行）、“🔣〔py³³bv²¹〕東巴”（第 11、12 行）3 個雙音節字，使用 4 次，按理說，只用 287 字（次）就可以記錄 291 個音節了，但實際用了 291 字。這是因為在第 2 行用了“〔dzæ³³〕富裕”為“騎🔣〔dzæ³³〕”標音，在第 11、12 行用了“🔣〔bv²¹〕匍匐”為“東巴🔣〔py³³bv²¹〕”的第二音節標音，在第 7 行“燒天香”重複未讀出，減去這贅餘的 3 字 4 次，實際是 287 字記錄了 291 音節（其中有 4 字讀雙音節）。

應用性文獻要完全記錄語詞，必然大量使用假借字。遊記 291 個音節，減去用標音文字哥巴文記錄的 18 個音節，用東巴文記錄的為 273 個音節。其中用非假借字（本義、引申義）記錄的有 75 字、79 音節（其中有 4 字讀雙音節），佔東巴文音節總數的 28.94%；用假借字記錄的有 194 音節，佔東巴文音節總數的 71.06%。遊記假借字佔東巴文總數的比例，說明東巴文應用性文獻假借字的比例在 70% 左右（甘露，2004：81）。

5. 異體和用字變換

東巴經的傳承方式是師徒間口耳相傳，東巴文的書寫形式、書寫風格比較隨意，東巴在寫經時，往往加入自己的創意，因此異體較多。遊記內部異體現象不甚突出，但也有一些異體，在形體、位置上有細微差別。如：角🔣（第 1 行）、🔣（第 7 行），大🔣（第 2 行）、🔣（第 2 行），牙齒🔣（第 4 行）、🔣（第 13 行），旗子🔣（第 9 行）、🔣（第 13 行），不🔣（第 11 行）、🔣（第 13 行），五🔣（第 14 行）、🔣（第 14 行），見🔣（第 5 行）、🔣（第 14 行），看🔣（第 1 行）、🔣（第 6 行），女兒🔣（第 2 行）、🔣（第 7 行）。

其中"大"寫作⊡，尚屬首次發現。

與其他東巴文獻相比，遊記文字的書寫風格比較特殊，筆畫內斂，直綫變曲，棱角變圓弧，字成圓團形，不像其他文獻的字筆勢開張、棱角分明，相對也構成異體。試比較：

莧米	（第 1 行）	（《譜》252）
肉	（第 2 行）	（《譜》747）
羊毛剪	（第 2 行）	（《譜》783）
桶	（第 3 行）	（《譜》889）
旗子	（第 10 行）	（《譜》1091）
腳	（第 6 行）	（《譜》728）
牛虱	（第 7 行）	（《譜》429）
月亮	（第 8 行）	（《譜》3）
彗星	（第 11 行）	（《譜》5）
哥巴文	（第 5 行）	（《譜》465）
哥巴文	（第 6 行）	（《譜》404）
哥巴文	（第 11 行）	（《譜》405）

對於同一個語詞，遊記多處用不同的字來記錄。或一用假借字，一用形聲字，如："走 [dʑi³³]"用◎酒藥（第 4 行）、走（第 4 行），"去 [khɯ⁵⁵]"用狗（第 4 行）、去（第 6 行），"山岡 [tho⁵⁵]"用木板（第 6 行）、山岡（第 6 行）。

或假借不同的東巴文，如："刻、寫、留（痕）[tshɿ⁵⁵]"用犁鏵（第 9 行）、鬼（第 10 行），"夥 [hua⁵⁵]"用白鵬鳥（第 2 行）、夜晚（第 3 行），"時刻 [kha²¹]"用柵欄¹（第 7 行）、苦（第 7 行），"助詞 [i³³]"用漏（第 4 行）、山騾（第 6 行）。

或一用東巴文假借字，一用哥巴文，如："他 [tha²⁴]"用塔（第 7 行）、哥巴文（第 3 行），"又 [le³³]"用獐子（第 4 行）、哥巴文（第 6 行），"助詞 [nɯ³³]"用心（第 9 行）、哥巴文（第 11 行），"語氣詞 [me³³]"用女陰（第 5 行）、哥巴文（第 4 行），"語氣詞 [se²¹] 了"用岩羊（第 13 行）、哥巴文（第 13 行）。

這些異體和變換有些就在一行之內，如第 2 行"大"作、⊡；第 14 行"五"作、；第 4 行"走 [dʑi³³]"一用假借字，一用形聲字，第 7 行"時刻 [kha²¹]"假借不同的東巴文，第 13 行"語氣詞 [se²¹] 了"一用假借字，一用哥巴文。其原因應該不是東巴用字混亂，而是為了避免用字重複，使卷面富於變化而有意為之。

6. 詞彙特色

遊記中有較多比較老舊的口語詞。如將"照相"說成"[o²¹khv³³he³³næ³³] 收魂藏魂"（第 8、10 行），生動地保留了照相技術剛傳入時老百姓的恐懼與排斥。魯迅先生曾說，當時老百姓認為"照相術似乎是妖術""精神要被照去的"（魯迅，1981：182、183）。又如將"坐汽車"說成"[ʂu²¹ ʐ̩ua³³ dzæ³³] 騎鐵馬"（第 2 行），"[ʂu²¹ ʐ̩ua³³] 鐵馬"應是早期民間的口語詞，現代納西語已有漢語借詞"[tɕhi⁵⁵ tʂhɤ³³] 汽車"（《納漢英》第 313 頁），但東巴沒有採用。另外，"[miə²¹ do²¹] 天亮"（字面義為"眼睛看見"，第 5 行）、"[sa⁵⁵ lər²¹] 喘氣"（字面義為"喊氣"，第 6 行）、"[dʐ̩³³ zo³³ dʐ̩³³ mi⁵⁵] 夥伴"（字面義為"男伴女伴"，第 2 行）、[ku²¹ pɯ³³] 故事（第 1 行）、[phi⁵⁵ se²⁴] 以後（第 8 行）、[kho³³ tho²¹] 以後（第 8 行）、"[tʂhɻ³³ ta⁵⁵ la³³ mə³³ za²¹] 不僅如此"（第 11 行）、"[ə²¹ be³³ ʂ̩⁵⁵ be³³] 古時候"（第 11 行）等，都是口語色彩很濃的詞語。

　　遊記中有幾個漢語借詞，也具有較濃的口語性。其中"[ʂ̩²¹ dʐ̩³³] 老師"（第 2、3、8、9 行）借漢語"師資"，在麗江地區最早的方志、成書於清乾隆八年（1743 年）的《麗江府志略》中用漢字記音作："師父：熟朱。"（麗江納西族自治縣縣志編纂委員會，1991：211）《納西語簡志》將此詞列入早期借詞，並指出："早期借詞在納西族《東巴經》和老年人的口語裏保存的較多。"（和即仁、姜竹儀，1985：34）"[mɯ⁵⁵ na²¹] 墨"（第 9、13 行）是一個納漢合璧詞，"[mɯ⁵⁵] 墨"是漢語借詞，"[na²¹] 黑"是納西語詞。在《麗江府志略》中記作："墨：昧拿。"（麗江納西族自治縣縣志編纂委員會，1991：212）而在現代納西語中，都用漢語借詞"[mə²⁴] 墨"了（《常》第 220 頁、《納漢英》第 257 頁）。"[çy⁵⁵] 休息"（第 6 行）借漢語"閑（閒）"。"閒"的停息、休息義來源甚早，《國語·晉語八》："今若大其柯（按：加大斧柄），去其枝葉，絕其本根，可以少閒。"三國吳·韋昭注："閒，息也。"這一詞義在滇西北流傳廣泛，如大理漢語"閒"義為玩（吳積才，1989：330），麗江漢語"閒"有閒談、休閒、休息、遊玩等義，香格里拉白地一封東巴文信中，"甚麼時候有空了，請到我們這裏來閒一下"，就假借" ⌇ [çə²¹] 雕"作"閒"（喻遂生，2016：879）。早期的漢語借詞就來源來說應該屬於古詞，但這些詞現在一般人不說了，還保留在老人、偏遠地區的口語中，因此又具有口語性。

引書簡稱：

《全集》　東巴文化研究所編譯：《納西東巴古籍譯注全集》，昆明：雲南人民出版社1999—2000 年版。

《譜》　方國瑜編撰，和志武參訂：《納西象形文字譜》，昆明：雲南人民出版社 2005年版。

《麼象》　李霖燦編：《麼些象形文字字典》，臺北：臺灣文史哲出版社 1971 年版。

《麼標》　李霖燦編：《麼些標音文字字典》，臺北：臺灣文史哲出版社 1971 年版。

《納象》　李錫主編：《納西象形文字》，昆明：雲南人民出版社 2003 年版。

《常》　和即仁、趙慶蓮、和潔珍編著：《納西語常用詞彙》，昆明：雲南民族出版社2011 年版。

《納漢英》　孫堂茂編著：《納西漢英詞典》，昆明：雲南民族出版社 2012 年版。

《納漢》　和學光：《納西語漢語詞典》，麗江：麗江市納西文化傳習協會 2013 年版。

參考文獻

［1］傅懋勣：《麗江麼些象形文〈古事記〉研究》，武昌：華中大學 1948 年版。

［2］甘露：《納西東巴文假借字研究》，華東師範大學博士論文，2004 年。

［3］和即仁、姜竹儀編著：《納西語簡志》，北京：民族出版社 1985 年版。

［4］李在中：《朵雲封事》，北京：北京出版社 2018 年版。

［5］麗江納西族自治縣縣志編纂委員會：《麗江府志略》，麗江：麗江納西族自治縣縣志編纂委員會辦公室 1991 年排印本。

［6］魯迅：《魯迅全集》，北京：人民文學出版社 1981 年版。

［7］喻遂生：《納西東巴文應用性文獻的考察》，中國語言學會《中國語言學報》編委員編：《中國語言學報》（第 10 期），北京：商務印書館 2001 年版。

［8］喻遂生：《納西東巴文研究叢稿》，成都：巴蜀書社 2003 年版。

［9］喻遂生等：《俄亞、白地東巴文化調查研究》，北京：中國社會科學出版社 2016 年版。

［10］喻遂生：《白地阿明靈洞李霖燦題詞考釋》，傅勇林等主編：《華西語文學刊》（第十三輯），成都：四川文藝出版社 2016 年版。

［11］喻遂生：《納西東巴文同義換讀研究》，《雲南師範大學學報》（哲學社會科學版）2018 年第 3 期。

［12］約瑟夫·洛克著，劉宗嶽等譯，宜科主編，楊福泉、劉達成審校：《中國西南古納西王國》（譯校本），昆明：雲南美術出版社 1999 年版。

［13］雲南省地方志編纂委員會總纂，雲南省語言學會編撰：《雲南省志》（卷五十八　漢語方言志），昆明：雲南人民出版社 1989 年版。

Translation and Annotation of *The Travel Notes of A Ming Cave* Written by He Xiudong（和秀東）Dongba（東巴）

Gan Lu

Abstract：A Ming Cave is located in Baidi Village, Sanba Naxi Nationality Township, Shangrila City, Yunnan Province. A Ming cave is the holy land of Dongba religion. Li Lincan, the deputy director of Taiwan's National Palace Museum, Dongba Character research master, visited the A Ming Cave in 1942 and wrote some characters in the cave. In 2005, Li Zaizhong, Li Lincan's son, visited his father's footsteps and visited the A Ming Cave again. He Xiudong Dongba from Tacheng who were traveling together and recorded the journey in Dongba Characters and translated it into Chinese. This is the first travel notes in Dongba Characers published publicly, which has important research value. This paper translates and annotates the travel notes word by word, and makes a preliminary study from the perspectives of author and year, paper and written style, word frequency and word structure, word relationship, variant and word conversion, and lexical features.

Key words: A Ming Cave, Dongba Characters, travel notes

（廣州大學人文學院）